행복의 역사

미셸 포쉐 지음

조재룡 옮김

Histoire du bonheur

행복의 역사

미셸 포쉐 지음

조재룡 옮김

이숲

클라라,
우리 욕망의 극한에서.
더 높이,
그리고 저기 낮은 곳으로.

"인간은 예외 없이 모두 행복을 추구한다."

파스칼, 『팡세』

"우리는 모두 아르카디아[1]에서 태어났다."

쇼펜하우어, 『행복에 이르는 기술』

"행복은 나의 숙명이었다."

랭보, 「언어의 연금술」

---

1) Arcadia : 그리스 펠로폰네소스 반도에 위치한 중앙고지. 비유적으로 고대 그리스 산 속에 자리잡은 천진하고 소박한 삶이 영위되는 이상향을 의미한다. [역주]

서문

누가 행복을 추구하지 않으며, 행복에 관한 정의를 하나쯤 갖고 있지 않겠는가? 누가 행복에서 벗어나게 되는 순간을 유감스럽다고 여기지 않을 것이며, 또 누가 이에 맞서 행복의 권리를 주장하지 않겠는가?

오늘날 행복은 무엇보다도 자신을 배려하는 행위를 의미한다. 각자 자신의 고유한 방식을 고안하게 하고, 고유한 정의를 추구하게 하는 역할을 한다는 관점에서 볼 때 행복은 전적으로 개인적인 문화 영역에 속한다. 역사적으로 볼 때 행복이라는 개념이 세밀하고도 섬세하게 달라져왔으나 우리가 행복에 대해 내리는 정의는 대개 엇비슷하다. 사랑하는 사람을 만난다든가, 가정을 꾸린다든가, 자식이나 좋은 친구가 생긴다든가, 환상적인 직장에서 분에 넘치는 혜택을 받는다든가, 사회적으로 성공을 보장받는다든가 하는 사례를 통해 행복을 정의한다.

우리는 행복과 관련해서 제기되는 여러 질문에 적절한 대답을 찾고, 이 과정을 통해 성취감을 얻으며 살아간다. 하지만 종종 개인의 역사가 대중의 역사와 만나는 일도 생긴다. 특히 매우 드물게 발생하는 공동체 차원의 황홀감이 유토피아의 은총을 어루만지게 될 때가 바로 이런 경우에 해당한다.

프랑스 수도 파리의 해방은 과거의 수치와 파렴치함을 단박에 떨쳐버린, 미래를 지향하는 역사적 사건 가운데 하나였다. 1944년 8월 26일 드골 장군이 프랑스 해방군과 프랑스 내부 레지스탕스군의 주요 각료들의 호위를 받으며 샹젤리제 거리를 행진했을 때, 가장 열광적으로 드골 장군을 환호했던 자들은 다름 아닌 바로 군중이었다. 거리로 몰려나온 사람들은 서로 부둥켜안고 승리감에 고취돼 어떤 공감대를 형성하기에 이르렀다. 역사는 행복의 절정을 이루었으며, 희망은 사람들의 영혼을 사로잡았고, '광명'은 다시 빛을 발휘하기 시작했다.

이런 광명은 사흘 후 드골 장군이 프랑스 국영 라디오에서 연설을 할 때 한층 더 빛을 발했다. 이 방송을 통해 역사에 진정한 의미를 부여한 실체는 대중이 공유했던 기쁨의 감정이었다.

파리를 점령했던 독일군을 우리 프랑스 국민 앞에서 체포한 것이 바로 사흘 전입니다. 한마디로 파리는 사흘 전에 해방되었습니다.

엄청난 기쁨과 자부심이 온 나라에 넘쳐 흐르고 있습니다. 파리가 어둠을 헤치고 부상했다는 사실을 전 세계가 알게 되고, 파리의 광명이 다시 빛을 발하기 시작했다는 사실을 알게 된 바로 그 순간, 세상은 형용할 수 없는 기쁨으로 술렁이기 시작했습니다.

역사는 행복을 더 쉽게 실현하고자 20세기 초 '아름다운 시대' 같은 축복받은 기간을 만들어냈다. 사교계 문화와 전세대 가치관을 전복한 예술의 만개나 과학기술의 진보 같은 것은 오로지 자신만이 활약할 새로운 세상을 창조하려고 급조한 어떤 위상이나 업적처럼 보일 수도 있다. 이와 마찬가지로 프랑스 혁명 발발 전 구체제의 달콤함에 대한 향수와 함께 우리가 기억하는 탈레랑의 "구체제를 모르는 사람은 인생의 달콤함이 무엇인지 알지 못한다."라는 말의 의미도 우리는 알고 있다.

이런 언급은 분명히 과거를 이상화하고 미화하는 작업에 해당할 것이다. 왜냐하면 행복이 보이지 않는 먼 곳에서 양분을 공급받으려 하거나 이제 더는 존재하지 않는 향수의 뒤편으로 숨어버리거나 혹은 무한히 열려 있는 미래에서 실현되기를 더 바라기 때문이다.

행복이 무엇이냐는 물음에 가장 적합해 보이는 어떤 전형적인 대답을 포기하는 바로 그 순간, 우리는 행복이 얼마나 덧없으며 행복에 부여된 동기 또한 얼마나 개인과 시대, 문명에 따라 다르게 형성돼왔는지 조금씩 이해하게 된다. 왜냐하면 행복은 명상에 있는 것만큼이나 구체적인 행동에도 있고, 영혼에 있는 것만큼이나 감각적인 만족에도 있기 때문이다. 또한 행복은 빈곤만큼이나 번영에, 범죄만큼이나 미덕에, 이기주의적인 쾌락만큼이나 공동체적 실천에도 있다. 행복은 어디에도 존재하지 않으면서 동시에 온 세상 어디에나 존재하므로 우리는 행복의 현존과 필요성을 느끼며 살아갈 수밖에 없다.

행복은 우리에게 그 끝을 알 수 없는 '무엇'을 추구하게 하는 계기이자 구실이라 할 수 있다. 행복의 구체적인 대상에 가 닿게 되는 순간, 행복은 스스로 분해돼 저절로 어디론가 이동하며 우리를 욕망의 저 끝자락, 욕망의 텅 빈 공허한 지점으로 데려간다. 행복은 가볍고 부드러우나 깨지기 쉬운 것, 우리의 영혼 속에서 한껏 부풀어 오른 비누거품 같은 것이다. 현실은 우리의 꿈과 희망을 깨기 위해 행복 옆에 나란히 자리잡고 있다. 필립 들레름은 아름다운 시적 명상을 통해 행복에 관해 이런 지적을 남겼다.

행복 : 깨지기 쉽고, 덧없으며, 특히 가볍다. 가벼움 : 심오함의 반대말이 아니라 당신이 기억하듯이 무거움의 반대말이다. '행복'(bonheur)과 '거품'(bulles)이라는 두 단어는 만질 수 없는 부드러운 원을 그리며 마치 스스로 사라지기를 바라기라도 하듯이 둘 다 무성자음(無聲子音)으로 시작한다. 또한 행복과 무지갯빛 거품, 투명과 반사는 빛 속에서 모두 같은 욕망을 드러낸다. 하지만 '거품'은 알파벳 'b'가 입에서 발음되자마자 하늘로 날아오르고, 이어지는 알파벳 'l'이 발휘하는 푸른 마술로 하늘과 종종 혼동하게 한다. 따라서 거품이라는 꿈 주위에는 아무것도 보이지 않게 된다. 공간이 거품을 사라지게 한 것이다. 이에 비해 행복은 오로지 하늘로 날아오르는 시늉을 할 뿐이다. 이 단어의 첫 음절('bon'[bɔn])은 사라지지만, 두 번째 음절('heur'[œːʀ])은 장중한 음조로 지속되며 땅에 남겨진다. 이것은 우리가 있는 여기에서 하늘로 날아오르는 한 마리 새라고도 할 수 있다.[1]

위의 지적처럼, 공기에 떠 있는 거품이자 실존의 절정인 행복이 존재의 초월 가능성을 나타내는 구름에 우리 영혼을 투영하는 반면, 우리는 반대로 진흙덩어리 속, 다시 말해 태초에 인간이 창조된 부식토에 항상 처박혀 있다고 느낄 뿐이다.

철학자 로베르 미스라이가 보여줬듯이 행복이 우리에게 도약을 약속한다면, 그것은 행복이 우리에게 심오한 개종을 요구한다는 조건에서만 그렇다. 행복에 이르려면 무엇보다도 우리 자신이야말로 우리에게 주어진 고유한 삶의 주체라는 사실을 알아야 하고, 또한 우리가 천복을 증명해 보일 자유를 누리고 있는지 파악해야 한다. 누군가 행복한 상태에 있다는 것은 사실상

---

1) P. Delerm, *Le Bonheur*, Paris, Editions du Rocher, 1986.

그가 자기 운명에서 혜택을 느끼고 있음을 의미한다. 또한 이는 보이지 않는 존재와 신성(神聖)에 연관된 끈질긴 인연의 직접 체험이자 신이 베푼 축복에 대한 찬양을 의미한다. 누군가 행복한 상태에 있다는 것은 세상을 하나의 총체로 느낀다는 것을 의미하며, 생명체와 사물의 조화로운 일치를 존속시키는 행위를 의미한다. 궁극적으로 모든 종류의 개종(改宗)은 자기 자신에 대한 발견으로 귀결되는 일종의 여행이다. 이 같은 모든 종류의 개종을 의미하는 행복은 하나의 이정표이자 에덴동산을 향해 다시 출발하는 약속이다. 행복은 결핍의 징후이자 풍요의 약속, 그리고 우리를 구성하는 형이상학적인 이타성을 직시하는 행위와 밀접히 연관된다. 행복은 우리를 과거 황금기에 대한 향수나 경이로운 미래를 바라보는 기대와 꿈으로 인도하기도 하고, 현재의 평온을 약속하기도 하는 '희망의 원리'이다.

로베르 미스라이가 기술하듯이 매혹이라는 것이 가능하고 아름다움에 접근할 수 있으며 즐거움이 무한하다는 사실을 이해했을 때 행복은 시(詩)에서 얻는 교훈처럼 나타난다.

행복을 느끼려면 세상을 직접 즐길 줄 알아야 한다. 자연의 아름다움과 예술 작품의 질(質)과 격(格), 또는 시나 소설의 풍요로움을 감상할 때 생기는 명상의 기쁨이 있다. 이와 마찬가지로 주체를 창조하는 힘을 발현하는 행위의 기쁨 또한 존재한다. 어떤 이는 세상에 존재하는 다양한 형태의 쾌락에서 좀 더 풍족한 행복을 발견하고, 또 어떤 이는 이와 다른 형태의 문화에서 그럴 수 있을 것이다. 따라서 행복에 관해 모든 이에게 적용되는 근본적이고 원칙적인 하나만의 모델을 제안할 수는 없다. 하지만 각자가 고안하는 온갖 종류의 행복에는 적어도 다음 두 가지 근본적인 범주가 존재할 것이다. 그 첫 번째는 자유와 자율에

대한 근본적인 고찰이며, 두 번째는 타자를 의식하는 근본적인 상호성이다.[2]

한편 이데올로기의 힘은 빈번하게 행복을 개종의 실험대에 올리고, 행복한 삶의 이미지를 가공해 제시한다. 역사가에게 행복은 '재현(再現)'의 총체처럼 나타난다. 행복은 우리가 만든 세계의 이미지이다. 이 이미지는 우리의 내면에 뿌리 박고 있으며, 우리의 운명을 사회의 운명처럼 여기게 한다. 보리스 시륄닉은 이에 관해 이렇게 말한다.

행복은 재현에서만 존재한다. 행복은 항상 고안을 통해 맺히는 열매이다. 따라서 우리는 행복을 직접 만들어내는 작업을 해야 한다. 이 작업은 다른 장소와 다른 시간에 존재하는데, 말하자면 유토피아를 실현하는 작업과 맞먹는다.[3]

이 같은 재현에는 하나의 역사가 존재한다. 지난 몇 세기 동안 우리는 삶과 사회의 기획을 결정하는 행복과 다르거나 심지어 매우 모순되는 몇몇 개념을 선호해왔다. 역사·심리학에서 배운 바 있듯이, 이런 행복은 그 자체로 문명에 의해, 그리고 문명 자체에 몰두해서 생긴 반사작용에 의해 가치를 부여받는 문화적 창조물처럼 인식될 수 있다.

유명한 격언과는 정반대로, 행복에도 어떤 역사가 있을 수 있다. 이 역사는 각기 다른 시기와 각각의 사회가 욕망하는 것에 대한 전망을 설계하고, 참을 수

---

2) P. Delerm, *Le Bonheur*, Paris, Editions du Rocher, 1986.
3) 「행복의 열쇠Les clés du bonheur」, 보리스 시륄닉과의 인터뷰, in *Le Nouvel Observateur*, 3-9 janvier, 2002.

없음에서 비롯된 쓰디쓴 익살을 구분해내는 방식으로 요약될 수 있다. 행복은 희망을 통해 기쁨의 새로운 원천과 새로운 완벽성을 드러내는 것이 가능한, 저 계획만큼이나 즉각적인 쾌락 또한 반영한다.[4]

이 책에서 우리는 특히 서양에서 전개된 행복의 역사를 살펴볼 것이다. 이 주제는 우리의 운명이 그리로 인도한 것인지도 모른다. 서양에서 전개된 행복의 역사는 종교, 개인, 정치, 혹은 소비사회가 제시한 약속을 우리가 믿고, 또한 좌절을 인식하고, 환멸을 존속시키도록 하며, 온갖 방법을 동원해서 우리가 기필코 행복 자체를 몰아내게 했다.

과거의 피안을 뛰어넘어 시간의 흐름에 내맡겨진 여행을 시작하면, 인간이라는 존재가 만들어낸 신비한 풍경들이 하나씩 그려질 것이다.

배는 비록 벽돌과 부싯돌, 강물과 종이로 만들어졌으나 모든 것은 다시 탄생하게 하고 복원해주는 강물에 드리운 버드나무가지로 만들어진 배가 될 것이다.[5]

우리를 유혹하는 노래에 함부로 자리를 양보하지 않고 세기를 뛰어넘어 삶의 전망과 역사의 희망을 바로잡을 줄 알았었던 '풍파의 세월을 겪어온' 생명들의 부름에 좀 더 나은 대답을 내놓기 위해 이제부터 물음을 던지기로 하자.

---

4) P. Bruckner, *L'Euphorie perpétuelle*, Paris, Grasset, 2000.
5) R. Misrahi, *Construction d'un château*, Paris, Seuil, 1981.

목차

제1부

형이상학적 행복

제1장

——

천국의 인간

우리는 행복을 위해 만들어졌는가? 이는 20세기가 세계 전반에 대해 비극적 전망을 키워왔던 것만큼이나 해괴한 질문에 속한다. 프로이트는 다음과 같이 고백한다.

인간을 '행복하게' 만들겠다는 의도 따위는 애초에 창조자의 계획에 없었다고 말하는 편이 솔직하다고 생각한다.

우리는 서양이 행복을 극단적인 쾌락 추구와 즉각적인 감각에서 비롯한 물질적·육체적 만족으로 축소했다고 지적할 수 있다.

하지만 오랫동안 우리는 행복을 우리가 타락했기에 상실한 충만함에 대한 향수처럼 여겨왔던 것 또한 사실이다. 전통사회 인간에게 천국의 신화는 인간의 기원에 대한 비밀과 진리, 그리고 인간의 존재 의의를 간직한 서사로 존재했다.

상징의 수수께끼

천국과 행복은 밀접한 관계에 있다. 엘리아데는 천국이라는 보편적 신화가 최초로 행복의 형태를 제시한다는 점을 강조한다.

다소간 복잡한 형태에서도 천국의 신화는 세계 어느 곳에서나 일정하게 발견되는 공통 신화라 할 수 있다. 천국의 신화는 불멸이라는 천국적인 특성 이외에도 일정 부분 특정한 요소를 갖추고 있다. 천국 신화는 대개 두 가지 큰 범주로 분류된다.

 1. **지상**과 **천국** 사이의 원초적이고 극단적인 근접성에 대해 언급하는 신화

 2. **지상**과 **천국** 사이의 매우 구체적인 의사소통 방식을 제시하는 신화 [...]

이런 신화는 지복(至福), 자발성, 자유를 만끽하는 원초적 인간을 소개한다. 인간은 유감스럽게도 **지상**과 **천국** 사이의 단절을 촉발한 신화적 사건 이후에 자유를 상실한다. 그러나 그 당시*In illo tempore* 천국의 시간에서는 신이 지상으로 내려와 인간들과 섞인다. 그때 신이 바라보는 인간은 산과 나무, 혹은 나무덩굴을 기어오르는 행위에 의지하거나 사다리를 이용하기도 하고, 더러는 새에 몸을 실어 천국으로 올라갈 수도 있었다.[1]

천국, 그것은 바로 인간과 신성의 결합이며, 추방을 부인하고자 인간이 상징적 상상력을 동원해 고안해낸 본원적 완전성의 은유다. 사실상 상징은 이미지의 질서에서 천국과 함께 형성된 것이며, 결국 우리의 정신에 각인돼 있는 행복감이 폭발하게 하는 원동력이다. 상징은 인간과 신을 매개하는 세

---

1) M. Eliade, 「La nostalgie du paradis」, in *Mythes, rêves et mystères*, Paris, Gallimard, 1957.

계의 축이자 나무나 나무덩굴, 또는 천상의 이정표 역할을 한다. 시적으로 표현하자면, 상징은 우리의 현실을 재현하는 동시에 신성의 영험을 다시 한 번 부각시키는 역할을 한다.

천국의 신화는 인간 사유의 상징적인 작동 방식을 설명해줄 뿐 아니라, 그 본질도 밝혀준다. 인간의 정신적 메커니즘은 근본적으로 연상 작용에 바탕을 두고 있다. 또한 인간의 대부분 감정은 상상력과 사상에서 자양분을 공급받는다. 그리스 어원[2]에서 알 수 있듯 '상징'은 최초의 단위에 구체적인 형식을 부여한다. 이처럼 엘리아데에게 "상징은 현신(顯身)이나 신성이 발현되는 행동을 연장하거나 구축"하며 "상징은 어떤 발현도 드러내지 못했던 신성하거나 우주적인 현실을 우리에게 알려주는"[3] 역할을 한다. 상징은 선하거나 더러 악할 수도 있는 신성을 더욱 선호하는 물질적이고 정신적인 존재를 우리에게서 만들어내는 **대립자들의 일치**(coincidentia oppositorum)의 신비를 형식으로 보여준다.

신화는 이성적인 경험을 통해서가 아니라 더욱 심오한 방식으로 신성의 구조를 드러낸다. 신성의 구조는 개체들 너머에 존재하므로 모든 대립항을 결속시킨다고 말하는 것이 오히려 정확하다.[4]

더 자세히 말해 행복은 언어와 예술, 종교 간 대립을 넘어, 이들 속에서 감각의 충만함을 형성하고 다시 발견하는 우리의 능력을 뜻하는 일종의 감

---

2) 상징은 'sumbolon (σύμβολον)'에서 연원했으며, '함께 놓다', '비교하다'를 뜻하며, 우리가 가까이 다가감으로 인해서 부러지고 만 사물의 두 부분으로 이뤄진 기호를 뜻한다. [역주]

3) M. Eliade, *Traité d'histoire des religions*, Paris, Payot, 1964.

4) 같은 책.

정이다. 행복은 사물 간에 일치감을 확립하고, 사물과의 조화 속에서 살아야 한다는 사명감을 의미한다.

이 세계에 놓인 인간에게 가장 고전적인 의미의 행복은 자신의 가치 질서와 이 질서를 초월하며 포괄하는 보편성 사이에 일치가 확립될 때 찾아오는 즐거움을 의미한다. 우리는 이를 상징적으로 세계의 질서라 부를 수 있다.[5]

행복, 신화, 언어를 갖춘 인간에게는 태초의 말씀을 복원하겠다는 꿈이 있다.

상징의 기능은 신성화된 방향, 즉 인간적이라기보다는 오히려 영적인 힘에서 야기되는 종교적 목적과 분리될 수 없다. 신화와 풍습은 이 영적인 힘으로부터 로고스의 힘에 의지해 인류와 우주를 다시 결속하며, 이를 인간 존재와 밀접하게 연관 짓는다. 여기서 로고스는 언어활동 전반을 의미하는 것이 아니라, 인간이 사용하는 낱말의 사회적·문화적 의미를 초월해서 창조되고 부활한 '말씀(Verbe)'을 의미한다.[6]

이런 꿈은 대부분 우리 존재의 형이상학적 의미를 살피게 하는 천국 신화에 대한 향수를 통해 구현된다.

휴머니티의 종교사적 종말과 마찬가지로 우리는 천국에 대한 똑같은 향수를

---

5) R. Polin, *Le bonheur considéré comme l'un des beaux arts*, Paris, PUF, 1965.
6) R. Alleau, *La Science des symboles*, Paris, Payot, 1976.

발견한다. 천국에 대한 향수가 고대 사회의 일반적인 종교 생활에서도 해독된 바 있다는 사실을 염두에 둔다면, 우리는 우주에서 인간이 자신의 상황을 인식하려는 바로 그 순간부터 역사 없는 어떤 천복에 대한 신화적 회상이 휴머니티를 사로잡는다고 가정할 권리가 있다.[7]

완전한 상태를 그리워하는 우리가 자신이 누구인지 알고 싶다면 스스로 베일을 벗어야 한다. 예컨대 상징을 만들어낸 천국의 인간은 조화와 행복의 욕망이라는 신화를 자신의 내부에서 제공한 것이다.

어쩌면 종교의 심오한 의미는 휴머니티를 지탱하는 평화와 조화를 갈망하는 행위에 뿌리를 두고 있는지도 모른다. 자신의 강렬한 욕망에, 최소한의 분쟁이나 어떠한 욕구불만도 더는 존재하지 않는 우주적 차원에, 화해와 결합의 추구에 그 뿌리를 두고 있다는 것이다. 모든 종류의 양면적 대립에 종말을 고하는 영원한 천복에 뿌리를 두고 있다는 것이다.[8]

분명히 '상징적인 인간'은 영원성과 역사 사이의 균형감을 상실할 때, 기호의 단일성을 지향하면서 상징의 풍부함을 포기하거나 일상을 위해 신성을 포기할 때 불행에 빠질 수 있다. 하지만 고통과 불행조차 신성한 신화와 행복의 형이상학적인 우월성을 믿는 데서 발생한 어떤 부차적인 결과처럼 이해될 수도 있다.

---

7) M. Eliade, 「La nostalgie du paradis」, in *Mythes, rêves et mystères*, op. cit.

8) Arnold Uleyn, *Religiositeit en fantaisie*, Baarn, 1978. B. Borchert, *Les Mystiques*, Paris, Philippe Lebaud, 1998 에서 인용된 부분.

우리는 바로 이런 이유로 인간이 사고로 잃어버린 행복을 찾기 위해 종교와 신앙이 만들어졌음을 알 수 있다. 행복은 정신의 훈련과 굳게 연관돼 있다. 행복은 종교에 따라 서로 다른 형태를 취하는 정신에서 실현되는 일종의 약속인 셈이다.

지복과 평온

서양에서 신앙 훈련을 통해 얻는 천복과 동양에서 명상의 실천을 통해 얻는 평온의 차이를 하워드 쿨터는 이렇게 설명한다.

불교와 힌두교에서 고통은 우리가 과거에 했던 부정적인 행동에서 비롯된 결과이며, 정신적인 해방을 추구하게 하는 근본적인 원인이다. 유대 기독교 전통에서는 명확하고 선한 신이 우주를 창조했으며, 비록 예수가 제시하는 길이 신비스럽고 헤아리기 어렵게 보일지라도, 신에 대한 믿음과 신뢰가 우리에게 고통을 견디게 해준다고 가르친다. 탈무드에서 언급했듯이 사실상 "신이 행한 모든 일은 결국 인간이 더 잘되게 하려고 한 것"이다. 그렇다고 해서 인생이 덜 고통스럽다는 것은 아니다. 단지 산모의 고통을 닮은 이런 고통은 최상의 선행을 할 때 무언가를 보상받을 수 있음을 믿게 할 뿐이다.[9]

사실상 기독교에서 말하는 행복은 인간의 불행을 불러온 창조자 신을 믿는 행위에서 비롯한 결과와도 같다. 결국 행복은 신성하고 초월적인 신비주

---

9) Dalaï-Lama et H. Culter, *L'Art du bonheur*, Paris, R. Laffont, 1999.

의 교리나 천복의 증거물인 하나님의 왕국에 대한 확신에 의지한다.

이처럼 예수는 신에게서 태어난 인간의 천복, 그리고 선택받은 자들이 하나님의 왕국을 소유할 수 있다는 약속 같은 것들이 모두 포함된 완벽한 행복을 가르친다. 다시 말해 "하나님의 왕국은 예수라는 인물 안에서 현존하며, 유일하게 그를 통해서만 악을 제거할 수 있다. [...] 예수가 이 땅에 재림한다는 긍정적인 현실에서 볼 때 하나님의 왕국은 바로 충만으로 가득한 삶"[10]을 의미한다.

> 예수께서 무리를 보시고 산에 올라가 앉으시니, 제자들이 예수의 곁으로 나온지라 입을 열어 다음과 같이 가르치셨다.
> 영혼이 가난한 자는 복이 있나니
> 천국이 저희 것이기 때문이요,
> 온유한 자는 복이 있나니
> 저희가 땅을 소유하기 때문이요,
> 애통하는 자는 복이 있나니
> 저희가 위로를 받을 것이기 때문이요,
> 의에 굶주리고 목마른 자는 복이 있나니
> 저희가 배부를 것이기 때문이요,
> 긍휼히 여기는 자는 복이 있나니
> 저희가 긍휼히 여김을 받을 것이기 때문이요,
> 마음이 청결한 자는 복이 있나니
> 저희가 하나님을 볼 것이기 때문이요,

---

10) J. Briend, 「Le Bonheur dans la Bible」, in H. G. Gagey, *Le Bonheur*, Paris, Beauchesne, 1996.

화평하게 하는 자는 복이 있나니

저희가 하나님의 아들이라 일컬음을 받을 것이기 때문이요,

기뻐하고 즐거워하라.

하늘에서 너희에게 내리는 보상이 크다.

『마태복음 5장 1-12』

행복에 관한 이 같은 전망은 명상에 의해 평안의 길이 열린다는 동양 문화가 제시하는 전망과는 사뭇 다르다. 1993년 프랑스에서 열린 학술대회에서 달라이 라마는 다음과 같이 지적한 바 있다.

전 세계 종교에는 두 가지 큰 범주가 있습니다. 어떤 사람들은 유일한 창조자를 인정하고, 또 어떤 사람들은 정신의 변화를 강조합니다. 만약 우리가 정신을 지배하고 변화시킬 수 있다면 이것이 곧 '니르바나'입니다. 이와 정반대로 정신을 제어하지 못하는 상태를 '삼사라'라고 합니다. 이 두 가지 구분은 매우 근본적입니다. 저는 인간이 서로 다른 것을 열망하므로 종교의 다양성은 전적으로 옳고 또한 바람직한 현상이라고 생각합니다.[11]

불교는 이처럼 모든 고통의 원천인 환상에서 벗어나기 위해 어떻게 정신을 수양할 수 있는지, 그리고 어떻게 각자가 자신이 속한 사회 집단에서 현명하고 행복한 길에 접근할 수 있는지 가르친다.

내가 "정신을 수양한다"고 말할 때, 그것은 단지 지성에만 관계되는 것은 아니

---

11) Dalaï-Lama, 「La religion pour le bonheur」, in *Au delà des dogmes*, Paris, Albin Michel, 1994.

다. 그것은 오히려 '심적 상태'나 '영혼'에 가까운, 티벳어로는 '셈(Sem)'이라는 말의 의미와 상통한다. '셈'은 감정뿐 아니라 마음과 정신, 혹은 이 둘을 모두 포함하는 개념이다. 우리는 일정한 내적 규율을 부과하면서 인간의 자세, 인간의 개념 그리고 생명체로 존재하는 방법을 변화시켜 나간다.[12]

한편 이미 설립된 종교적 실천의 파안에서, 그리고 종교적 실천이 우리에게 약속하는 천복과 평안을 넘어서 행복의 본질에 몰두하는 직접적인 기쁨을 공통된 약속처럼 주는 것은 무엇보다도 신비주의적인 체험이다.

신비주의적 행복

우리는 감정을 무디게 하고 쾌락을 극대화하는 과정에서 신비주의적 열광을 불신하는 세속적 사회에서 살아간다. 이런 사회에서 행복은 더 확실하고 사실적이며 구체적이다. 또한 이런 사회는 지나치게 과장된 기쁨을 거부한다.

종교의 깊은 곳에 뿌리내린 신비주의는 영혼의 현기증 나는 도약을 바탕으로 세상의 관습을 뛰어넘어 정신과 세계를 긴밀하게 결합한다. 마리-마들렌 다비는 "모택동주의, 인도의 형이상학, 기독교 신비주의가 그 정점에 이르면 모든 사고에서 벗어나 자신의 정신 상태를 비우게 될 뿐 아니라, 구별하려는 감정 상태에서 벗어나 결국 자기 마음마저 비우게"[13]된다고 말한다.

---

12) Dalaï-Lama, *L'Art du bonheur*, op. cit.

13) M.-M. Davy, *Encyclopédie des mystiques*, Paris, Seghers, 1977.

이런 신비주의적 융합은 즉각적이고 자유로운 방식으로 기원을 회복하게 해주는 힘이 있으며, 사물과 함께 생성된 사랑, 하나와 전체가 결속되는 기쁨을 불러온다. 신비주의에는 시간과 공간의 범주를 일시에 소멸시키는 힘이 있다. 브뤼노 보르셰는 신비주의에 대해 이렇게 말한다.

신비주의적인 경험은 총체적이다. 이런 경험은 얼마간의 감정과 얼마간의 상상력, 그리고 얼마간의 이성과 의지가 동시에 축적되는 정도에 만족하지 않는다. 존재하는 모든 것을 포괄한다. 신비주의적 경험은 자아에 있는 모든 것에서 도움을 받아, 모든 것이 결국 하나에 이른다는 사실과 각기 자기 역할이 있는 하나의 조직적인 총체라는 사실을 의식하게 한다. 신비주의를 이렇게 파악하는 것은 어쩌면 추상적이며, 따라서 불명확한 방식으로 여겨질 수도 있다. 하지만 이런 방식은 천국에 대한 전망을 제시한다. 다시 말해 존재하는 모든 것은 선과 악, 자아과 타자, 육체와 정신을 구분하지 않는 '하나'라는 전망을 제시한다는 것이다. 이런 전망에 따르면 결국 모든 것은 선하다. 더욱이 사랑은 이 모든 것의 근본이자 조화를 이루는 원천이며, 한 걸음 더 나아가 이런 조직체의 심장처럼 여겨진다. 매우 간략하지만, 이런 전망이 심오한 기쁨이 되고, 이 기쁨을 간직하려는 욕망을 촉발한다는 것은 명백한 사실이다. 이런 전망은 일상생활에서 삶의 기쁨 자체를 무너뜨리는 모든 것을 무력화하고 결국에는 착각으로 만들어버린다.[14]

종교적 삶의 원천과 뿌리에 가장 가까운 신비주의에서 '정신이 그 틈새를 마련한' 이런 '본질적 인간'은 무엇과도 견줄 데 없는 자기 변모를 통해 영

---

14) B. Borchert, *Les Mytiques*, op. cit.

혼의 기저에 신의 무한성을 받아들일 때 황홀경의 행복을 누리게 된다. 이처럼 아시시의 프란체스코(1182~1226)는 모욕과 가난에 대한 거듭된 염려에서 출발해 자연 요소이건, 사물이건, 살아 있는 생명체건, 모든 존재와 조화를 이루며 살아가려는 감정이 불러일으킨 신비주의적인 기쁨에 접근하려 한다.

믿음이나 명상의 형식을 취하건, 종교적 실천이나 신비주의적 경험을 통해 구현되건, 행복의 기획은 이처럼 인간 존재의 형이상학적인 차원을 드러낸다. 확실히 서구의 근대 세계는 자신에 대한 환멸로 형이상학적 행복을 소외시켰으며, 이와 대조적으로 비극에 더 심오한 의미를 부여하기에 이르렀다. 그러나 한편 물질적으로 급변한 세상의 한복판에서조차 축제는 천국을 회복시켜준다.

축제

따라서 우리가 겪는 일상적인 경험에서 행복과 축제를 자발적으로 연관 짓는 것은 매우 자연스러운 일이다. 사회적 규칙이 모습을 감추고 오히려 변장(變裝)이 규칙으로 자리잡곤 하는 축제는 일상과의 단절, 열광과 흥분의 순간, 개인이 스스로 역량을 발휘하며 타인과 함께 소통하는 순간을 만든다는 관점에서 볼 때 갱생의 의미를 지닌다. 축제는 생기 가득한 태초의 어떤 힘을 다시 분출시키는 행위다. 로제 카이와는 이 같은 축제의 특성에 관해 연구한 바 있으며, 또한 그의 연구는 이 분야에서 거의 최초에 해당한다.

자연과 사회를 온전한 상태로 유지하는 데 금기가 전적으로 무능하다는 사실이 밝혀졌다. 강력한 이성적 통제를 요구하는 금기는 사회와 자연을 최초의 젊은 상태로 복원할 줄 모른다. 규칙은 최초의 원기를 회복할 어떤 원리도 갖추고 있지 않다. 우리는 신의 창조적인 미덕을 다시 불러내야 하며, 세상이 시작된 지점으로 돌아가야 하고, 혼돈을 우주로 변화시킨 힘에 주목해야 한다.

축제는 본질적으로 고유하고 창조적인 시대, 즉 모든 사물과 모든 존재, 그리고 모든 제도가 전통적이고 결정적인 형태로 고정돼 있다는 점을 알고 있던 우주 최초의 시간을 활성화하는 작업이다. 그 시대는 바로 신화를 역사에 직접 연결했던 신성한 선조들이 영위했으며 또한 지대한 영향을 끼쳤던 세대였다.

축제는 모든 종류의 위반과 금기가 교차하는 혼돈 상태와 노력과 노동 없이 모든 것이 주어지는 천국, 일반화된 신의 혜택 속에서 행복이 완성되는 천국을 향해 신호를 보낸다.

늘 열려 있는 달콤하고 잘 익은 열매를 따려면 그저 손을 뻗기만 하면 되는 세계, 밭을 갈고 씨를 뿌리고 심지어 수확할 필요도 없으므로, 힘든 노동 없이도 항상 양식이 넉넉한 세계, 어떤 물질적 불가능성이나 사회적 금기로 무엇이든 훼손되거나 축소되는 일 없이 욕망이 생겨나면 곧바로 실현되는 세계를, 인간은 향수에 젖어 바라본다.[15]

바로 이것이 황금기이며, 관대하게 자신을 인간에게 온전히 내맡기는 세계다.

---

15) R. Caillois, 「La fête」, in D. Hollier, *Le Collège de sociologie*, Paris, Gallimard, 1979.

인간의 유년기와 마찬가지로 세계의 유년기인 황금기는, 한마디로, 모든 것이 주어졌던 세계다. 그 세계는 이후 그곳을 빠져나오며 자신의 이마에 흘린 땀의 대가로 빵을 구해야 했던 인간에게는 모든 것이 무상으로 주어졌던 지상 낙원을 의미했다.[16]

축제에서 행복은 세계가 스스로 만들어낸 증여(贈與)를 의미한다. 『친족의 기본구조』(1967)에서 레비-스트로스는 마르셀 모스가 유명한 저서 『증여론』에서 구상했던 이론을 다시 활용하면서, 연말 축제의 지출을 "거대한 포틀래치 문화"[17]와 동일한 것으로 파악한다. 포틀래치 문화는 북아메리카 북동쪽에 있는 부족뿐 아니라 멜라네시아족이나 파푸아족 사이에서도 이뤄졌던 일종의 교환을 일컫는다. 포틀래치 문화는 사회적·경제적·종교적·주술적·상징적·법률적·정서적 의미를 동시에 지니는 "전적으로 사회적인 결과물"이며, 사회를 재생산하게 하는 역동성이자 심지어 "사회의 본질 자체"인 상호성의 원칙(주기, 받기, 돌려주기의 결과를 초래하는 원칙)에 바탕을 둔다.

신성이 세계와 인간 존재에 의미를 부여하듯이 타인에게 '주기'나 '선물하기'는 인간적 차원에 의미를 부여하면서 신성과 더불어 사회관계의 인간적·수평적 차원을 수직적·상징적·종교적 관계로 바꾸도록 인도한다. 타인에게 '주기'나 '선물하기'는 신이 내린 보편적인 증여의 낙원적인 상태를 재건하는 행위다. 이런 증여를 실행하면서 상징적으로 세계는 현실의 관용

---

16) 앞의 책.

17) 북미 인디언이 부와 지위를 과시하기 위해 경쟁적으로 진수성찬을 베풀고 선물하는 문화를 의미한다. 포틀래치 문화 속의 인디언은 애초부터 소유 의식이 없었다. 땅은 사고팔 수 없는 모두의 소유였다. 인디언은 물질을 축적의 도구가 아닌 선물과 나눔의 대상으로 여겼다. 인디언 전통 중 하나인 포틀래치 문화는 타인에게 얼마나 많은 선물을 했느냐에 따라 사회적 지위와 계급, 신분이 결정되는 풍습을 의미한다. [역주]

적인 총체를 생산하는 인간에게 주어진다.

신의 증여 없이는 축제도 없다. 증여는 신성과 상징적 총체의 부름에 인간이 자신을 의탁하는 행위다.

19세기 말 영국과 미국에서 시작된 크리스마스 축제[18]는 이런 점에서 아이들의 축제일 뿐 아니라 유년기의 축제이며, 기원을 축성하는 충만함 속에서 행복이 만개하는 인간 존재와 세계를 기념하는 축제라는 의미를 지닌다. 크리스마스에 신은 인간에게 예수라는 존재를 주었으며, 자연은 모든 생명체에게 태양을 회복시켜주며(축제는 대부분 동지冬至와 일치한다), 부모는 아이들에게 선물을 준다. 바로 이렇게 축성(祝聖)의 시간과 천국의 충만함을 회복하는 신의 증여가 일반화된 논리가 성립한다.

우리는 모두 행복을 추구하는 존재다. 우리가 갖춘 상징적 사고의 힘이 우리가 스스로 생명체의 정신적 차원을 믿게 해주기 때문이다. 최악의 비극적인 상황에 놓여 있을 때조차 우리는 머나먼 행복의 지평선을 절대 포기하지 않는다. 더구나 우리 곁에는 늘 행복을 실현할 기술이 있다.

행복의 징표

'종교적 인간(homo religiosus)'은 행복을 상실하고 추방당한 기억과 기나긴 유배에 이정표를 세운다. 우리는 거기서 이성의 우스꽝스럽고 유치한 타락만을 목격하지만 그 영향력을 '미신'이라고 이름 붙인 정신의 정체성을 잃지 않으려고 '영혼의 기술(技術)'을 필요로 한다. 오히려 우리는 미신에서 상

---

18) M. Perrot, *Ethnologie de Noël*, Paris, Grasset, 2000.

징적인 존재의 정체성을 확인하는 형이상학적 회상의 기술마저도 파악하고 있다.

누군들 행복의 징표를 갖고 있지 않으며, 또한 그것을 믿으려 하지 않겠는가? 누군들 매해 5월 1일을 맞이해서 얼마간의 은방울꽃을 사지 않았을 것이며, 누군들 행복을 가져다준다는 개인적인 신화와 동화에 관련된 몇 가지 물건을 기꺼이 고르지 않았겠는가?

행복의 징표, 예를 들어 행복을 가져다주고 불행을 물리친다는 아프리카의 부적이나 물신숭배 마스코트, 부적 따위를 간직하는 일이 세상에 이미 널리 퍼져 있다면, 그것은 인간이 늘 자연의 힘을 한 곳으로 집결시키고 고정하면서 충만함을 간직하려 한다는 것을 의미한다. 이런 행위 자체는 지속적으로 낙원을 회상하는 우리의 기억력에서 비롯된다. 우리에게 행운을 가져다준다고 여겨지는 십자가 모양의 네잎클로버는 앵글로색슨족의 신앙에서 이브가 낙원에서 추방당할 때 가져온 식물이 아닐까?

성자들이 남긴 치아 유물은 영양 섭취에 직접 관련된 행위나 음식물을 삼키는 능력, 세계를 우리 내부로 직접 들어오게 하는 행위를 가리키는 상징적인 징표가 아니었을까? 상상력에 뿌리를 둔 상징물에 주의를 기울여보면 사람에게 먹는 행위란 항상 낙원을 다시 음미하는 행동을 의미한다는 사실을 알게 된다.

마지막으로 꼽아볼 예는 토끼 다리다. 토끼 다리는 노름을 즐기는 사람에게 행운을 가져다주며, 불길한 징조를 쫓아버리는 것으로 유명하다. 켈트족 미신에 따르면 토끼는 저승세계와 의사소통하는 동물이다. 눈을 뜬 채 태어나는 토끼는 인간의 기원과 밀접히 연관된 비밀을 간직한 동물로 여겨진다. 게다가 야생토끼와 집토끼(서양에서는 실제로 이 둘을 명확하게 구분하지 않는다)의 남근적 상징성은 풍요와 생산의 힘(부활절 토끼 이미지에서 비롯한다)을 의미한다. 토끼 다리를 간직하는 관습은 태고의 풍요로움이 가까운 곳에서 강력한 모습으로 재탄생하기를 바라는 희망의 몸짓이다.

행복의 징표를 간직하는 관습은 주로 기원에 관련된 신화적 시간과의 접점에서 발생한다. 행복의 징표는 '정신'에 부과된 근본적인 사명을 다시 환기하는 역할을 한다. 상징적 인간인 우리는 모두 기억의 존재다. 결국 행복의 징표란 우스꽝스러운 미신의 표지라기보다 오히려 낙원에서 만들어진 어떤 흔적에 더 가까운 것이다.

우리는 행복을 추구하는 존재다. 우리가 갖춘 상징적 사고의 힘은 생명체의 정신적 차원을 더욱 신뢰하게 해준다. 심지어 최악의 비극적인 상황이 닥쳤을 때조차도 우리는 멀리서 언뜻언뜻 비치는 행복의 지평선을 절대 포기하지 않는다. 게다가 우리에게는 거기 다다를 기술이 있다.

제2장

열락(悅樂)의 정원

만약 '상징적 인간'이라는 우리의 정체성이 시대와 문명에 따라 변하는 것이 아니라면, 문화인류학이 증명하듯이 행복의 추구는 서양의 역사에서 매우 각별한 의미가 있다. 비극의 범람과 추락 가능성에 신중하게 대처하면서 우리는 천국에서 최초의 인간이 추방된 이래 메시아 사상, 그 후 진보 사상을 통해 전개된 직선적인 역사를 구축했다. 하지만 시간을 영원한 회귀로 체험하는 문화권에 속한 사람들은 이런 행복을 추구하지 않는다. 이들은 종말을 기원과 일치시키며 세계와의 조화가 항상 규칙적으로 재편성된다고 생각하기 때문이다. 게다가 행복은 이미 강조했듯이 세대에 따라 다양하게 변하는 재현의 결과이기도 하다.

지금부터 이야기하는 것은 에덴동산에서 일어난 최초의 박탈, 그리고 그 후 행복의 변모에 관련된 역사다.

에덴은 하나의 정원이다

서양 문명은 성서적인 의미에서 신이 에덴에 솟아오르게 한 낙원, 즉 지상의 유적과 역사적 특성들로 오랫동안 의심의 여지 없이 특별하다고 인정받아온 낙원에 대한 향수에 사로잡혀 있다. 장 들뤼모가 기술한 것처럼 "낙원은 오랫동안, 그리고 무엇보다도 지상의 낙원을 의미했다. 6세기까지, 심지어 13세기에 이르기까지 교부철학 시대 대부분 작가에게 특정한 수식어가 없는 '낙원'이라는 단어는 근본적으로 아담과 이브가 한순간 살았던 열락의 정원"[19]을 의미했다.

기원전 6세기부터 낙원에 대한 상상력이 본격적으로 등장하기 시작했다. 이 상상의 낙원은 정원의 외양을 갖추고 있다. 이런 사실은 '벽에 둘러싸인 과수원'을 의미하는 고대 페르시아어 'apiri-daeza'에서 비롯되었으며, 'pardès'라는 고대 히브리어로도 채택된 '낙원'이라는 단어의 어원에도 나타난다. 들판 한가운데에 자리잡은 저 행복이 넘쳐나는 정원에서 남자와 여자는 세계와 조화를 이루며 살아간다.

> 여호와 하나님이 동방의 에덴에 동산을 창설하시고, 그가 만드신 사람을 거기두셨다. 여호와 하나님이 그 땅에서 보기에 아름답고 먹기에 좋은 나무를 나게하시니, 동산 가운데에는 생명나무와 선과 악을 알게 하는 나무도 있었더라.
> 강이 에덴에서 발원하여 동산을 적시고, 거기서부터 갈라져 네 가지 근원이 됐다.
> 『창세기 2장, 8-10』

---

19) J. Delumeau, *Histoire du paradis*, Paris, Fayard, 1992.

열락의 정원에 대한 상상력은 또 다른 동양 문명에서도 발견된다. 엔키 (Enki)가 등장하는 수메르 신화는 동물을 지배하는 평화와 질병이 감히 접근할 수 없는 인간의 천복을 암시한다.[20] 이와 마찬가지로 측백나무 숲으로 이뤄진 신의 신비로운 정원은 길가메시 서사시의 배경이 된다. 또한 메소포타미아 신전 꼭대기에 비밀스러운 성림(聖林)이 형성돼 있었다는 사실도 상기해야 한다.

이 같은 상징이 의미심장한 이유는 정원과 정원에 있는 모든 식물이 우물을 파서 사막을 경작하는 데 열중하는 농부의 꿈을 반영하는 은유적 장치이기 때문이다. 농부에게 물은 삶의 가장 중요한 요소이며 그들 자신이 유래한 요소이자 행복의 근본적인 원리다. 천상과 지상을 잇는 의사소통의 장소이며 세계의 심장부인 천국의 정원은 인간이 끊임없이 복원되기를 원해왔던 완전성을 지리적으로 형상화한 결과물이다.

아담은 자신을 위해서 만들어진 존재이자 자신의 옆구리 뼈를 떼어내 만든 여자와 서로 영향을 끼치면서 살아갈 에덴동산에서 자연스레 자신의 자리를 발견한다. 따라서 행복의 근본적인 요소로 남자와 여자 사이의 사랑, 세계와의 조화, 풍요로움, 불멸이 등장한다. 하지만 이 경우 행복은 의식되지 않으며, 즉각적으로 주어진 무엇일 뿐이다. 자아를 넘어서는 무엇으로서 행복은 인간을 유약하게 만들고 결국 추락을 예고하는 무엇처럼 체험될 뿐이다. 하지만 천국의 동산에서 선과 악을 분별할 줄 아는 나무열매라는 존재는 성서의 이야기를 다른 종류의 신화 텍스트와 구분하게 해주는 결정적인 요

---

20) 수메르 신화에 등장하는 엔키(Enki)는 대지의 신, 물의 신을 의미한다. 그는 책략가이자 거짓말쟁이며 그의 행동은 거의 예측이 불가능하며, 한편 매우 영리하다. 오로지 자신만이 신성한 힘에 마술을 더할 수 있는 유일한 자다. 엔(En)과 키(Ki)의 뜻은 대지의 신을 나타낸다. [역주]

소가 된다는 사실을 여기서 강조할 필요가 있다.

여호와 하나님이 만드신 들짐승 중에 뱀이 가장 간교했다. 뱀이 여자에게 물어보았다. "하나님이 참으로 너희에게 동산에 있는 모든 나무의 열매를 먹지 말라 하시더냐?" 여자가 뱀에게 대답했다. "동산 나무의 열매를 우리가 먹을 수 있으나, 동산 중앙에 있는 나무의 열매는 하나님의 말씀에 우리는 먹지도 말고 만지지도 말라. 너희가 죽을까 하노라 하셨다". 뱀이 여자에게 다시 말하기를 "너희가 결코 죽지 아니하리라! 너희가 그것을 먹는 날에는 너희 눈이 밝아지게 돼 하나님처럼 선악을 구분할 줄을 하나님이 알고 있기 때문이다". 여자가 그 나무를 보니, 그 나무는 먹음직도 하고 보기에도 분별력을 줄 만큼 탐스럽기도 한 나무였다. 여자는 그 열매를 따 먹었고, 자기와 함께 한 남자에게도 주니 그도 먹었다. 이에 그들의 눈이 밝아져 자기들의 몸이 벗은 줄을 알게 되고 무화과나무 잎을 엮어 치마를 하였더라.

『창세기 3장, 1-7』

사실 최초의 행복은 오로지 '반성적' 인식에만 존재한다. 인간성은 오로지 인간성이 있다는 의식에만 존재할 뿐이다. 따라서 추락[21]이 신의 명령을 어긴 인간에 대한 처벌을 의미한다면, 추락은 선택받은 존재와 타락한 존재를 서로 매개할 수 있는 상태를 스스로 의식하도록 인간에게 제공된 가능성이며, 또한 자유를 실천하고 행복을 인간 스스로 정복하게끔 제공된 가능성이다. 이와 마찬가지로 향수와 행복은 약속을 의미한다. 이제부터 인간은 끊임없이 '분별할 수 있는' 능력을 소유한 운명의 주인이 되려고 한다. 창세기

---

21) 천국에서의 원초적 추방을 말한다. [역주]

에 등장하는 신화적인 이야기는 인류학적으로 매우 중요한 의미가 있다. 여호와의 금기를 위반한 인간은 점차 신을 닮아가기 시작한다. 인간이 선과 악의 분별을 의식하는 데 이르렀기 때문이다. 이와 마찬가지로 인간의 도덕적 의식은 천상과 지상 사이에 있는 중간자의 존재, 에덴에서 직접 신의 축복을 받는 완전성과 추방 이후의 삶에 배어 있는 불완전한 고통 사이의 어떤 기준이 되는 상징적인 의식이다. 가령 이런 도덕적 의식은 출산의 고통("너는 고통 속에서 아들을 낳을 것이다.")과 노동("너의 얼굴에 흐른 땀에 대가로 너는 빵을 얻게 될 것이다."), 그리고 죽음이라는 유한성("너는 원래 흙이었기에 흙으로 다시 돌아가리라.")과 같은 상징적 의미를 지닌다.

상징적 의식 덕분에 인간은 불행한 상태에서 행복에 대한 향수를 품을 수 있다. 이처럼 인간에게 최초의 고통인 추방은 자신의 존재 의의의 회복을 목적으로 하는 어떤 사유를 가능하게 하고, 나아가 이에 대한 인간의 실천에 의미를 부여하게 한다.

다양한 문화에 녹아 있는 정원은 넓은 의미에서 충만함의 장소로 나타난다. 페르시아에서 정원은 실편백나무, 자스민, 또는 장미 같은 존재인 사랑받는 자와 동일시되며 사랑의 만족감을 나타낸다. 정원은 문화에 따라 다양하고 핵심적인 역할을 한다. 정원은 『장미원』이나 『과수원』 같은 유명한 시집의 제목으로도 등장한다. 이와 마찬가지로 극동 지방의 정원은 유한 속에서 무한을 이해하는 쾌락을 맛보는 데 소용되는 초대의 장소다. 중국의 왕이자 시인 강희제(康熙帝)는 "정원을 산책하는 기쁨이란! 나는 무한을 한 바퀴 돈다!"라고 읊기도 했다.

천국의 정원은 풍요를 의미하기도 한다. 헤시오도스(기원전 7세기)가 『노동과 나날』에서 찬양한 황금기는 삶을 더욱 윤택하게 하는 농산물의 풍요로움과 같은 의미다.

황금은 여신과 올림포스 주민들이 최초로 창조한 덧없는 인간들의 뿌리다. 당시에 크로노스는 하늘을 지배했다. 인간은 근심과 걱정에서 벗어난 마음으로 고통과 재앙을 피해 신들처럼 살았다. 그들은 노쇠를 알지 못했으며, 팔다리는 항상 힘에 넘쳐 있었고, 고통으로부터 멀리 떨어져 향연 속에서 쾌락을 누렸다. 그들이 죽음에 이르렀을 때, 죽음은 기나긴 잠과 같았다. 그들은 매우 자연스럽게 모든 종류의 자산을 나누어 가졌다. 비옥한 땅은 풍부하고 온화한 과일을 생산하고, 인간은 평화롭고 고요하게 자신의 영토에 감탄했으며, 풍요로움 속에서 삶을 영위했다.[22]

이 같은 내용은 플라톤이 『국가』에서 표현한 크로노스를 지배하는 행복한 시간에도 잘 나타나 있다.

인간은 수많은 식물이 인간에게 제공한 풍부한 과일을 누린다. 재배하지 않아도 저절로 알아서 자란다. 대지가 스스로 생산한 것이다. 과일은 옷이나 침대가 없는 맑은 공기 속에서 대부분 시간을 보낸다. 어떤 불편도 겪지 않을 정도로 평화롭다. 대지에서 솟아난 잔디에서 부드러운 침대를 발견한다. 이 과일은 바로 소크라테스이자 크로노스 안에서 살아가는 인간이다.[23]

좀 더 광범위하게 말하자면, 행복한 시간은 기원전 310년경에 태어난 테

---

22) Hésiode, *Les Travaux et les Jours*, Arléa, 1995, trad. C. Terreaux.

23) Platon, *Le Politique*, Paris, Granier Flammarion, 1969, trad. E. Chambry.

오크리토스가 『목가』에서 노래한 농경사회 아르카디아의 시간까지 거슬러 올라간다. 펠로폰네소스의 심장부에는 목동들이 평화로운 나날을 보내며 피리와 플루트를 불며 양떼를 몰던 들판이 있다. 기원전 40년경 베르길리우스가 네 번째 『목가』에서 노래한 황금기의 배경이 된 장소도 바로 이곳이다.

완전히 새로운 시대, 위대한 시대가 탄생할 것이다.
곧이어 대지와 아이는 너를 위해
변덕스러운 담쟁이덩굴과 즉각적이고 자그마한 재능과
익살스러운 아칸서스와 뒤섞인 토란을
아낌없이 제공할 것이다.
젖이 충만한 염소는 집으로 돌아올 것이며
가축들은 더 이상 사자를 걱정하지 않을 것이다.
그리고 너의 요람은 매혹적인 꽃들로 장식될 것이다.
뱀은 사라질 것이며, 독을 품은 식물들도
사라질 것이다. 사방으로 향기가 퍼져나갈 것이다.[24]

황금기는 오비디우스를 매혹시킨다. 『변신』에서 오비디우스는 인간이 더는 수확물을 얻기 위해 대지를 경작할 필요가 없는, 농경사회의 자발적인 풍요로움을 황금기와 연관 짓는다.

황금기는 억압과 법률 없이 선한 믿음과 미덕을 실천하는 최초의 사회를 탄생시킨다. 군대가 필요 없는 국가와 국가는 서로 평화의 품에 안겨 감미로운 여

---

24) Virgile, *Bucolique*, Paris, Gallimard, trad. P. Valéry, 1957.

가로 충만한 삶을 보낸다. 괭이에게 침범당하지도, 쟁기에 상처를 입지도 않으며, 부과세에서 해방된 대지는 스스로 필요한 것을 갖추어나간다. 대지가 생산한 양식에 감사하며 인간들은 소귀나무 열매, 산딸기, 산수유 열매, 가시덤불 끝에 매달려 있는 무르익은 열매들, 크고 잔가지가 많은 주피터나무에서 떨어진 도토리 따위를 주워 모은다. 봄은 영원하며, 태평하게 불어오는 산들바람은 부드러운 입김을 불어 종자 없이 피어난 꽃들을 애무한다. 누구도 일구지 않았던 대지는 온통 수확물로 뒤덮인다. 누구도 일구지 않았던 밭 또한 커다란 이삭들로 노랗게 변해간다. 우유와 과즙으로 이뤄진 강물은 여기저기서 흘러넘치고 푸른 잎의 털가시나무는 노란 벌꿀을 정제한다.[25]

천국의 변신

또 다른 신화적 장소들 역시 행복에 관한 최초의 장소와 동일시되는 데 사용된다. 호메로스의 『오디세이아』에 따르면, 엘리제 동산은 바로 이런 장소 중 하나이다.

엘리제 동산에서 가장 온화한 삶이 인간에게 주어진다. 폭설도, 혹독한 겨울도, 비바람도 없으며, 이곳에서 사람들은 오로지 자신을 시원하게 해주려고 휘파람 소리를 내며 바다를 거슬러 불어오는 산들바람밖에는 느끼지 않는다.

행복한 삶은 섬에 대한 상상력과 밀접히 결합한다. 기원전 476년 『올림

---

25) Ovide, *Métamorphoses*, Paris, Les Belles Lettres, 1928.

피아』제2권에서 핀다로스는 식물이 아름다움으로 인간에게 아름다운 영혼을 보상해주는 '축복받은 섬'에서 행복을 찾는다.

> 그곳에는 황금 꽃이 반짝인다. 일부는 대지의 환상적인 나뭇가지에서 피어나고, 나머지 일부는 물에서 자양분을 공급받는다. 황금 꽃은 나뭇가지에서 화환을 만들어낸다. 황금 꽃은 라다만토스[26]의 공평한 감시 아래 나뭇가지에서 화관을 만들어낸다.[27]

호라티우스는 일곱 번째 『에포디』에서 '축복 받은 섬'을 온화하고 호의적인 자연의 특성이 있는 곳으로 묘사한다.

> 대지가 매년 인간에게 노동 없이 케레스[28]를 돌려주는 곳. 돌보지 않아도 포도나무가 항상 열매를 맺는 곳. 올리브 나뭇가지가 언제라도 싹을 틔우는 곳. 갈색 무화과 열매가 나뭇가지를 장식하는 곳. 털가시나무 구멍에서 벌꿀이 넘쳐흐르는 곳. 산꼭대기에서 울려오는 발자국 소리가 잔잔한 파동을 만들어내는 곳. 이곳은 시키지 않아도 염소가 젖 짜는 항아리로 몰려들고, 선한 우애와 더불어 양떼가 부푸는 젖을 가져오는 곳이다.[29]

---

26) 에우로파의 아들로서 영계의 세 재판관 가운데 하나. 다른 두 명의 재판관은 미노스와 아이아코스임. [역주]

27) Pindare, *Olympique*, Deuxième tome, Paris, Les Belles Lettres, 1922.

28) 고대 로마 신화에 등장하는 여지신(女地神). 수확, 특히 밀의 수확에 관련된 농업과 문화의 여신이다. [역주]

29) Horace, *Odes et Epodes*, Paris, Les Belles Lettres, 1927.

『로빈슨 크루소』에서 『폴과 비르지니』[30]에 이르는 서양 신화에서 오늘날 여행사에서 만들어낸 광고 문안이나 여행자들이 들려주는 이야기에 이르기까지 섬은 행복의 닫힌 공간과 밀접하게 연관돼 있다. 섬에서 겪은 경험을 들려주며 퇴로가 그 얼개를 적절하게 언급하는 섬이 지속해서 존재하는 것은 바로 이 때문이다.

나는 내 섬을 잘 알고 있다. 그 섬은 무한한 태평양 위로 내가 알지 못하는 상상력의 고고학적 깊이를 분출한다. 게다가 그 섬은 어린 시절이나 과거를 체험하게 하는 어떤 형태와 닮았다. 암초가 경계 지은 자신만의 공간에 자리한 섬은 자기 씨앗과 함께 중심에 자리잡은 일종의 독방이다. 이를테면 섬은 자궁의 저 미지근한 양수 속에서 헤엄치고 있는 태아와도 같다. 섬은 바다의 공포 한가운데 자리잡은, 부드러운 물이 흐르는 폭포와 열매로 뒤덮인 나무로 이뤄진 완벽한 오아시스인 것이다.

[...] 섬이 우리에게 제공되는 방식에서 천국의 유약함이 다시 발견돼 탄생한다. 섬은 신중하지 못하게, 신비함도 없이, 동시에 모든 방을 한꺼번에 보게 하려고 정면을 일부러 감추어버린 인형의 집처럼 우리에게 제공된다. 섬은 아이의 세계와 의외의 재회를 실현하는 장난감 세계와도 같다.[31]

장 들뢰모가 보여주듯이 기독교 작가들은 2세기부터 기독교적 상상력

---

30) 프랑스의 작가 베르나르댕 드 생 피에르(Bernardin de Saint Pierre)의 소설(1787). 자연 속에 사는 순진하고 소박한 소녀와 소녀의 사랑 이야기로 구성돼 있으며, 자연과 선량한 본성에 의한 행복이 문명 사회의 악인 금력, 사회적 편견, 습관에 의해 파괴된다는 주제를 다루었다. 소박하고 자연스러운 감정을 바탕으로 순결한 인물들의 모습과 대자연이 선명하게 묘사됐다. 한 폭의 그림과도 같은 묘사와 이국취향이 돋보이는 낭만주의의 걸작으로 평가된다. [역주]

31) H. Theureau, 「Vivre dans l'île」, revue *Silex*, n° 14, 1979.

을 통해 황금기와 축복받은 섬에 대한 고대 신화에 물음을 던져왔다. 165년 순교한 성(聖) 유스티누스에게 헌정된 『그리스에서의 권고』에서는 호메로스가 『오디세이아』에서 묘사했던 알키노오스의 정원과 창세기의 정원을 동일한 곳으로 묘사한다. 『오디세이아』 7장의 묘사는 오직 지상의 낙원만을 떠올린다. 호메로스의 묘사는 다름 아닌 "예언자의 우두머리 모세가 기술했던 천국에 대한 분명하고 명확한 모방"이다.

네 아르팡[32] 정도 되는 과수원이 뜰 밖 성곽으로 사방이 둘러싸인 곳에 있다. 이 과수원에서 자라는 사과나무, 배나무, 석류나무, 무화과나무와 호화스러운 올리브 나무에서는 늘 싱싱하고 커다란 과일들이 자라난다. 이 과일들은 겨울에도 여름에도 결코 시드는 법이 없이 일 년 내내 열린다. 미풍의 숨결이 무럭무럭 자라나게 하고 잘 익게 한다. 배가 영근 후에 얼마 안 가 또 배가, 사과가 영근 후에 또 사과가, 포도가 익은 후에 또다시 포도가, 무화과 열매가 익은 후에 또다시 무화과 열매가 쉬지 않고 자라난다. 밭에는 샘 두 개가 흐른다. 하나는 정원 전체에 물을 흐르게 하고, 다른 하나는 뜰 입구에서 높이 보이는 집까지 물을 날라다 준다. 마을 사람들이 물을 길으러 오는 곳은 바로 여기다.[33]

4세기와 5세기, 그리고 6세기에는 베르길리우스의 말투를 흉내 내어 천국을 묘사한 시인이 상당수에 달했다. 클라디우스 마리우스 빅토리누스 (Cladius Marius Victorinus), 시도니우스 아폴리나리스(Sidonius Apollinaris) 같은 시인이 여기에 해당한다. 이들 중 아폴리나리스는 『아테네에서의 찬양』(480)에

---

32) 고대 그리스 로마 시대의 측량 단위. [역주]

33) Homère, *Odyssée*, Paris, Garnier Flammarion, 1965, trad. M. Dufour et J. Raison.

서 진귀한 광물과 향기로 가득 찬 정원을 묘사한 바 있다. 이런 정원은 천국의 성서적 전통만큼이나 황금기 혹은 엘리제 동산에 대한 고전 전통을 반영한다.

시간이 지나면서 이처럼 서양의 상상력에서 두 전통이 혼합되는데, 월터 롤리(1552~1618)는 『세계의 역사』에서 이 전통을 다음과 같이 기술한다.

> 순교자 성 유스티니우스가 언급했듯이 호메로스가 고안한 알키노오스의 정원은 모세의 천국 묘사에서 배운 것이 아니고 무엇이겠는가? 더구나 엘리제 정원에 대한 아름다운 묘사 역시 천국의 이야기에서 비롯된 것이 아니고 무엇이겠는가?[34]

우리는 천국의 신화가 기독교 주석가들에 의해서 가장 자주, 그리고 엄밀하게 다루어졌다는 사실을 알고 있다. 기독교 주석가들에게 천국은 구체적이고 현세적인 장소였다. 바로 이곳에서 행복의 모든 요구에 일관성이 더해지고, 행복은 자신의 상태를 다시 회복하기에 이른다. 5세기에 성 아우구스티누스는 『문자의 생성에 관하여』에서 다음과 같이 예고한다.

> 우리는 자신을 창조와 기원에 관련된 이야기의 나머지 부분을 엄밀하게 보존해야 하는 임무를 띤 정통한 학자로 간주해야 한다. 거기에서 우리가 주목해야 할 것은 상징적인 이야기의 방식이 아니라, 실제로 일어난, 사실적인 사건들에 관련된 이야기다.[35]

---

34) J. Delumeau, *Histoire du Paradis*(앞의 책)에서 인용된 부분.
35) 같은 책.

어쨌건 천국의 신화는 행복을 더욱 명확하게 부각하는 데 사용된다. 이처럼 역사의 맨 앞자리를 차지하는 천국의 신화는 인간이 세계와 원만한 관계를 유지할 수 있다는 논리나 행복을 창조의 원칙, 심지어 존재 자체의 원리를 구성하는 시간과 공간과 동일시하는 데 사용된다. 행복은 이런 방식으로 존재의 형이상학에 기록된다. 행복은 추방으로 인해 역사에서 사물의 상징적 차원이 해체되기 이전 인간의 통일된 상태를 의미한다.

하지만 역사를 지나오면서 행복의 불똥이 여전히 우리 내부에서 불타오르고 있다면, 그것은 열망과 행복한 삶에 관련된 또 다른 차원의 내용과 의미가 부여되기 때문이다. 철학과 고대의 지혜가 함께 만들어낸 이상향은 천국의 신화에 포함된 충만함의 욕망과는 거의 관계가 없다.

제3장

고대의 행복

인간은 왜 자신만의 행복을 스스로 자신에게 줄 수 없었을까? 행복은 형이상학적인 향수의 문제라기보다 오히려 사회 문제에 해당하는 것은 아닐까? 이는 고대 그리스인들이 폴리스를 창설하면서 던졌던 물음에도 해당한다. 그리스 법률의 목적은 정의 실현보다는 행복의 사회적 정착에 더 가까웠기 때문이다.

폴리스 안에서의 행복

그리스 폴리스의 개혁자인 솔론에게 법률이 자유와 행복을 결속시킨다는 사실에는 의심의 여지가 없다.

이것이 바로 나의 마음이 아테네 시민을 이해시키라고 나에게 주문한 가르침이다. 법에 대한 경멸은 폴리스를 고통으로 뒤덮어버린다. 법이 지배할 때 법은 모든 곳에 질서와 조화를 정착시키며, 악한 무리를 속박한다. 법이 성장해서 전성기를 맞을 때 법은 거친 것들을 평탄하게 만들며, 교만을 억누르고, 나아가 폭력을 불식하며, 불운의 씨를 말려버린다.[36]

이럴 때 행복은 정치적 의미에서만 존재할 뿐이다. 법은 행복의 반대말이라기보다는 오히려 자유의 수단이며 행복한 삶의 조건으로 자리잡는다.

델포이의 신탁은 "오직 선구자만이 이해하는 평화로운 폴리스"를 큰 소리로 외칠 것이다. 아테네 시민은 신탁이 말한 이 유일한 선구자가 왕도 독재자도 아니라 바로 법이라면서, 자연스러운 인간의 감각에 반대했다. 아테네 시민은 오로지 자신을 지켜줄 법을 보호자나 선구자처럼 따르면서 더 행복하게 살 것이다. 법은 치명적인 독재나 변덕스러운 주인보다 더 오래 지속될 안내자다.[37]

우리는 여기서 그리스인들이 플라톤의 폴리스에서부터 공동체주의에 이르기까지 유토피아를 확신할 정치와 행복의 밀접성을 탄생시키는 상황을 목격한다. 더 정확하게 말하자면, 그리스인들은 인간과 세계가 유지하는 관계에 쾌락의 가능성까지 포함해 법을 창시했다. 플로랑스 뒤퐁이 지적하듯이 아테네 시민에게 "쾌락은 문화의 내부에서 이뤄"지며, "사회에서 형태를 갖추기 위해 사회적 몸을 거치지 않는다면, 인간의 몸은 우주로 뻗어나가려는 자신의 욕망을 충분히 갖추지 못하게"[38] 된다.

---

36) Solon, fr. 43, Diehl ; trad. A. Croisset, *Histoire de la littérature grecque*, Paris, 1890.

37) Plutarque, *Banquet des Sept Sages*, 152 D, trad., J. Defradas.

38) F. Dupont, *Le Plaisir et la Loi*, Paris, Maspéro, 1977.

대중적인 행복과 향연의 내밀한 쾌락이 서로 보완하면서부터 둘 사이에 밀접한 관계가 형성됐다. 스파르타가 사실상 시민의 삶을 군사 특권계급을 통해 강화한 엄격한 원칙에 종속시켰다면, 아테네는 한편으로 법과 쾌락, 행복과 대중적 자유를, 다른 한편으로 개인적인 만족감과 상실감을 적절하게 활용했다고 볼 수 있다.

법은 그리스 시민에게 정신적 자유의 실천을 조장하는데 이는 법이 그리스 시민에게 천복의 조건 자체라는 의미를 내포한다. 이처럼 소포클레스가 찬양해야 하는 것들의 목록을 작성할 때 비로소 선한 인간과 선한 존재의 관계가 확립된다.

세상에 존재하는 것 중 가장 아름다운 것은 정의롭게 되는 것이며, 최상의 것은 질병을 벗어나는 것이며, 가장 온화한 권력은 매일 자신의 마음속에 존재하는 욕망을 충족하는 것이다.

피어슨, 『단상 236』

이처럼 선한 존재가 되는 조건 중 하나는 바우러가 지적하듯이 바로 건강이다.

건강은 그리스인이 기도를 통해 바랐던 혜택 가운데 으뜸 항목이었는데 한편으로 건강이 보장되지 않는 한 스스로 납득하고 이해할 수 있는 행복이 존재할 수 없다고 생각했기 때문이고 다른 한편으로 그들 모두 질병의 영향을 받고 있었기 때문이다.[39]

---

39) C. M. Bowra, *L'Expérience greque*, Paris, Fayard, 1969.

오늘날 우리에게 매우 익숙한 건강과 행복의 동일시 현상은 생각보다 그리 진부한 것이 아니다. 더욱이 그리스 문화에서 이런 현상은 고유한 몸의 형이상학과 밀접하게 연관돼 있었다.

건강의 필요성은 근본적으로 종교 영역에 속했던 몸에 대한 숭배와 밀접하게 연관돼 있다. 인간이 신을 닮을 수 있는 것은 바로 자신의 몸을 통해서이며, 몸의 발전을 주관하고 보호하는 자 또한 신이다.[40]

그리스인들은 건강과 아름다움을 유지하고자 몸을 신성과 연관 짓는다. 몸은 신성이 부여한 외관이며, 따라서 인간 존재의 눈부신 광채를 담는 물리적 광채다. 이것이 바로 올림픽의 의미이기도 하다.

경기에서의 승리는 건강과 은총에서 비롯한다. 경합을 벌이는 선수들은 편리하게 경기에 임하려고 옷을 입지 않았다지만, 또한 신들이 그렇듯이 자신을 드러내려고 그렇게 하기도 했다. 특히 승자의 아름다움은 더욱 높은 평가를 받았다. 바로 이 순간 인간은 자신이 태어날 때 부여받은 몸과의 약속을 지킬 수 있게 된다. 그들은 은총이 내린 능력을 한껏 발휘했다는 이유로 존경받을 가치가 있는 인간이 된다. 실상 인간은 자신의 몸과 자신이 쟁취한 승리를 통해 자신과 닮은 신들이 누리는 천복에 가까이 다가가고자 했다.[41]

눈에 확연히 드러나는 평범한 사실이지만, 그리스인에게 은(銀)이 행복

---

40) 앞의 책.
41) 같은 책.

에 이바지했다는 사실은 확실히 짚고 넘어가야 할 사항이다. 그 이유는 은이 풍족함의 원천일 뿐만 아니라 관용이라는 신성의 속성을 나타내는 광물을 의미한다는 데 있다. 바로 여기서 신성한 광채를 발산하는 금붙이의 위엄이 생긴다. 인간이 신과 가장 가까이 삶을 영위하는 천국적 순간을 일컬을 때 쓰는 '황금기'라는 표현도 바로 여기서 비롯했다.

따라서 그리스인에게 행복은 단순히 시민이 누리는 만족을 넘어 인간 존재 자체를 드러내는 과정에서 생긴다. 만약 인간이 선하다면 인간은 필연적으로 행복해질 수밖에 없고, 만약 인간이 행복하다면 인간은 필연적으로 선할 수밖에 없다.

각자에게 행복은 삶에 따라 결정되거나 혹은 운명의 대가로 주어지는 것은 아니다. 행복은 오히려 논리 정연한 연구의 대상, 철학의 대상이었다. 그리스인에게 행복은 신성한 혜택이 아니라, 오히려 '철학'이라는 이름이 붙은 지적 활동을 가능케 하는 '지혜'의 결과였다.

사실 그리스에서 철학은 행복을 탐구하면서 시작됐다. 로베르 미스라이가 지적하듯이 "특별한 연구로서 철학이 빛을 발했던 것은 우리가 잘 알다시피 고대 그리스 사상가들에게서 비롯"했으며 또한 "행복에 관해 성찰하기 시작한 사람들도 그리스와 로마 철학자들"[42]이었다.

이런 의미에서 에피쿠로스학파가 철학에 내린 정의는 행복에 연관된 그리스 사상과 맞물려 있다. 이들에 따르면 "철학은 담론과 추론을 통해 우리에게 행복한 삶을 살게 해주는 정신적 활동"[43]이다.

---

42) R. Misrahi, 「Le bonheur, sens, problèmes et voies d'accès」, *Philosopher 2*, Paris, Fayard, 2000.

43) Epicure, *Lettres et maximes*, Paris, PUF, 1995, trad. M. Conche.

철학의 행복

철학은 플라톤의 작품에서 만개했을 때 말로 표현할 수 없이 신비한 질
서에 관한 연구가 절대 아니었다. 오히려 현실에 대한 이해 가능성을 전제하
면서 보편적인 앎을 주관하는 비판적이고 자유로운 대화이자 탐구해야 할 구
체적인 대상이었다. 보편적 앎은 아름다운 것, 진실한 것, 선한 것 사이에 완벽
한 균형을 유지하고자 하지만, 실제로는 행복에 대한 열망으로 인도된다.

플라톤에게 철학은 도덕이나 정치와 밀접하게 연관돼 있다. 이런 관계는 더 정
확히 말해 행복에 대한 성찰을 의미한다. 자기 삶을 인도하고자, 또는 조화로
운 상태를 이루고자 절대자와 관념의 세계를 인식하는 것이 더 바람직하다. 하
지만 초월(플라톤이 제시한 이데아[idea])에 대한 이런 인식은 최상의 선을 정
의해야 하는 운명에 놓여 있다.[44]

『파이드로스』에서 불멸의 영혼은 관념세계를 여행할 때 본질을 초월한
세계의 빛 앞에서 극도의 쾌락을 느낀다.

하늘 위로 넓게 펼쳐진 공간은 지상의 어떤 시인에 의해서도 호명되지 않은 공
간이며, 지상과 더불어 거론되지도 않을 것이다. 나는 바로 이 공간에 존재하
는 것에 대해 말할 것이다. 우리가 특히 진리에 대해 언급하려 할 때는 과감하
게 진리만을 말해야 하기 때문이다. 진정으로 존재하는 본질은 색깔도 없고 형
태도 없으며 만질 수도 없다. 그것은 오로지 영혼과 지성의 안내에 따라 지각

---

44) R. Misrahi, 「Le bonheur, sens, problèmes et voies d'accès」, in *Philosopher 2, op. cit.*

될 수 있는 곳에 있는 진정한 학문의 대상일 뿐이다. 절대적인 학문과 지성으로 자양분을 공급받는 신에 대한 사유는 고유한 자양분을 섭취해야 하는 모든 영혼과 마찬가지로 순환운동이 진리를 출발점으로 안내할 때까지 결국 자기 존재의 재발견을 기뻐하고, 열광적으로 진리를 주시하기에 몰두한다.[45]

행복은 사유를 초월하고 초월을 관조할 때 맛보는 기쁨이다. 사유는 신을 대신하고, 세계의 신비는 사물들의 명료함에 자리를 양보한다. 하지만 이 두 가지 경우, 이런 지식이 주는 행복은 믿음이나 이성의 운동에 관계하는 어떤 상승과 연관돼 있다.

『필레보스』에서 플라톤은 행복에 더 구체적인 일관성을 부여하려고 하지만, 쾌락의 개념이 완전히 정착되려면 아리스토텔레스의 철학을 기다려야 한다. 실상 『니코마코스 윤리학』에서 쾌락은 행복론과 정확히 연관돼 있다. 아리스토텔레스는 이 작품에서 정치와 행복의 관계를 더욱 심화한다. 아리스토텔레스에 따르면, 선은 행복의 조건이다.

지식이나 자유롭게 내린 결정은 몇 가지 선을 목적으로 한다. 그렇다면 우리가 정치에 부여한 목적은 무엇이며, 우리 활동에서 최상의 선은 과연 무엇인가? 선의 이름에 관해서는 적어도 일반적인 동의가 존재한다. 그 이름은 잘 살고, 훌륭하게 성공하는 것이 행복한 삶의 동의어라고 믿는 대중과 엘리트가 만든 행복과 다르지 않다.[46]

---

45) Platon, *Phèdre*, Paris, Garnier Flammarion, 1964, trad. E. Chambry.
46) Aristote, *Ethique à Nicomaque*, Paris, Garnier Flammarion, 1965, préface et trad. J. Voilquin.

즉 아리스토텔레스에 따르면 선은 행복의 조건이다. 물론 이런 용어의 의미와 내용은 견해에 따라 다양하게 변화할 것이다. 그래도 아리스토텔레스의 윤리학은 플라톤의 이데아주의와 대립하고, 따라서 브룅이 다음과 같이 지적하듯 행복을 좀 더 구체적으로 제시한다는 장점이 있다.

접근 불가능한 공론(公論)의 영역에서 플라톤과 함께 길을 잃고 헤매기보다 모든 장인(匠人)에게 선은 그들의 기능을 완벽하게 수행하는 데 있다는 사실을 증명할 수 있다. 인간의 선이 덕성과 일치하는 이성의 선한 실천에 내재한다는 사실을 일반화할 수 있다는 것이다. 덕성의 실천은 어떤 첨삭도 필요 없어진 구체적 행동이다. 현자 아리스토텔레스는 한 치의 오차도 없는 중용을 추구하면서, 실상 "아무것도 지나친 것은 없다."라는 그리스 격언을 다시 발견한 것이다.[47]

장 부알켕이 말하듯이 이런 선에는 실상 형이상학적인 의미가 있다.

인간은 오로지 순수한 사유와 명상에서만 자신에게 주어진 최상의 행복을 발견한다. 이를 통해 인간은 스스로 생각하는 사유를 통해 자신을 이루는 만큼 오로지 행동만이 가능한 아리스토텔레스적 신에게 가까이 다가갈 수 있다.[48]

따라서 그리스인은 행복이 신성한 혜택이 아니라 오히려 '철학'이라고 부르는 지적 활동을 가능케 하는 지혜의 결과고 확신한다.

한편 폴리스 밖에 존재하는 개인적인 행복 추구에 명확하게 접근하고

---

47) J. Brun, *L'Europe philosophe*, Paris, Stock, 1988.
48) J. Voilquin, 「préface à Aristote」, *Ethique à Nicomaque*, op. cit.

자 하는 철학도 있다. 이런 철학은 에피쿠로스학파의 철학처럼 이른바 행복지상주의[49] 연구에서 시도된다. 삶의 결정적인 행동에는 상징적인 영향력이 있다. 306년, 에피쿠로스는 아테네에서 정원을 사들이고 거기에 학파를 창설했다. 그리고 제자들을 '정원의 철학자'라고 불렀다. 비록 행복이 그저 주어지는 것이 아니라 철학적 활동의 결과로 얻을 수 있는 것이라 해도 정원은 또다시 행복의 장소로 자리잡는다. 에피쿠로스의 정원에 세상의 부(富)에 무관심하고, 검소하게 살아가면서 평화, 고요, 평정을 찾는 제자들의 공동체가 형성된다. 이제부터 철학은 폴리스(공화국)의 정치적이고 변증법적 말장난을 떠나 이뤄진다. 철학은 쾌락으로 이어지는 충만함을 추구한다. 하지만 이 쾌락은 사치와 우아를 통해 얻는 본능적인 쾌락이 아니라 예를 들어 지극히 절제된 식욕에서 찾는 쾌락을 의미한다. 에피쿠로스 철학에서는 호사에 정반대되는 금욕주의가 지배하고 있었다.

아직 철학 문제를 탐구할 시간이 오지 않았다거나, 그 시간은 이미 지나갔다고 말하는 자는 행복의 시간이 아직 오지 않았고, 혹은 더는 존재하지 않으리라고 말하는 자와 같다. [...]

이런 이유에서 우리는 쾌락이 행복한 삶의 종국이자 원리라고 말할 수 있다. 우리가 최초로 자연과 공유하는 선으로 인식한 것이 바로 쾌락이며, 선택이나 거부의 원리도 바로 쾌락에서 발견하기 때문이다. 더욱이 감정에 따라 모든 선을 어떤 기준으로 여기면서 귀결하게 되는 곳도 바로 쾌락이기 때문이다. [...]

우리는 '외부 사물들과 비교해' 독립성을 유지하는 것을 위대한 선으로 간주하는데, 그 이유는 절대적인 궁핍 속에서 살기 위해서가 아니라 많은 것을 소유

---

49) 그리스어로 'eudaimon'은 "행복한"을 뜻한다.

하지 않을 때 비로소 충족해야 할 것이 거의 없어진다는 사실을 더 효율적으로 설득하기 위해서다. 외부 사물의 필요성이 최소일 때 쾌락은 최대이고 우리가 더욱 풍부해진다는 사실, 모든 자연물은 손에 넣기 쉽지 않은데, 사실상 어렵게 얻는 것 자체가 쓸모없다는 사실을 깨닫게 된다. 소박한 음식은 호화스러운 요리가 주는 것과 똑같은 쾌락을 준다. 한 번의 결핍에서 비롯한 고통은 해소하면 그뿐이다. 배고픔에 시달리다가 입으로 가져가는 보리빵과 물은 최대한의 쾌락을 준다. 더욱이 낭비 없는 간단한 식사 습관은 더 완벽한 건강을 주며, 필요한 일거리를 통해 인간을 활동적으로 만든다. 호사스러운 음식과 일정한 거리를 두는 식사 습관은 우리에게 최상의 재능을 부여하며, 행운 앞에서도 아무런 근심이 없게 한다.

『메네세에게 보낸 편지(도덕에 관하여)』[50]

에피쿠로스학파 철학은 행복이 법과 정치로 점철된 관심사가 아니라 무소유와 휴식에 있다는 사상, 즉 천국의 신화에서 찾아볼 수 있는 고전적 사고를 은연중에 담고 있다. 바로 여기에 서구 근대 세계가 유토피아의 정치와 전통의 지혜 사이에서 주저하며 물려받은 위대한 구분이 있다. 우리는 아고라[51]와 정원 사이, 사회와 자연 사이에서 아직 선택을 마치지 못한 셈이다.

에피쿠로스학파에 행복이 미덕 자체를 뜻한다면, 스토아학파에 행복은 미덕 안에 있다. 스토아 철학 창시자인 제논에서 세네카에 이르기까지 '행복한 삶'은 운명을 인정할 때 실현된다. 플라톤주의가 세계를 끊임없이 동요시

---

50) Epicure, 「Lettre à Ménécée」, in *Lettres et maximes*, op. cit.

51) 고대 그리스의 시민이 모여 다양한 활동을 한 집회장소. 호메로스의 작품에 처음 등장하는 이 단어는 물리적 장소만이 아니라 사람들의 모임 자체도 의미했다. 그리스인은 종교활동·정치행사·재판·사교활동·상업활동을 모두 포함해 아고라라고 불렀다. [역주]

킨다면, 스토아학파의 철학은 아무것도 동요하지 않는 방향으로 나아간다.

따라서 행복한 삶은 자연과 조화를 이루는 삶이다. 우리는 무엇보다도 성스러운 영혼을 소유할 때, 신성한 상태를 유지할 때 행복을 얻을 수 있다. 영혼은 용감하며 불타오르는 듯해야 하고, 아름답고 인내심이 있어야 하며, 육체와 육체가 불러일으킬 수 있는 것들을 남용하지 않고 시대와의 조화 속에서 몸을 돌봐야 행복을 소유할 수 있다. 삶에서 일어나는 온갖 소란스러움에 영혼이 놀라지 않고 조심스레 주의를 기울일 때 행복을 소유할 수 있다. 내가 비록 더 첨언하지 않더라도 너희는 여기에서 영원한 평온과 자유가 발생한다는 것을 이해할 수 있을 것이다. 이렇게 할 때 우리는 두려워하거나 분노할 만한 것으로부터 해방되며, 쾌락 대신에, 치욕과 추문의 원천인 천박하고 깨지기 쉬운 향유 대신에 흔들리지 않는 단호하고 거대한 기쁨이 우리를 찾아오기 때문이다.[52]

이런 것이 바로 미덕이며, 쾌락과 행복의 원천을 이루는 것도 바로 이것이다. 다시 말해 이성과 윤리적 판단에 따라 물질적 소유를 벗어나 현재에 안분자족하는 자세가 바로 행복의 원천을 이룬다.

행복한 인간은 올바른 판단력을 소유한 사람을 뜻한다. 행복한 인간은 현재에 만족하는 사람, 그것이 무엇이건 간에 고유한 자신만의 선을 벗으로 삼는 사람이다. 행복한 인간이란 결국 이성이 모든 상황을 증명하고 충고하는 사람이다.

세네카의 자서전을 유심히 살펴보면 세네카가 보존하려는 미덕이 사

---

52) Sénèque, *La Vie heureuse*, Paris, Mille et Une Nuits, 2000, trad. E. Régnault.

실 세네카에게는 일종의 역설에 해당한다는 것을 알 수 있다. 기원후 58년경 『행복한 삶』 집필 당시 그는 네로 황제의 참사관이었으며, 따라서 정치적·재정적 성공을 바탕으로 그 시대 정상에 있었던 셈이다. 한마디로 그는 막대한 재산의 소유자였다. 그런데도 그의 글은 에피쿠로스 학파의 쾌락 원리에 반대되는 스토아 학파적 미덕의 보존을 충실히 반영하고 있다.

행복을 기술하는 데 상당한 도움을 주는 고대는 이성의 놀이, 윤리적 몰두, 충만의 탐구를 동일시하면서 행복에서 철학 연구 대상을 찾아낸다. 그리스 로마 철학은 전적으로 행복 지상주의 연구에 녹아 있다.

온화함으로의 초대

고대 정치에는 학파의 대립을 넘어 온화함으로의 초대, 그리고 앞서 살펴봤듯이 정원에서 이뤄지는 휴식이 자리잡고 있다.

정원이라는 주제는 고대 그리스 로마 시대를 통해 자연스럽게 황금기와 축복받은 섬의 주제와 결합한다. 천국에 대한 상상력과 이상적 풍경을 아름다운 곳(locus amoenus)과 지상 낙원처럼 묘사하면서 이 양자의 관계는 더욱 윤택해진다. 지상 낙원은 다음과 같은 세 가지 원칙적인 유형을 묘사하면서 더욱 활성화된다. 정원처럼 주어진 풍경, 야생 상태이지만 신들에 의해서 기적적으로 주어진 자연, 그리고 사랑이 펼쳐진 전원의 환경이 바로 그것이다.[53]

53) J. Delumeau, *Histoire du Paradis*, op. cit.

정원에서는 플라톤적인 관조나 에피쿠로스 학파적인 명상을 스토아 학파의 고결한 금기만큼이나 선호하는 평온한 시간이 전개된다. 철학자의 정원은 온화함과 평정의 정원이다. 이 정원은 테오크리토스가 묘사한 풍경의 미덕을 갖추고 있다.

백양목과 느릅나무가 바스락거리며 우리 머리를 향해 나뭇잎을 기울인다. 가까운 곳에서는 신성한 물이 님프 요정들이 사는 동굴 사이로 속삭이듯 흘러내린다. 그늘진 가지 위에는 햇빛을 받아 검게 그을린 매미가 맴맴거린다. 멀리서 청개구리 울음소리가 가시덤불 숲 사이로 들려오고 종달새와 방울새가 즐겁게 노래한다. 사방에서 멧비둘기가 지저귀고 황금빛 꿀벌이 연못 주위를 날아다닌다. 모든 것이 풍요롭고 아름다운 계절의 향기를 발산한다.[54]

평온한 자연은 철학의 장소 자체이기도 하다. 분명히 철학은 '아크로폴리스의 활동'[55]이며, 시민 토론의 도구이자 민주주의적 합리성 원칙을 의미했다. 하지만 철학은 신화가 포괄하는 초자연이나 신비로운 현상의 기술(技術, art)이 아니라 세계가 철학의 현존에서 인식될 때 이런 세계에 대해 놀라게 되는 현상의 기술이다. 선과 악을 구분하는 인식의 과일을 맛본 아담과 이브는 추락 이후 세계에서 자신의 위치를 인식하는 데 도움을 주는 정신적 앎에 대한 확신이 있었다. 그들은 전(前) 세계의 계승자다.

장 피에르 베르낭이 지적하듯이 철학자들은 지혜를 찾으려고 정원이

---

54) Théocrite, 「septième idylle」, in *Bucolliques grecs*, Paris, Les Belles Lettres, 1972.

55) 예를 들어, 아크로폴리스의 남쪽에 위치한 디오니소스 극장에서는 소포클레스, 에우리피데스, 아이스킬로스, 아리스토파네스의 연극이 경연됐다. [역주]

보여주는 풍경에 물음을 던진다.

자연 뒤편에서는 외양 너머로 보이지 않는 배경, 즉 철학이 임무를 완수하고자 몰두하고 명상의 고유한 대상을 만들어내는, 더 진실하고 비밀스럽고 감춰져 있는 현실이 형성된다. 철학은 보이는 것에 반대되는 이런 보이지 않는 존재, 가상에 반대되는 검증의 존재, 덧없음에 반대되는 영원의 존재, 불확실성에 반대되는 확실성의 존재를 내세우면서 고유한 방법을 통해 종교적 사고를 스스로 교체한다.[56]

더 폭넓게 말하자면 그리스 시대에서 오늘날에 이르기까지 시골은 철학자들이 자신의 활동을 바탕으로 접근하는 '즐거운 지식'[57]의 장소였다. 마틴 하이데거가 공공연하게 그리스 철학의 계승자임을 주장하며, 자신의 철학을 정의하기 위해 시골길에 할애했던 아름다운 문장들만 봐도 이런 점은 충분히 설득력을 지닌다.

계절에 따라 다채롭게 펼쳐지는 시골길의 공기를 마시며 깨닫는 즐거움, 우울로 안색을 자주 물들이는 즐거움이 더욱 진화한다. 이런 즐거운 지식은 악의에 찬 지혜다. 이미 이것을 가진 자는 다른 아무것도 얻지 못한다. 이것을 가진 자는 시골길에서 이것을 유지한다. 자기 길 위에서 겨울 폭풍우와 수확의 나날이 서로 마주치고, 봄의 생기 있는 부산함과 가을의 평화로운 황혼이 서로 만나며, 젊은 날의 들뜬 기질과 지긋이 나이든 지혜가 시선을 교환한다. 이처럼 모든 것은 여

---

56) J.-P. Vernant, 「Les origines de la philosophie」, in C. Delacampagne, R. Maggiori, *Philosopher*, Paris, Fayard, 1980.
57) 니체의 책 제목. [역주]

기저기 메아리를 쓸어가는 침묵 속에 놓인 길의 조화 속에서 청명하게 변한다.[58]

그리스인의 행복한 시골은 사랑의 장소를 의미한다. 신이 자신의 창조물을 향한 사랑을 드러냈던 장소가 천국이었다면, 정원은 인간이 세상을 향한 자신의 사랑을 펼치는 장소다. 근본적으로 철학은 사랑을 의미하며, 철학은 이런 사랑을 통해 행복에 접근할 어떤 가능성을 지향한다. 우리는 플라톤에게서 "사랑이 철학자 자신"(『향연』)을 의미한다는 사실을 알고 있다. 로베르 마기오리는 정확하게 이런 점을 지적한다.

> 사랑의 자극이 없다면 철학은 주어진 것에만 만족한다. 이럴 때 철학은 호기심도, 놀람도 없이, 더욱이 우리가 현실로 착각하는 익숙한 '그림자' 밖으로 모험을 감행할 욕망도 없이, 그저 무기력해지고 말 것이다. 철학은 정확히 말해 '사랑의 상태'다. 에로스를 본뜬 철학은 탄생하지도 소멸하지도 않으며, 그 무엇에도 의존하지 않는 진리의 원칙을 향한 '상승'을 감행할 것이다.[59]

철학이 진리를 인식하려고 에덴동산 밖으로 나가 모험을 감행하려는 인간 고유의 욕망을 불러일으킨다면 그리스인 사랑의 철학은 형이상학을 통해 정치를 연장하려 하고 폴리스 밖으로 나가려고 하는 시민의 욕망을 평온한 시골 정원, 또는 시골길에서 부추긴다.

온화하고 감미롭게 자신보다 세계의 행복을 우선하고자 하는 욕망을 부추긴다는 것이다.

---

58) M. Heidegger, 「Le chemin de campagne」, in *Questions III*, Paris, Gallimard, 1966.

59) R. Maggiori, 「L'amour, l'amitié」, in *Philosopher 2*, op. cit.

제4장
———
중세의 구원

중세에 이르러 행복의 사상적인 변화가 구체적으로 실현됐다. 행복은 이제 철학의 현실적인 실천이나 인간 지혜의 활용보다는 구원 문제에 더 관여하게 된다. 고대와 중세 사이에는 그리스 철학과 기독교주의가 서로 대립하고 비판하던 이성적인 길과 계시의 신비로운 길 사이에 뿌리 깊은 단절이 생겼다.

중세에는 진리를 명상하는 법을 배우거나 명상을 통해 행복을 음미하는 행위가 더는 문제로 대두하지 않았다. 중요한 문제는 오히려 인간이 구원의 행복을 얻고자 예수 그리스도로 구현된 신의 신비 앞에서 마음을 겸허하게 품는 데 있었다.

이제 인간은 자기 운명을 완수하고 과거의 천국과 미래의 구원자를 만나기 위해 신에게 구원받아야 했다. 이렇게 주도하는 삶은 현대 정신에 놀라운 상태로 비칠 수도 있는 '쾌활함'으로 귀결된다.

웃음

중세 사람들은 행복에 '웃을 줄' 알았다. 웃음은 인간이 신성하게 선택됐다는 징표였다. 웃음에 치유의 덕이 있다는 히포크라테스의 원칙이 이 시대에 계승됐으며, 이런 원칙은 아리스토텔레스에 의해 인간에 대한 정의로 다시 정착된다. 예컨대 "살아 있는 생명체 중에서 유일하게 인간만이 웃을 줄 안다"(『영혼에 관하여』)는 명제가 중세에 확인된다.

웃음은 신이 인간에게만 내린 혜택이다. 수많은 예술작품과 축제에 등장하는 중세적 쾌활함은 신성한 질서에 소속됐다는 감정과 신의 창조물이 됐다는 인간의 기쁨에서 나온 것이다. 루이 7세는 심지어 "프랑스 궁정이 유일하게 갖고 있는 것은 빵과 포도주와 쾌활함뿐"이라고 선언하기에 이른다.

역사학자 레진 페르누는 중세를 이 같은 쾌활함으로 특징지었다.

> 중세의 인간은 모든 것을 즐긴다. 다시 말해 중세의 인간을 묘사할 때, 그 구조는 매우 손쉽게 아이러니와 인접한 감정이나 풍자화로 변형된다. 이것이야말로 우리가 중세를 연구할 때 망각하지 말아야 할 중요한 관점이라 할 수 있는데, 몇몇 중세의 텍스트를 지나치게 진지하게 취급하면서 우리는 이 텍스트를 무겁게 만들어버렸고 또 훼손하기에 이르렀다.[60]

중세의 인간에게 쾌활함은 어떤 근본적인 것으로 믿음의 도약을 재개하는 단서였고, 나아가 신의 무한한 힘이 인간 영혼에 넘쳐흐른다는 것을 구체적으로 느끼게 하는 단서였다.

---

60) R. Pernoud, *Lumière du Moyen Age*, Paris, Grasset, 1981.

중세적 유머는 시대를 이끄는 종교적 믿음과 밀접하게 관련 있다. 이런 사실은 일상생활과 역사를 조금만 살펴봐도 금방 이해할 수 있다. 종교적인 믿음은 인간에게 사실상 무엇도 불가능하지 않으며, 심지어 인간의 마음에 들도록 상황을 완전히 바꿀 수 있는 신격(神格)의 독창성을 가르친다. 성 아우구스티누스의 "나는 어리석기에 믿는다(credo quia absurdum)"는 교의는 중세적인 정신의 본질을 드러낸다. 신성한 행동은 지상의 존재에 대한 모든 개연성을 실현 가능한 '불가능한 것들'로 이뤄진 무한한 영역에 포함한다. 조각가와 판화 제작자가 여우를 끌고 가는 수탉이나 사냥꾼을 쓰러뜨리는 산토끼 따위를 즐겨 재현하였던 장면은 인간이 된 전지전능한 신에 대한 믿음과 연관된 유머러스한 해석을 보여주는 정신 상태를 반영한다.[61]

유머와 판타지는 세계의 질서를 변화시킬 수 있는 신의 시적(詩的)인 힘을 비유한 데서 비롯됐다. 마하일 바흐친의 연구가 말하듯이 광인(狂人)들의 카니발과 축제에서 볼 수 있는 익살스러운 웃음도 역시 일상의 익살만이 아니라 어린 시절의 복원을 드러낸다. 이처럼 웃음은 카타르시스, 즉 억압의 주체인 권력자를 전복하려는 대중적 해방감의 표출하게 하고 사회적 욕구불만을 해소하는 역할을 한다. 카니발의 웃음은 창세기의 아침처럼 분출한다.

축제가 현실의 질서를 전복한다면, 신은 인간을 창조할 때, 초월성을 내재성으로 전복할 때, 부활을 완수하고 나서 내재성을 초월성으로 다시 전복할 때, 더 선한 존재가 된다. 세계에 대한 비극적이고 고정적인 현실은 존재하지 않는다. 창조는 상황의 전복과 끝없는 쾌활함으로 이뤄져 전폭적인 혼란을 촉발할 수 있는 열린 행위다. 중세의 놀이는 애초부터 익살 취향이 있었

---

61) 같은 책.

다는 듯이 어느 정도는 세계의 태동을 축하하는 데 바쳐졌다.

이렇게 해서 지상의 천국에서 추방된 아담의 저주는 지워졌다. 중세 축제와 쾌활함은 천국의 가장 가까운 곳으로 다가가는 방법이자 인간 자신의 존재에 대한 믿음을 존속시키려는 구체적인 방법이었다. 중세에 종교적 감정은 결코 엄숙함의 동의어가 아니었다. 이런 사실에 대해 부차적인 증거를 제시하라고 한다면, 당시에 행사장이나 공연장, 혹은 여흥 공간이 다름 아닌 성당이었다는 사실을 강조하는 것만으로도 충분하다.

> 일말의 불경한 마음도 품지 않고 우리가 말할 수 있는 대성당이라는 장소는 아름다운 공연과 화려한 의식(儀式), 각종 행사의 근간을 이룬다. 성당에서 펼쳐지는 행사는 장식용 장막이나 카펫 사이로 난 중앙 홀의 둥근 천장 밑에서, 혹은 난해한 문자가 도안된 양탄자 위에 널리 퍼져 있는 신선한 꽃과 예배용 향에서 은은히 풍겨오는 향기 속에서, 혹은 긴 예배 행렬과 무대 장치와 활인화(活人畵)를 통해 전개된다. 우리는 빈정거리기보다 대성당을 통해 역사가들을 과거로 안내하는 모든 원인을 생각해볼 수 있다. 대성당도 그렇지만 작은 성당도 과거 몇 세기 동안 위대한 공연장 역할을 했다. 작은 성당은 일상적으로 모방과 놀이가 이뤄진 유일한 장소였다. 유일하다고 말하는 까닭은 도시 풍경에서 고대 음악당과 연극당, 교회당, 서커스와 고대식 원형극장을 찾던 다수 대중이 중세에는 등장하지 않기 때문이다. 이런 현상은 17~18세기 새로운 연극이 등장할 때까지 지속됐다.
>
> [...] 성당은 대부분 신자들로 이뤄진 군중을 행사에 참여시키고, 호기심을 자극하고, 기쁨을 주고, 기분을 전환시켜줄 필요마저 있었다.[62]

---

62) J. Heers, *Fêtes des fous et carnavals*, Paris, Fayard, 1983.

웃음의 폭발이 신앙을 과시하고, 쾌활함을 통해 더 확장할 수 있었다면, 중세의 행복은 인간 감정을 축하할 때 생기며, 그중 무엇보다도 문명의 이상형인 사랑과 밀접한 관계를 맺는다.

사랑

11세기 말부터 사랑은 시문학의 주제가 됐다. 12세기에 이르러 사랑은 행복에 이르는 길을 형성한 신화적 차원을 획득한다.

12세기와 13세기에 루아르 남쪽 지방 음유시인들에 이어, 북쪽 지방 음유시인들에 의해서도 유명해진 프로방스 지방의 '피나모르'[63]는 봉건사회의 이상향을 본격적으로 실현하면서 봉건사회의 풍습을 완화하는 새로운 삶의 방식을 정의한다. 사랑은 일종의 법칙을 다룬 연작물의 구체적인 대상이 됐다. 앙드레 르 샤플랭의 저서 『귀족적으로 사랑하는 기술』은 사랑과 관련된 최고의 저작물이라고 할 수 있다. 이 작품은 삶을 변화시키는 절대적 가치를 노래한다. 마침내 베르나르 드 방타두르(1150~1180)는 이런 사랑을 원숙하게 표현한다.

거짓 없는 신실한 믿음으로

나는 최고로 아름다운 사람을 사랑합니다.

---

63) '이상적 사랑' 혹은 '섬세한 사랑'으로 번역될 수 있는 '피나모르fin'amors'는 궁정풍의 사랑과 그 뜻이 완전히 일치하지는 않는다. 궁정풍의 사랑보다 확장된 개념으로, 기사들의 정신적·사회적 이상을 가리키며, 이런 사랑은 르네상스 시대 문학작품에 빈번히 등장해 페트라르카주의로 발전하기에 이른다. [역주]

내 가슴은 한숨짓고, 내 눈에서는 눈물이 흐릅니다.

그녀를 너무도 사랑하기에 나는 고통받습니다.

다른 무엇을 할 수 있을까요? 사랑이 날 붙들고 있는데.

어떤 열쇠도 아닌 동정심만이 열 수 있습니다

사랑이 날 가둬놓은 그 감옥의 문을.

허나 동정심의 흔적을 찾을 수 있을까요?

감미로운 맛으로 너무나 부드럽게

이 사랑이 내 마음을 상하게 합니다

나는 하루에도 수백 번씩 슬픔으로 죽고

하루에도 수백 번씩 기쁨으로 되살아납니다.

고통마저 아름다워 보이는 것은

이 고통이 어떤 기쁨보다 값지기 때문입니다.

이 고통도 이렇게 좋은데

이 고통이 끝나면 그 좋음은 어디에 비길 수 있을까요.

트리스탄의 사랑을 받은 이졸데처럼[64] 이 사랑은 시인의 영혼이 고결하기 때문에 선택할 수 있었던, 이미 결혼한 여인을 대상으로 하는 사랑으로서, 자발적으로 불륜을 노래한다. 한편 이렇게 선택받은 부인은 기다림의 고통과 시련을 대가로 지불하면서 육체와 정신의 진정한 숭배와 고행으로 귀결되는 변함없는 사랑의 증인이 돼야만 한다. 기사에게 대결, 전투, 전쟁에서

---

64) 트리스탄과 이졸데는 흔히 중세 유럽의 최대 연애담으로 간주된다. 켈트인의 옛 전설을 소재로 12세기 중엽에 프랑스에서 이야기로 만들어졌는데, 사랑과 죽음의 강렬함과 아름다움 때문에 거의 전 유럽에 보급돼 서구 연애문학의 전형이 됐다. [역주]

얻은 혁혁한 수훈과 공과는 자신이 선택한 부인을 영광의 빛으로 둘러쌀 절호의 기회이기도 했다.

크레티앙 드 트루아의 소설 『이벵 혹은 사자 기사』에서 부인과 약속한 기간에 맞춰 당도하지 못한 기사는 그를 광기로까지 몰고 가는 극단적인 시련을 겪게 된다. 이런 시련은 『랑슬로, 혹은 죄수마차 이야기』에서는 한 걸음 더 나아간다. 이 작품에서 귀에니에브르 여왕은 랑슬로에게 기사로서의 명예를 반납할 것을 요구하며, 마침내 그를 비겁자로 여기게 된다.

12세기에는 사랑의 변형된 형태가 나타난다. 주로 난관에서 발생한 불만에서 비롯하는 변모는 완전히 새로운 것이다. 호이징가는 이 같은 사랑의 변모에 대해서 이렇게 말한다.

충족되지 못한 욕망이 최초로 본격적인 주제로 부각된 것은 궁정풍 사랑이었다. 윤리적 욕구를 흡수해버릴 만한 에로틱한 이상형은 관능적인 사랑과의 결합을 포기하지 않은 상태에서 태어난다. 보상을 포기하면서까지 여성을 숭배하는 현상이 발생한 것도 바로 관능적인 사랑에서다. 사랑은 점차 미학적이고 도덕적인 모든 종류의 완벽성이 꽃피는 영역으로 자리잡게 된다.[65]

엘로이즈와 아벨라르는 이런 사랑을 창조한 상징적인 인물이라 할 수 있다. 12세기 초의 중세 철학자와 그의 정부(情婦)가 이 세기의 나머지 절반 기간에 활약했던 조프레 뤼델이나 베르나르 드 방타두르 같은 음유시인들에게 한 발 앞서 있었다는 점을 고려한다면, 그들이 정확히 궁정풍 사랑의 이상적인 모델과 맞아떨어진다고는 할 수 없다. 하지만 그들은 이후에 도래할 문

---

65) J. Huizinga, *L'Automne du Moyen Age*, Paris, Petite Bibliothèque Payot, 1980.

학을 통해 본격적인 형식을 갖추게 될 것이며, 신화의 수준까지 고양될 어떤 가치를 구현하기에 이른다.

사제와 젊은 여제자의 사랑이 열정으로 결실을 맺고, 또한 이 이야기를 후대에 전할 매우 드라마틱한 요소들을 만들어낼 때까지 둘 사이에는 갈등이 이어진다. 수도참사회원 퓔베르는 자신의 피후견인 엘로이즈가 아벨라르의 정부였다는 사실을 알게 되자 엘로이즈를 감금하고 학대한다. 아벨라르의 도움을 받아 간신히 탈출에 성공한 엘로이즈는 브르타뉴 지방에 머물면서 홀로 아이를 낳는다. 한편 아벨라르는 퓔베르를 진정시키고자 그에게 아무도 모르게 엘로이즈와 결혼할 것을 제안한다. 이렇게 제안하는 이유는 성직자와 수도참사회원은 동정을 간직해야 하며 직업의 조건이기도 한 독신 상태를 유지해야 하기 때문이다. 엘로이즈는 퓔베르의 거짓 신앙심을 이유로 학문 연구와 가정생활의 양립불가능성, 그리고 이 결혼이 아벨라르에게 부과할 굴욕을 거부한다. 그 시대의 몇몇 작품이 지적하듯이 사실 당시의 결혼은 '간통의 권리' 이상의 것이 아니었기에 아벨라르는 봉건적 가치를 배반한 자, 다시 말해 자신을 체념하고 앞선 세대의 영광을 포기함으로써 단박에 몰락할 위험에 직면한다.

우여곡절 끝에 엘로이즈가 아벨라르와 비밀리에 결혼식을 치르자 퓔베르는 이 사건을 공표하려고 온갖 수단을 동원한다. 결합을 부인하려던 엘로이즈는 자신의 삼촌에게 겁탈당하고, 아르장퇴유에 있는 수도원으로 피신한다. 주위 사람들에게 농락당했다고 생각한 퓔베르는 복수를 감행하는데, 그 복수의 방법으로 그는 아벨라르를 거세한다. 베일을 쓰고 아르장퇴유에서 수녀가 된 엘로이즈는 파라클레의 수녀원장이 되고, 교직으로 되돌아온 아벨라르는 철학 논쟁에 뛰어들어 베르나르 드 클레르보의 사상에 과감히 맞

서고, 심지어는 교회의 원칙과 권위에 대항해서 합리적인 대화의 원칙을 지지하기에 이른다.[66]

이처럼 사랑은 그 자체를 드러내고 진정한 사랑이 어떤 것인지를 보여주려 할 때 장애가 필요하다. 장애는 인간을 결속하고, 행복의 또 다른 이름인 에덴동산 시절 인간의 완전성을 회복할 희망을 품게 하는 순수한 욕망의 발현이다.

아벨라르의 사랑이 보여준 열정은 사랑에 적대적이었던 교회 전통의 방해를 받았다. 하지만 방해받았다는 사실 때문에 그는 진정한 연인의 본보기가 된 것이다. 폴 줌토르는 다음과 같이 말한다.

> 개인적인 운명이 겪는 다양한 경험을 살펴보면 거의 모든 사랑에는 장애가 내재한다는 사실을 알 수 있다. 그러나 우리는 장애가 상징하는 바를 모두 이해하지는 못한다. 원시적인 궁정풍 상징은 더 현실적으로 나타난다. 예컨대, 사랑의 장애는 잠정적으로 결혼 거부에 따르는 형벌에 의해, 그리고 언어를 통해 비로소 '의미'를 획득한다. 결혼은 성적 관계가 아니라 소유권이 개입함으로써 의미가 부여된다. 이처럼 장애의 내재성은 비밀이 요구되면서 더욱 민감해진다. 예컨대 결혼의 공표는 사랑을 죽이는 행위나 마찬가지다.[67]

---

66) 당시 교리의 주류를 이루었던 베르나르 드 클레르보의 사상은 '절대적 지식이나 진리의 개념을 경험적 개념으로 대체'하려는 태도를 견지하던 유명론(唯名論 nominalism)이었으며, 아벨라르는 이에 맞서 '보편논쟁(Querelle des Universaux)'을 이끈다. 이 논쟁은 경험적인 진리를 주장하는 쪽과 보편적인 진리를 주장하는 쪽의 충돌이라고 할 수 있다. 이처럼 유명론에 과감히 맞서기 시작하고, 심지어는 교회의 원칙과 권위에 대항하는 합리적인 대화의 원칙을 지지하였던 아벨라르는 퀼베르가 교황에게 고발함으로써 이단 선고를 받기도 하는 등 우여곡절을 겪고 나서 결국 교단에서 신학과 논리학을 강의하기도 했다. [역주]

67) P. Zumthor, 「préface à Héloïse et Abélard」, in *Correspondance*, Paris, UGE 10/18, 1979.

만약 사랑이 이처럼 순수한 욕망으로 변한다면, 욕망 자체는 사랑을 노래하는 역할을 하면서 신의 말씀에 가장 근접한 언어로 촉발된 자극이 될 것이다. 이처럼 12세기는 우리가 목격하는 진정한 사랑의 발생지다. 낙원 상태에 있을 때 아담과 이브는 욕망하지 않았다. 이와는 정반대로, 아벨라르와 엘로이즈는 거세라는 장애가 작동함에 따라 자신의 사랑을 더 예민해진 욕망처럼 경험한다. 이제부터 행복에서는 욕망의 떫은맛이 나게 된다.

피나모르는 욕망으로 정제된 이런 새로운 사랑에 본격적인 형식을 부여할 것이다.

우리는 여기서 예기치 못한 중세 사회의 가장 심오한 정신적 경향 중 한 가지를 발견한다. 그것은 바로, 말씀의 현실주의, 말과 언어의 효율성에서 성립하는 매우 환상적인 믿음이다. 시인들에게, 이런 이중적인 확신은 이성적이고 합리적인 추론에 앞서 '노래'라는 공통적인 방식으로 표출된다. 사랑하기는 바로 노래하기이며, 사랑은 노래에 존재하게 된다. 즉 노래하는 자는 사랑할 자격을 갖추게 된다. 사랑과 노래가 단짝을 이룬 이 효율적인 결합의 핵심이자 우리에게 영원히 타자인 우주를 맴도는 완벽한 순환성은 바로 여기서 태어난다.[68]

이는 사랑에 대립하거나 사랑을 욕망에 한정하는 장애를 연출했던 중세의 위대한 작품의 소재가 될 것이다. 트리스탄과 이졸데의 불가능한 사랑, 로라와 페트라르카의 사랑, 로미오와 줄리엣의 사랑이 바로 중세의 사랑에 속한다.

사랑은 12세기에 이르러 봉건사회의 가치를 정화하려는 순간 곧바로

---

68) 앞의 책.

행복에 대한 신화나 은유, 혹은 전형으로 자리잡게 된다. 연인이란 결국 자기가 선택한 부인 앞에 서 있는 가신(家臣)을 의미하기 때문이다. 기사는 자신의 봉사에 영주가 보답해줄 것을 기대하고, 자신이 선택한 숙녀가 자신이 보낸 경의의 표시를 기꺼이 받아주기를 기대한다. 선택된 숙녀는 기사가 전적으로 봉건 질서에 복종하게 하면서 기사를 성장하게 한다. 이처럼 선택한 숙녀에게 연인이 바치는 충성과 봉건 군주에게 바치는 기사의 충성 사이에 공통점이 존재한다.

따라서 피나모르는 봉건 질서의 강화를 의미하는 동시에 감각의 만족을 부정하지 않는 지상의 사랑을 강화한다는 의미가 있는, 봉건 질서를 넘어선 사랑이다.

피나모르가 내포한 도덕률은 기독교의 도덕률과는 아무런 관계가 없다. 이런 도덕률은 종교적 고려 없이 삶을 영위하는 기쁨을 배가한다. 절대자는 바로 지상에 존재한다. '피나모르'는 세속적인 가치를 주장하고, 감각적 욕망을 권장하고, 나아가 모든 것을 열정에 종속시킨다. 하지만 사랑하는 여인에 대한 숭배가 열렬한 사랑으로 해석되듯이 이를 표현하는 단어들은 때로 신비주의 어휘들과 만나게 된다.[69]

실상 피나모르는 기독교적 사랑과 치열한 경쟁 관계에 있다고 볼 수 있다. 남녀의 혼인이 반드시 영혼과 신 사이의 혼인과 부합되지는 않기 때문이다. 시토 수도회의 수도사들의 추천서 중 한 권인 오비디우스의 『사랑의 기술』도 사정은 마찬가지다. 이 책에는 신화적인 배경과 함께 사랑의 유혹에

69) J.-L. Lecercle, L'Amour, Paris, Bordas, 1971.

관한 기법이 집대성돼 있다. 수도사들은 이 책에서 에로틱한 특징과 기법을 모두 제거하고, 인간에게 신의 사랑을 믿게 할 방법만을 발견하려고 했다. 우리는 매우 관능적인 구약성서의 『아가서』를 인간을 창조한 신을 향해 교회가 표출한 사랑의 표현으로 간주한다는 사실을 기억해야 한다.

오히려 피나모르는 봉건사회 건설을 축하한다. 12세기에 사랑은 각자가 섬세를 발견하는 방법을 익히는 규범과 기술을 의미했다. 행복은 문명의 이상향을 표현하는 작업의 구체적인 대상이었다. 피나모르는 사회 구성 요소나 문화를 통해 행복이 정제된 하나의 이상이 될 수 있을 뿐 아니라 인간에게 부여된 구체적이고 직접적인 내용물이자 인간을 사로잡는 창작의 대상이 될 수 있음을 잘 보여준다.

이것이 바로 중세의 사랑이 우리에게 주는 교훈이다. 다시 말해 중세는 행복이 인간적일 수 있고, 지성과 감성의 섬세한 결합을 통해 존재할 수 있음을 보여준다. 욕망의 예리한 바늘 같은 행복은 중세 문명을 건설한 기사도의 이상과 꿈으로 유지됐음이 분명한 모든 것을 통해 배양됐다. 사회는 이처럼 하나의 이상형을 구체화할 수 있고, 사랑은 욕망의 원천이자 섬세함의 대상이 될 수 있다. 시대는 행복에 대한 진리와 탐구를 지상으로 옮겨놓는다.

구원

중세의 인간은 하늘과 땅 사이, 사랑의 행복과 구원의 행복 사이에 사로잡힌 존재였다. 그것은 원죄의 희생자이자 낙원에서 추방된 인간이 지상에서는 함정에 빠져 있었기 때문이었다. 신성한 금기에 복종하지 않고 위반을 저질렀던 자유로운 존재인 인간은 그 자유를 잘못 사용했고, 더구나 신의 신성한 계획에 혼돈과 무질서를 끌어들인 장본인이 되고 말았다. 따라서 인간은 신에게서 받은 천복인 진정하고도 유일한 행복을 빼앗길 처지에 놓였다.

명상과 실천은 신성한 초월에 깃든 행복에 접근하는 두 갈래 부속적인 길이다. 성 토마스 아퀴나스(1228~1274)의 교훈이 말하듯이 중세의 인간은 세계를 내면적 명상을 통해 형성되는 상징적이고 신성한 장소, 즉 일종의 사원처럼 바라보는 방법을 배워야 했다.

> 정신적인 존재들이 신의 관점에서 모든 욕망이 충족된 진정한 행복을 음미하려는 순간, 아리스토텔레스가 천복으로 인정한 바 있는 모든 선의 충만함이 자리하게 된다. 바로 이런 이유에서 보에티우스는 "모든 선이 거기에 모여 있기 때문에 천복은 바로 완벽한 상태를 의미한다."라고 말했다.
>
> 이런 삶에서는 어떤 것도 지상이 허락한 진리를 주시하는 인간들의 삶인 최상의 행복과 비교될 수 없다. 이런 천복을 인식하지 못한 철학자들은 인간이 얻는 최후의 행복을 명상에서 찾았다. 더욱이 이런 이유로 모든 삶에서, 특히 에피쿠로스학파가 중시하는 삶에서 신의 말씀과 명상을 중시했다. "마리아는 최상의 몫, 결코 사라지지 않을 진리에 대한 명상을 선택"했다. 이는 행동이나 평범한 민중의 삶이 현재 삶의 경계들을 초월하지 않지만 마리아는 명상을 통해 현재 삶에서 미래 삶을 완성하는 길을 찾고자 했기 때문이다.[70]

따라서 행복은 이런 삶을 대변하는 성지순례에서 얻는 열매일 수 있다. 다비는 이 점을 정확하게 기술한다.

---

70) Saint Thomas d'Aquin, *Somme contre les gentils*, III, 63, Paris, Cerf, trad. R. Bernier, M.-J. Gerlaud, et al, 1993.

12세기의 인간은 자신이 놓여 있는 상황을 명확하게 인식하는 지식을 갖추고 있었다. 예컨대 그들은 성지 예루살렘의 순례자였으며, 하늘로 올라가는 계단에 바쳐진 진실의 순례자였다. 죽음을 맞이하고 보이지 않는 세계와 다시 관계를 맺은 그들은 자신이 어디서 왔으며, 어디로 향하는지를 잘 알고 있었다. 그리고 이런 확신은 신앙으로 나타났다.[71]

중세의 인간과 지상의 여행자, 방황하는 기사는 모두 미래에 찾아올 행복을 확신하고 있었다. 상징적인 우주 안에 살아가면서, 그들은 끊임없이 미래의 약속을 믿고 앞으로 나아갔다. 상징은 중세의 인간에게 행복과 구원이라는 새로운 전망을 가져다줬다.

지상을 여행하는 인간들에게 상징은 황폐한 길 위의 순례자인 자신에게 자양분을 공급해주는 하늘이 내린 양식이었다. 상징은 순례자를 격려할 뿐 아니라 순례자에게 정확한 방향을 지시하는 구체적인 수단이 되기도 했다. [...] 상징은 일종의 명료함을 창조했으며, 상징에 의해 인간 자신의 현존이 이뤄졌다. 인간은 길을 찾았다. 그는 자신만의 진정한 자아와 만나고, 해방의 길로 나아갔다. 상징에는 정신적인 몸, 또는 부활의 몸이 깨어나게 하는 힘이 있다. '신의 능력(capax Dei)'이 존재하듯이 우리는 '상징의 능력(capax symbolorum)'을 말할 수 있다. 상징이 주변에서 중심으로 향하는 영혼의 운동으로 인식된다는 점을 고려한다면, 우리는 상징이 이미 삶을 가득 채우고 있다는 사실을 알게 된다.[72]

71) M. M Davy, *Initiation à la symbolique romane*, Paris, Flammarion, 1977.
72) 같은 책.

삶은 상징의 무한한 개화(開花)를 읽을 수 있다는 사실을 알려주는 세속의 성배[73]와도 같은, 상징의 추구 과정이다. 인간은 바로 이런 상징을 통해 구원을 얻는다. 즉 우리를 세상과 만나려고 길을 떠난 순례자가 되게 한 모험 덕분에 우리는 자유로워지고 고전 시대의 숙명에서 해방되거나, 적어도 낙원에서 추락할 때 아담이 얻어낸 자유의 끝자락을 향해 손짓하는 존재가 된다.

성배를 찾아 몸을 던진 페르스발은 신과 함께하는 행복한 충만으로 자신을 인도할 구원을 찾아 여행을 떠났다. 서양은 사실상 크레티앙 드 트루아의 소설 『페르스발』(12세기 말경)의 목표였던 정신적 추구를 통해 찾아야 하는 출구이거나 끝없이 성배를 찾아헤매는 계곡, 또는 유배지다. 자신을 구원하는 행위는 '계곡을 돌파하는 행위'[74]를 의미한다. '계곡을 돌파하는' 행위는 켈트족의 신성한 세계에 도달하는 행위가 아니라, 이와 반대로 영혼의 탄생지를 향해 날아오르게 하는 행위이자 인간 존재가 갇힌 우물에서 빠져나오게 해주는, 좁은 문을 여는 행위다.

구원은 이렇게 되찾은 일체감에서 비롯한 행복을 의미한다. 현실을 풍요롭게 하거나 세계의 영혼을 향해 탈주를 시도하거나, 계곡 돌파의 의미가 있는 상징들을 읽게 해주는 행복이다. 방황하는 기사의 정신적 모험이 목표로 삼는 것도 바로 이런 행복이다.

성배, 젊은 여인이 들고 있는 피 흘리는 창, 페르스발이 사도 왕의 성에

---

73) 라틴어의 gradalis. "Grazal", "gréal"은 중세 남프랑스 단어로, 커다란 사발, 움푹 팬 커다란 접시를 의미한다. 한편 식탁에 다양한 음식을 담아 나르던 접시나 납작한 그릇이라는 뜻을 가진 "Graal"이라는 단어는 다양한 의미를 지니고 있다. 가장 보편적으로는 예수가 최후의 만찬 때 예수의 피의 상징으로 포도주를 마실 때 사용한 잔을 의미한다. 이 용어가 최초로 등장한 작품은 12세기 크레티앙 드 트루아의 작품 『성배 이야기』다. 이 용어는 예수가 십자가에 매달렸을 때 장례식을 위한 육체를 마련하기 위해 진짜 예수의 피를 모으는 데 아리마데 요셉이 사용했던 잔을 의미하기도 한다. [역주]

74) "계곡(val)을 돌파하는 행위(percer)"를 뜻하는 프랑스어 "perce-val"을 발음에 따라 읽으면 "페르스발(Perceval)"이라는 인물이자 소설 제목을 뜻하게 된다. [역주]

들어갔을 때 그 앞을 행진하는 하인은 여성의 규범과 남성의 규범을 동시에 상징화한다. 다시 결합한 이 둘은 **대립자들의 일치**(coincidentia oppositorum)를 완성하고, 역사의 분열을 넘어 다시 찾아낸 변증법적 조화의 지배력을 재창조한다. 이 둘은 인간의 정신적 사명감과 인간의 구원 자격에 대한 상징적인 현현(顯顯, épiphanie)을 의미한다.

근본적으로 중세에 구원과 일치하는 충만한 행복은 삶을 넘어선 곳에만 존재했다. 파스칼 브뤼크너가 지적하듯이 "구원 사상의 힘은 신이 곁에 있을 때 이루 말할 수 없는 황홀경을 이루는 힘"이며, "행복의 세속적인 목적이 즉각적인 요구들을 제시한다면, 종교 사상은 구원이 신을 제외하고는 어떤 경우에도 불가능하다는 엄격한 조건"[75]을 갖추고 있다.

신의 지위를 박탈하거나 세상을 다시 창조하는 경우를 제외하고는, 중세의 정신성에서 사실상 신의 도움 없이 행복이 지상에 정착될 수 있다는 것은 생각할 수조차 없다. 그렇다면 한번 중세를 벗어나 볼 필요도 있을 것이다.

75) P. Bruckner, *L'Euphorie perpétuelle*, op. cit.

제 2 부

자아의 행복

제1장

———

감각의 추구

행복은 인간이 새로운 세계로 침투해 들어갈 때조차 거의 느끼지 못할 정도로 서서히 그 의미를 바꿔간다. 호이징가의 아름다운 표현에 따르면, 15세기부터 중세는 완성된 세계에 대한 느낌 이면에서 행복한 삶에 대한 새로운 재현이 지나가는 가을로 진입한다.

행복과 멜랑콜리

행복은 신앙과 구원을 통해 점진적으로 이뤄지는 것이 아니라, 무엇보다도 사상을 통해 이뤄진다.

15세기에 숨김없이 신을 찬양하는 행위는 유행도 아니었고 선행을 의미하지도 않았다. 이런 행위는 삶에서 고통과 절망을 언급하는 행위와 정확히 일치했다. 세계는 종말로 향하고, 지상의 모든 사물은 부패를 향한 걸음을 멈추지 않왔다. 18세기 르네상스 시대에 부각하기 시작하는 낙관론은 프랑스의 정신성에 비춰볼 때 아직 낯선 어떤 것이었다. 그렇다면 최초로 자기 시대를 희망과 만족을 품고 언급했던 자들은 과연 누구란 말인가? 그들은 시인도 종교사상가도 정치가도 아니었다. 그들은 바로 인문학자와 인본주의자였다. 그들은 시대의 즐거운 비명을 인간에게서 앗아간 고대의 지혜를 재발견할 영광을 누리는 자들이었다. 이는 바로 지성의 승리를 의미하기도 했다. 울리히 폰 후텐의 유명한 절규 "오 인생이여! 오 문학이여! 그것이 삶을 살게 한다네!"는 인간의 열정보다는 오히려 문학가의 열정을 표출한 것이었다.[1]

행복은 고대 철학이 이미 구현한 바 있는 현재 상태의 지적 지형도를 구성하는 데 달린 것이 아니라, 예측 가능한 금욕을 다시 발견하는 데 있다. 하지만 그것 이상의 어떤 것이 늘 존재하게 마련이다. 만약 이런 기쁨이 순수하게 주어진 기쁨이 아니고, 더구나 단순하고 평범한 사람들에게는 제한된 기쁨이자 의외의 무엇인가를 발견하는 기쁨을 의미한다면, 그것은 이런 기쁨이 세계의 질서에 대한 변화의 느낌을 막연하게나마 표출하기 때문이다.

중세 신앙인은 세계에 대해 명상하고 신성한 창조자의 기적 앞에서 경의를 표한다. 이런 인간은 사상 자체를 위해 사상을 발전시키는 것이 아니라, 신을 축성하기 위해 사상에 열중할 뿐이다. 이들은 장인이나 농부처럼 우주의 질서 안에서 신이 지정해준 자리를 차지하고 있다. 인간은 조금도 우월한 존재가 아니다.

이런 인간에 이어 '문예에 능한 인간(homo literatus)'과 '뮤즈의 사제들(Masarum sacerdos)'이 그 뒤를 잇는다. '문예에 능한 인간'은 오로지 자신 앞에

---

1) J. Huizinga, *L'Automne du Moyen Age,* op. cit.

서만 자신의 정신 활동을 책임지는 자를 의미한다. 그는 자연을 소유하고 개발하려는 자신의 의지에 쉽게 복종하기 전에 먼저 사상을 통해 사물을 개량하고, 지식의 상태를 비판하며, 신비로운 종교의식에 반발하는 이성적인 존재다.

16세기 인본주의자들의 기쁨은 자신의 자유를 훔쳐낸 자가 누리는 기쁨이며, 신에 근접한 현존을 점차 저버리면서 얻게 되는 기쁨이자 천국과 맞서서 자신의 전지전능함을 주장하는 자가 누리는 기쁨이다. 이런 기쁨은 전적으로 프랑수아 라블레의 작품, 예를 들어 가르강튀아가 아들 팡타그뤼엘에게 보낸 편지에 나타나는 기쁨처럼 표현된다. 이 편지에는 지식에 대한 백과사전적인 기획이 도사리고 있다. 이런 기획은 앎과 학문뿐 아니라 미덕과 지혜에 대한 행복의 출처를 알리는 새로운 세계, 즉 인본주의를 지향하는데, 그것은 어느 유명한 표현에 따르면 "의식 없는 과학은 영혼의 폐허"만을 의미하기 때문이다.

이제부터 모든 학문은 반환되며, 언어의 중요성이 복원되기 시작한다. 그리스어를 모르는 사람이 학자를 자처한다면 그것은 몹시 수치스러운 일이다. 히브리어, 칼데아어, 라틴어에 관해서도 마찬가지다. 관습에 대한 우아하고 올바른 기준은 내 시대에 악마적인 제안을 신랄하게 공격한 것과 마찬가지로 신성한 영감을 통해 창안됐다. 지금 세상은 박식한 사람들, 유식한 교사들, 거대한 책방으로 가득 차 있다. 나는 플라톤의 시대, 키케로의 시대, 교황의 시대에서도 지금 우리가 누리는 정도의 학문적 유용성을 발견하지 못한다. 이제부터 미네르바의 본거지를 효과적으로 이용할 어떤 기회나 행동도 더는 발견할 수 없게 될 것이 틀림없다. 나는 사기꾼, 호색한, 협잡꾼, 상스러운 사람들이 학자나 설교가보다 더욱 현학적으로 변해가는 상황을 목격한다.

『팡타그뤼엘』, 제8장, 「어떻게 파리에 있는 팡타그뤼엘이
아버지 가르강튀아의 편지를 받았으며, 그것을 베꼈는가?」

하지만 이런 기쁨은 순수한 기쁨이라기보다는 일종의 확대된 슬픔, 멜랑콜리로 은폐된 기쁨을 의미한다. '멜랑콜리'라는 용어는 중세 말 집필된 대중적인 작품에 자주 등장한다. 이렇게 이 용어는 병리학적이고 의학적인 본래 의미가 퇴색하면서, 일시적이고 새로운 기분을 묘사하는 용어로 변해간다. 빅토르 위고는 『바다의 일꾼들』에서 15~16세기에 볼 수 있었던 이런 상태에 대해 "멜랑콜리, 그것은 슬퍼지는 행복"이라고 명쾌하게 요약한 바 있다. 멜랑콜리는 명백한 패러독스다.

인본주의자들의 기쁨이 실제로 멜랑콜리에서 벗어나지 않는 기쁨을 의미한다면, 그것은 인본주의자들이 새롭게 획득한 자유가 세계 속의 고독을 의미하기 때문이다. 이성이 종교적 신앙심을 교체할 수 없을 때 이성의 한계 문제가 서서히 거론된다. 바로 이런 문제에서 여전히 천체와의 연관성을 주장하는 점성술에 직면한 박식한 인본주의자들의 양면적인 태도가 드러난다. 예컨대 몇몇 순수한 부정적 입장, 그리고 이와 다른 몇몇 순응적 입장에 따라 지상에서의 고독은 점점 더 존속하기 어려워진다.

인본주의라는 새로운 의식은 지적으로 모순된 분위기에서 발현될 수밖에 없었다. 비록 인본주의가 우주 질서 안에서 자리를 잡을지라도 자율적인 '문예에 능한 인간'은 자신에 대한 극단적인 두 가지 확신 사이에서 갈등한다. 때로 처절한 외침으로 고조된 확신, 그리고 절망으로 변질될 수 있는 자기 불신에 대한

확신 사이에서 갈등한다. 이런 이중적인 확신에 대한 증거는 '문예에 능한 인간이 비극적인 동시에 영웅적 부조리를 반영하는 지적이고도 새로운 모델을 발견하게 되면서 형성된다. 여기서 근대적 의미의 천재 모델이 태어나기 시작한다.[2]

15세기 박식한 인본주의자에서부터 19세기 낭만주의 시대 천재에 이르기까지 연속성이 존재한다. 천상의 침묵 앞에 홀로 선 인간은 오로지 '미친' 행복을 통해서만이 좀처럼 일어날 것 같지 않은 열망을 세계에서 실현할 수 있고, 횡설수설이나 장광설이나 헛소리 같은 것이 불러올 기쁨이나 멜랑콜리에 도취하는 지경에 이를 수 있다는 것이다. 이런 상황은 14세기 자신을 환희와 슬픔 사이를 오가는 존재로 여겼던 페트라르카에게서도 볼 수 있다.

나는 미친 존재라고 고백한다. 영혼의 감정이 그것을 허용한다.
영혼이 영혼을 초월해 상승할 때, 영혼의 노래는 고귀해진다.
[...] 적어도 광기와 뒤섞여 있지 않는 한
위대한 정신은 존재하지 않는다고, 그는 생각한다.[3]

행복은 멜랑콜리라는 새로운 감정과 섞이고, 멜랑콜리는 인간을 진정한 행복에 이르게 하는 동기가 될 수 있다. 예상되는 새로운 세계와 직면하는, 정의할 수 없는 슬픔을 시험하는 행복이 존재하고, 심지어 개척되지 않은 새로운 대륙을 탐색하거나 인간의 영혼을 어둡고 침침하게 만드는 심리적인

2) R. Klibansky, E. Panofsky, F. Saxl, *Saturne et la mélancolie*, Paris, Gallimard, 1989.

3) Pétrarque, 「Epistola Metrica à Zoilus」, I, v. 167 in *Poemata minora*, ed. D. de Rossetti, vol. II, Milan, 1831.

역설 속에서 결국 인간의 영혼을 동요시키는 감정의 무한한 복잡성을 음미하는 행복도 존재하게 된다.

이처럼 영혼이 확장되고 응집되는 반면에 신성한 이타성은 축소된다. 이 둘 사이에 모순을 만들고 멜랑콜리에서 행복의 기회를 만들어내는 인간 심리학의 역설은 '숨은 신'[4]에 대한 신학적인 의문을 대치한다는 데 있다. 인간으로 부활한 예수의 신학에 존재하는 모순(신인 동시에 인간이라는)을 완전히 뒤집은 행위는 이제부터 내면, 즉 심리학의 규율로 자리 잡는다.

멜랑콜리에 바탕을 둔 박식한 인본주의자들의 행복은 근대적 인간을 규정하는 형이상학적 조건과 프로이트가 무의식과 동일시했던 인간 영혼의 신성한 초월성을 어지러울 만큼 폄하할 것이다. 중세까지 보이는 것과 보이지 않는 것, 이승과 저승 사이에 존재하는 명백한 경계가 갈라놓은 세계는 이제 신성에 가장 가까이 접근하려는 감정을 멀리하려는 내면적인 이타성으로 이뤄진 것처럼 나타난다.

마르셀 고세는 이런 현상을 매우 적절하게 기술한다.

신들이 세상을 저버렸을 때, 그들이 자신의 이타성을 발휘하려고 인간 세상에 오기를 멈췄을 때, 인간에게 새롭게 등장한 특별한 연구 대상은 다름 아닌 세계 자체였다. 스스로 종말을 준비하고, 스스로 지시하는 심오한 상상력을 밝히는 주체는 바로 세계 자체다.[5]

---

4) Dieu caché, '숨어서 인간 세상을 조종하는 신'이라는 개념으로 인문학자 뤼시앵 골드만의 책 제목이기도 하다. [역주]

5) M. Gauchet, *Les Désenchantement du monde*, Paris, Gallimard, 1985.

세상의 재현을 통해 멜랑콜리한 행복의 느낌을 암시하는 것만큼이나 인간의 영혼 속으로 깊이 파고든 것이 바로 이타성이다. 멜랑콜리한 행복의 느낌은 인간 자신과 세계가 완벽하게 일치하는 것이 절대 불가능하다는 사실을 드러낸다. 동시에 예술의 동시대적 실천과 우리 자신을 구성하고 우리 내면 여기저기 남아 있는 감정의 잉여를 발산하려고 확대되는 욕망이 서로 밀접하게 관계를 맺는다. 하지만 이런 낭만주의적 열정의 물결은 근대적 주체를 구성하는 멜랑콜리한 표현 중 하나로 그치지 않는다.

감히 말하자면, 언어는 거짓을 말하지 않는다. 서양에서 세계에 대한 환멸은 행복에 대한 감정이나 요구를 온통 물들이며 확장된 멜랑콜리를 불러온다. 니체의 표현에 따르면 이제부터 "인간적인 너무나 인간적인" 이런 행복은 항상 환멸에 대한 여운, 즉 매우 부적합해도 우리 자신과 일치하므로 근대적 특징으로 요약되는 신랄함의 여운이 있다. 우리가 경험하는 불안한 소외감이나 내적인 유배, 고립 따위가 바로 그것이다. 천국에서 아담을 추방한 신은 결국 아담을 슬픈 존재로 만들었다. 신은 아담이 스스로 자신을 옥죄는 조건과 관련된 감정을 자각하게 했다. 신은 자유로워지려는 행복과 혼자되려는 슬픔, 그리고 온전히 자신에게 몰입할 수 없게 하는 멜랑콜리 같은 감정을 아담에게 일깨운 것이다.

감정을 음미하며 즐기기

인간은 바로 이런 사실에서 출발해 자신의 감정을 물들이는 멜랑콜리 색채를 지우려는 다양한 전략을 구사한다. 우선 이 전략은 감정을 음미하며 즐기는 방식을 통해 나타난다. 이럴 때 행복은 형이상학적인 감정이기를 멈추고 구체적으로 느껴지고 본격적으로 음미되기 시작한다. 라블레의 작품은 순수하고 관능적인 즐거움으로 자리잡기 시작한 바로 이런 새로운 행복을 노래한 가장 대표적인 찬가라고 할 수 있다. 세계에서 신의 존재보다 훨씬 더 자신의 존재 의의를 확장한 선한 거인 팡타그뤼엘과 가르강튀아는 바로 르네상스 시대에 싹트기 시작한 인간 중심주의에 대한 은유다. 이들은 음식에 대한 애정을 통해 신이라는 존재가 축소돼버린 세계에 대한 자신의 취향을 표현한다. 앎에서 비롯한 행복, 그것은 바로 소화의 행복이다. 순수한 의미에서 지식을 날것으로 삼키고, 문화에 대한 갈증을 해소하며, 세계를 소화해서 자기 것으로 만들어가면서 자신의 내면에 세계를 완전히 통합하려고 세계에서 만들어진 "작품의 진수를 빨아들이며", 세계를 한껏 마시고 소화한다.

행복은 커다란 외침이나 목청에서 터져나와 하늘로 향하는 "마셔라!"라는 아우성으로 환원된다. 이런 기쁨의 외침에는 이제부터 인간이 모든 사물의 척도라는 의미가 있다. 그것은 신을 대신한 새로운 세계의 질서에서 인간 자신의 탄생을 선언하는 외침이다. 어떤 의미에서 기쁨의 외침은 인간 자신의 외상을 치유하는 외침이라고도 할 수 있다.

> 다른 사람들과 함께 우스갯소리를 주고받으며 맘껏 마셔 젖히는 선한 인간 그랑구지에⁶는 자기 아들이 "마셔라!" "마셔라!" "마셔라!" 요구하며 울부짖으면서 그가 세계의 빛 안으로 들어오게 한 공포의 외침을 듣는다. 그는 "너의 위대함을 무엇에 비할까!"라며 목청껏 외친다.
>
> 『가르강튀아』, 제7장

---

6) 중세 프랑스어 단어 Grandgousier는 "커다란 목청"을 의미한다. [역주]

라블레에게 중세의 쾌활함은 세상 한쪽 귀퉁이에서 희열로 변하고, 세상과 마주할 때 미친 듯 조롱하는 웃음에서 비롯한 순수한 폭발로 변한다. 미하일 바흐친이 정확하게 지적하듯, 르네상스 시대 웃음은 이렇게 특징지어질 수 있다.

> 웃음은 세계를 인식하는 개념으로 심오한 가치가 있다. 웃음은 역사와 인간의 진리가 표출하는 조화롭고도 중요한 형식 중 하나다. 다시 말해 웃음은 세계에 관한 특별하면서도 보편적인 하나의 관점을 제공한다. 웃음은 세계를 다르게 인식하지만, 그러면서도 웃음과 대비되는 진지한 상태보다 덜 중요하지 않은 (아니면 오히려 더 중요할 수도 있는) 세계를 인식하는 방법이다.[7]

신은 웃지 않는다. 모세의 율법에 따르면 인간의 눈에 보이지 않는 신은 오로지 자기 등만을 인간에게 보여주기 때문이다. 더구나 웃지 않기로는 예수도 마찬가지다. 복음서에서 예수는 미소 짓기는 하지만 그 웃음은 비웃음에 가깝고 그의 매우 조심스러운 상태를 나타낸다. 이에 비해 르네상스 시대 인간은 갑자기 행복의 웃음을 터트린다. 어쩌면 르네상스 시대에 인간이 드디어 신의 자리를 차지했고, 신처럼 처신하는 인간이 결정적인 순간을 맞아 행복을 만끽했기 때문일 것이다. 아리스토텔레스 이후에 라블레도 지적했듯이 "웃음은 인간 고유의 것"이 됐다.

르네상스 시대의 웃음은 중세의 축제를 강점했던 신앙에 대한 열망보다는 오히려 도전이라는 힘찬 생명력으로서의 의미가 더 강하다. 웃음은 극

---

7) M. Bakhtine, *L'Œuvre de François Rabelais et la Culture populaire au Moyen Age et sous la Renaissance*, Paris, Gallimard, 1970.

히 짧은 순간에 환원된 행복의 표출이자 인간 존재를 세상에 확연히 드러내는 육체적 에너지의 분출을 의미한다. 웃음은 탄생이자, 행복을 감정의 흥분으로 다시 정의하게 하는 감각의 강화다. 더구나 라블레 사상에서 전형이 된 육체에 대한 복권과 명예회복이 이뤄지는 것도 바로 웃음을 통해서다.

따라서 행복은 감정에 달린 것이 아니라 전적으로 육체적 쾌락에 좌우되는 어떤 것이 된다. 이제 행복은 추상적인 몇몇 사회적 규범에서 비롯하거나 고안해야 할 결과물이 아니다. 행복은 삶 자체에서 발생한 즉각적이고 물리적인 집착이자 삶의 체화다. 이처럼 세계가 더는 낙원에서 추방된 인간들을 흡수하는 것이 아니라 오히려 인간이 세계를 흡수하고, 세계를 맛보고, 세계를 소유하고자 세계를 자기 안으로 직접 들어오게 했다.

16세기 문학은 감각의 쾌락이나 순간의 기적과 일치하는 행복에 대한 변화를 나타내는 데 매우 풍부한 자료를 제공한다. 롱사르의 소네트에 담긴 에피쿠로스 학파적인 사상에는 이 같은 사실이 잘 나타나 있다. "어여쁜 여인이여! 우리 어서 가서 당신이 정말로 붉어지는가 보도록 하지요."라는 제안으로 시작하는 롱사르의 운문은 "인생의 붉은 장미들을 오늘 곧바로 따세요."라는 유명한 초청으로 끝맺는다.

더 구체적으로 말해 르네상스 시대에 등장한 새로운 인간은 새로운 시간과 공간에서 태어났다. 세계의 지형이 구(球)로 이뤄진 대지의 영역으로 더 넓게 확장된 것만큼이나 시간 역시 전보다 빠르게 흘렀다. 이런 시공에서 모든 밀도가 행복의 감정에 새롭게 부여되고, 행복은 이런 밀도가 서로 무한히 뒤섞인 순간의 연속이 된다. 중세의 인간이 신성한 영원성의 한구석에 갇혀 살던 인간이라고 한다면, 근대의 인간은 무한한 우주에서 순간을 삼켜버리고 육체를 파괴하는 시간의 황폐함에 먹이가 돼 살아가는 인간이라 할 수 있다. 행복은 시간이라는 새로운 '적'과 맞닥뜨렸으며, 시간의 끝자락에서 최후의 파멸을 만나게 됐다.

15~16세기에 전개된 인간의 멜랑콜리한 고독은 근본적으로 생명체와 사물로부터 도피한 감각이자 죽음을 포기할 수 있는 감각을 발견한 자가 누리게 되는 고독을 의미한다. 롱사르의 에피쿠로스 학파적 사유는 죽음에 대항하는 인간의 정신을 명확히 보여준다.

> 여인이여, 시간이 흐른다네, 시간이 흐른다네.
> 아아 슬프도다! 흐르는 것은 시간이 아니라 우리 자신이라네.
> 우리는 머지않아 칼날 밑에 눕게 된다네.
> 『사랑의 지속』(1555년)

뒤 벨레의 『회한』에 관해서도 같은 언급할 수 있을 것이다. 시인은 잃어버린 조국에 대한 향수와 철학자 몽테뉴를 노래한다. 몽테뉴의 『수상록』은 분명히 개인이라는 새로운 개념에 문학이 자기 몫을 부여하려는 방법론에 해당한다. 이제부터 개인은 작가의 펜을 통해 탐험을 시작하는 세계가 된다. 그리고 자아가 겪은 우여곡절이라는 위대한 발견에만 오로지 개인의 충만한 모험이 존재한다.

> 나의 친구인 독자들이여, 나 자신이 이미 내 책의 소재입니다.

만약 내면성의 발견이 신 앞에서의 고백이 아니라 향유가 목적인 자기 성찰이라는 새로운 행복에 이르는 방법이라면, 멜랑콜리는 내면성의 발견을 위한 실천에 존재할 것이다. 몽테뉴 자신은 이런 "선한 믿음의 책"이 "고독의 슬픔에서 발생한 [...] 멜랑콜리한 기질"의 결과임을 인정한다.

이런 까닭에 자화상을 그리는 인간은 시간과 죽음으로 사라지는 자기 존재의 덧없음을 발견하게 된다.

나는 나의 목표를 확신할 수 없다. 나의 목표는 자연스러운 취기로 고통을 겪고 위기에 처한다. 나는 바로 이런 상태 그대로를 목표로 삼는다. 그러고는 그것을 붙잡고 헛되이 시간을 보낸다. 내가 그리는 것은 존재가 아니라 잠시 머물고 사라지는 덧없음이다.

이처럼 근대적 인간은 '시간-속의-존재', 즉 '죽음을-위한-존재'다. 몽테뉴의 표현으로 '철학한다(philosopher)'는 것은 실상 죽는 법을 배우는 것을 의미한다. 근대적 인간은 회복될 수 없는 박탈감과 인간에게 자기 한계를 의식하게 하는 내부의 적을 바탕으로 자기 존재를 구축한다.

시간은 순간들로 재구성되고, 신성한 진리는 헤아릴 수 없이 많은 부분적인 진리들로(신성한 진리란 그저 '시도될 수' 있을 뿐인 진리라는 관점에서 볼 때) 조각조각 해체된다. 인간성은 개인성으로 폭발하고, 삶은 수많은 감각으로 조각조각 나뉜다. 행복은 이제부터 상실의 슬픔과 함께 변화하며, 인간은 단지 존재의 파편만을 부여잡을 수 있을 뿐인 직관에 따라 그 행복을 누릴 수 있다. 게다가 그럴 때마저도 존재의 파편들이 신속하게 조직적인 힘을 발휘할 수 있어야 한다. 행복은 조각나고, 완전성은 세계의 표면에서 가루가 돼버린다. 그리고 이런 것이 이제부터 갖춰야 할 행복의 조건으로 변한다. 예컨대 일시적으로 발산할 힘의 비축, 감각의 순간적인 만족, 덧없는 꿈 같은 것들이 행복의 조건이 된다.

라블레의 웃음조차 존재에 대한 근대적인 멜랑콜리라는 감정에 의해 유지될 뿐이다. 이는 웃음이 불안감이라는 마귀를 쫓아내는 데 소용된다는 사실을 우리가 알고 있기 때문이다. 게다가 웃음은 육체를 뒤흔드는 딸꾹질 따위에 의해서조차 순식간에 깨지는 꿈에 불과하다는 사실을, 우리는 알고 있다. 문학평론가 샤를 모롱의 정의에 따르면 웃음은 "무의식에서 승리의 환상을 바탕으로 형성되고, 이런 환상은 불안감에 사로잡힌 꿈이 다시 역전돼 생긴 것"[8]에 불과하다.

신성과 경쟁 관계에 있는 개인성에 접근하려는 근대적 인간은 자유에 관련된 이런 불안이 만들어놓은 상황에서 하루하루를 살아간다. 선한 거인의 웃음은 위험한 내기에 바탕을 두고 있다. 근대적 인간은 '과연 자신만의 운명을 스스로 만들어갈 수 있는가?' '행복에 관해 자신이 내린 고유한 정의를 스스로 책임질 수 있는가?' '역사 속으로 뛰어들 수 있는가?' 등에 관련된 인간의 수행 능력에 내기를 걸며 이뤄진다.

따라서 이제부터 행복은 새롭게 고안돼야 한다. 이제 행복은 신이 인간에게 내린 혜택이 아니라 우리를 급습하고 방해하는 감각의 다양성에서 태어나는 어떤 구조물이다. 행복은 구체적인 추구의 대상이며, 각자 자신이 추구하는 바에 따라 나타나는 양상 중 하나다. 고전주의 시대처럼 지혜를 쌓는다거나 중세처럼 믿음을 통한 구원의 추구가 문제로 떠오르는 것이 아니다. 문제는 바로 새롭게 탄생하는 개인성의 위대한 발견에 적극 참여하면서 자신에 대해 탐구하는 데 달려 있게 된다.

인간은 행복을 위해 만들어진 존재인가? 이것이 바로 자유에 사로잡힌

8) C. Mauron, *Psychocritique du genre comique*, Paris, Corti, 1970.

인간에게 제기된 문제다. 중세의 인간은 아담이 똑바로 천국의 문으로 향할 때 행복을 보장받을 수 있다는 사실을 절대 의심하지 않았다.

신의 현존으로 봉인됐던 이전 세계의 실체는 점차 희미해졌다. 세계는 신을 회피하고, 사물과 마찬가지로 자아의 실체 역시 포착할 수 없이 변하며, 다시 발견되고 다시 정의될 전제를 요구하기 시작한다. 한마디로 행복 자체가 동요한다. 그렇다면 행복은 무엇으로 이뤄졌는가? 어떻게 행복을 획득하는가? 행복은 어떤 감정, 혹은 착각에 빠진 감각의 일종은 아닌가?

지금부터 제기될 수많은 물음은, 로베르 모지가 지적하듯이, 행복이 또 다른 방식으로 세상에 널리 퍼져 나가기 시작한 18세기에 던졌던 물음이다.

> 18세기의 사상은 인간 존재가 그 자체만으로는 충분치 않고, 자신을 정당화해야 할 필요가 있음을 최초로 발견한다. 만약 휴머니즘의 조건이 수수께끼가 되거나 불안을 일으키는 주제를 이룬다면, 이는 18세기가 되자 아무것도 17세기 신학적 우주관의 안정성으로 지탱되지 않고, 인간에게 목적지를 제시하는 어떤 혁명도 더는 일어나지 않게 됐기 때문이다.[9]

---

9) R. Mauzi, *L'Idée de bonheur au XVIIIe siècle*, Paris, Colin, 1969.

제2장

행복의 추구

바로크 시대와 행복

서구인은 이제부터 불안정한 세계, 어떤 현실이나 진리도 더는 고정돼 있지 않은 세계, 존재가 비존재와 인접한 외관과 형식의 놀이에 개입하게 된다. 서구인은 이미 16세기 말부터 바로크 시대가 펼쳐 보일 세계에서 진화해 왔다. 클로드-쥘베르 뒤부아가 지적한 것도 바로 이것이다.

전통적으로 현실은 안정성에 의지해 정의돼왔다. 불안정성의 승리는 우주가 취약한 형식의 놀이일 뿐이라고 생각하도록 우리를 유도한다. 플라톤의 철학에서 자양분을 공급받은 '실제'와 '외관' 사이의 구분, 외관에서 보상을 통해 실제에 이르는 데 느끼는 어려움은 바로크 시대의 존재론적, 미학적 선택의 토대를 이룬다. 대체 사물이란 무엇인가? 우리는 무엇인가? 한마디로 그것은 유사한 것, 가면, 이미지일 뿐이다. 바로크 시대 인간은 자신이 가꾼 환영과 변신의 세계에서 자연스럽게 살아간다. 모든 것은 그림자와 거짓말이 꾸며낸 동화적,

환상적 춤에 녹아 있다.[10]

인간은 자신을 찾는 여정을 떠나고, 행복은 존재와 사물 사이의 근본적인 불안정성과 시간과 죽음 사이의 놀이 속으로 사라져버린다.

뒤 베르는 다음과 같이 말한다.

지상에 존재하는 모든 것은 그저 변화일 따름이다.

모든 것은 탄생과 죽음의 반복인데, 이는 영원히

하나의 영역이 상실되면, 다른 것이 그의 형상을 취하는 것과 같은 이치다…

우리는 다른 곳으로 가기 위해 한 곳을 떠나는 것이다…

존 웹스터의 비극 『아말피 공작부인』(1614년)의 마지막 장에서 안토니오는 죽어가며 자신에게 이렇게 고백한다.

스스로 위대함을 추구하는 우리는 쾌락만을 유일한 관심사로 여기며 놀이에 열중한 아이를 닮았다. 우리는 공기 속을 떠다니는 거품을 쫓고 있는 것이다.

마찬가지로 코르네유의 희극은 감정이나 사랑을 고정시키거나, 사랑에 의미를 부여하는 행위의 불가능성을 연출한다. 『루아얄 광장』의 도입부에서 필리스는 자신이 느끼는 불안정을 이렇게 나타낸다.

필리스는 선언한다. 나로 말하자면, 나는 각 개인을 사랑하는 사람이다.

---

10) C.-G. Dubois, *Le Baroque*, Paris, Larousse, 1973.

내게 이야기하는 첫 번째 사람은 나를 구속할 수단을 갖게 된다.

모든 사람이 내 마음에 들며, 아무것도 나를 성가시게 하지 않는다.

내가 질투하게 한 사람은 천 명이 넘으며,

내 가슴은 한 사람 것이 아니니, 모두에게 줄 것을 약속한다…

그렇다면 행복은 다시 한 번 '자기 자신'과 일치하는 방법, 자아 추구를 완성하는 행위를 의미할 것이다. 그래도 행복은 어떤 흔적 이상으로 보이지는 않는다. 파스칼은 다음과 같이 자문한다.

지금의 인간에게는 그저 공허한 표식이나 흔적으로 남은 진정한 행복이라는 것을 과거의 인간에게 의미했던 바와 비교해볼 때 이런 욕심과 무력함이 우리에게 말해주는 것은 과연 무엇일까?

이것이 바로 근대적 인간이 개인성에 접근할 때 펼쳐지는 드라마이자 패러독스다. 이 드라마는 자아의 점진적 소멸이나 감정의 불안정성 같은 것을 통해 연출된다. 이런 의미에서 주체의 모험과 관련한 상징적 인물 중 하나는 스페인의 극작가 티르소 데 몰리나에서부터 모차르트나 푸슈킨의 작품에 이르기까지 중요한 인물로 부각됐던 돈 후안(동 주앙)이다.

몰리에르의 희곡 『동 주앙』은 쫓기는 자와 쫓는 자로 이중화된 자신(예를 들어 하찮은 사랑에 집착하는 엘비르와 여동생의 명예를 회복하려는 돈 카를로스와 돈 알폰소, 그리고 채권자 디망슈 등)과 타자들(다시 말해 여인들)의 탐욕을 연출한다. 돈 후안의 주제는 '만남의 무한한 가능성'을 주도하는 열린 세계에서 여성을 향해 억제할 수 없이 분출하는 정복욕이다. 이 정복욕의 의미에 대해서는 이미 수많은 해석이 시도됐다. 이 정복욕에는 개인성에 접근하려는, 신에 맞서 인간 개인의 자리를 확보하려는 진정한 노력이 포함돼 있다. 허무를 쫓아버리고 가치를 다양하게 창출하려는 노력을 통해 새로운 개념과 새로운 현실에 의미를 부여하고 진리를 찾으려는 절망적인 노력이 펼쳐진다. 개인(한때 자유사상가의 모델이 됐던)에게 행복에 다다르는 길을 만들어주려는 시도, 이것이 바로 돈 후안의 꿈이다. 여인들을 유혹하는 행위는 근본적인 결합의 단위이자 남녀 짝의 원초적 지위를 다시 강화하려는 시도로, 사랑이 소유나 정부(情婦)의 숫자로는 가늠할 수 없음을 보여준다. 그렇다고 해서 여자들을 유혹하는 것이 신에게 방탕한 탐욕이 끝없이 이어지는 불경한 도발에 대응하라는 도덕적 도전장을 던진다는 의미가 있는 것은 아니다. 그보다 이런 방탕한 탐욕은 이미 낡아버린 우상이자 단죄하는 '운명의 사자'와 동일시되던 신의 품을 벗어나 자아를 탄생시키려는 욕망을 의미한다.

행복 추구는 16세기부터 형성된 자아의 탄생을 연출하는 계기를 마련한다. 하지만 지상의 질서를 꿈꾸는 이런 행복이 신의 현존과 양립할 수 있을까?

기쁨의 철학

17세기 고전주의 시대에 기울인 모든 노력은 바로크적인 탈주와 균형을 맞춰 진행될 것이다. 이런 노력은 인간 존재의 행복과 더 확고해진 문명의 행복을 정의하는 가치와 규범을 정착시키며 진행될 것이다. 위대한 세기가 만들어낸 관건은 폴 베니슈가 지적하듯이 천복의 토대를 제공하고 이성에 의지하는 도덕률의 기초를 세우는 데 있다.

> 앞선 시대에 모든 것은 새로움과 폭력, 그리고 다양한 외침이 뒤엉킨 용암 속
> 에서 재고됐다. 루이 13세와 루이 14세의 통치 아래 모든 것이 명확해지고 안
> 정적인 상태가 됐다. 인간은 자신의 열망과 이 열망을 방해하는 장애물에 대
> 해 더 확실하게 의식하게 됐다. 반항은 고발되고 대담성은 한계를 확인하는
> 반면에 신중함은 휴머니즘의 가장 자연스러운 유형으로 자리잡았다.[11]

17세기 스피노자는 인간에게서 점점 멀어지는 신을 붙잡으려고 애쓰면
서 기쁨의 윤리학을 정착시키려고 온갖 종류의 지성을 세밀하게 고안해냈
다. 1632년 암스테르담의 유대인 거리에서 태어나 엄격한 유대주의 교육을
받은 그는 한편으로 데카르트의 열렬한 독자이기도 했다. 그는 자신의 태생
문화와 단절하고, 1656년에는 완전히 유대교를 떠났다. 유리 가공을 배웠던
그는 지속적으로 철학을 하면서도 훌륭한 장인으로 남았다. 1661년 위대한
작품 『윤리학』(스피노자 사후인 1677년 출간)을 집필하기 시작했다. 헤이그 근교
에 살다가 곧이어 도심으로 거처를 옮겼다. 그는 부유한 상인이었던 아버지
의 유산 상속을 포기하고, 초라한 가구 몇 개가 딸린 빈민가 기숙사를 전전하
며 초연한 삶을 살았다. 이런 검소한 생활에 비춰볼 때 스피노자가 행복에 관
해 자신만의 철학을 확신했다는 사실은 어쩌면 역설적이라고 할 수 있다.

스피노자는 모든 인간이 공감하는 삶에 일반화돼 있는 증오와 무차별
한 지배, 노예의 관계와 판단과 집행을 주관하는 우상에 저항한다. 안경 렌
즈 깎는 일로 생계를 유지했던 스피노자는 인간을 위해 세상을 더 분명히 보

---

11) P. Bénichou, *Morales du grand siècle*, Paris, Gallimard, 1948.

게 하고 미망에서 벗어나게 하고자 했다. 시만큼이나 철학을 지키려고 노력하면서 그는 사물의 화려함과 슬픈 열정에 사로잡힌 인간, 자신의 권력을 확신하기 위해 슬픈 열정이 필요한 인간, 결국 인간의 조건 자체를 슬퍼하는 인간, 즉 노예, 독재자, 사제를 고발한다. 그에게 슬픔은 삶에 대한 증오와 죽음에 대한 열렬한 숭배, 무기력한 체념을 의미한다. 스피노자는 인간을 슬픔과 기쁨의 정도, 자기 실천력을 키우거나 줄이는 정열의 영향을 받는 존재로 규정했다. 따라서 그의 『윤리학』은 기쁨의 윤리학일 수밖에 없다. 왜냐하면 윤리학만이 인간을 구체적인 행동으로 인도하기 때문이다. 스피노자에게 연구를 가능케 한 갖가지 의문은 가령 어떻게 하면 기쁜 열정의 최대치에 도달할 수 있는가, 슬픔이 우리를 착각 속에서 살게 하는 반면 어떻게 하면 우리가 자기 의식, 신의 의식, 사물의 의식에 도달할 수 있는가를 알아보는 것이다.

다시 말해 스피노자에게 기쁨은 지식의 상관요소이며, 존재의 발현이자 존재의 자유에 도달했음을 의미했다. 스피노자에 이르러 신은 자연을 배제하지 않았고, 신을 인식하는 조건 자체인 존재의 기쁨과 화해했다. 존재에서 태어나 행복을 누리는 인간은 기쁨을 오로지 신에게서 얻을 수 있었다.

우리는 두 세기에 걸쳐 고독의 멜랑콜리를 음미하고 그것을 발견한 근대적 인간이 전개했던 환멸의 운동을 스피노자가 근본적으로 저지하고자 했다는 사실을 알 수 있다. 하지만 스피노자의 노력은 다소 지나쳤다고 볼 수도 있다. 비록 그가 고전주의를 다시 정착시키려고 이를 강화했다 해도 당시 신성이 차츰 후퇴하는 현상은 거부할 수 없는 현실이었기 때문이다. 17세기 말 유럽인의 의식은 점점 더 동요하는 반면, 감각은 어떤 도덕적·사회적 규범도 쉽게 저지할 수 없는 탈주의 대상이었다.

행복의 추구는 점점 더 삶의 개성적인 도정(道程)을 추구하는 고립된 개인, 이탈리아풍 경박함과 더불어 유희나 변장에 몰입하는 자아의 방황에 깊숙이 뛰어든 개인의 관심사로 자리잡게 됐다.

상징적인 도시

이탈리아는 수많은 작가와 여행가에게 행복을 상징하는 나라로 여겨졌다. 이탈리아는 계몽주의 시대 상상력에서 유럽 대륙을 유혹하는 감정의 섬세함을 표출하는 예술의 땅 자체였다.

수세기 동안 선택의 땅이자 문화적·예술적 삶을 상징하는 땅이었던 이탈리아, 추문으로 파문당했던 사제 성 베드로를 보호해주었던 교황의 성당 이후로 특권화됐던 이탈리아는 오래된 서구 사회에서 가장 잘 알려진 매력을 표출하는 강력한 국가 중 하나였다. 이탈리아를 전쟁터로 만들었던 탐욕을 굳이 언급하지 않더라도 이탈리아는 욕망을 불러일으키기에 충분한 대지였으며, 이탈리아를 유혹한다기보다는 이탈리아에 유혹당한 교양을 갖춘 수많은 유럽인의 마음속 깊이 숨겨진 환상을 자극하기에 충분한 국가였다.[12]

또한 이탈리아는 음악의 나라다. 뛰어난 유럽의 음악인들은 이탈리아가 오페라의 본고장이라는 사실을 잘 알고 있다. 이탈리아는 국민 삶의 환희를 잘 표현하는 대중가요의 본고장이기도 하다. 민속 목관악기 피페로 연주자들은 크리스마스 축제에 목가를 연주하며, 베네치아의 곤돌라 주인들은

---

12) Y. Hersant, *Italies*, Paris, Laffont, 1988.

코메디아 델라르테[13]의 환상과 하나가 된 토르콰토 타소[14]의 시에서 영감을 받은 노래를 흥얼거린다.

18세기의 베네치아는 행복을 상징하는 도시였다. 더 정확히 말하자면 유복한 계층 남녀를 사로잡은 자신만의 행복 추구를 상징하는 도시였다. 베네치아의 유명한 호색한 카사노바는 『회상록』에서 "행복이 존재하는 곳은 지상이다."라고 확신했다. 그가 말하는 지상이란 바로 베네치아였기에 낯설지만은 않았다.

이 도시와 이 시대의 영광은 지상에 존재하는 모든 행복을 거두어들이는 행위, 모든 영혼의 행복을 사랑하는 행위, 모든 정신에 흥취를 돋우는 행위, 모든 존재를 이 도시에 바치는 행위, 완벽하고 후회 없이 모든 존재를 마지막까지 음미하는 데 모든 에너지를 남김 없이 써버리는 행위에 있다.[15]

물에 떠 있는 베네치아는 물의 거울로 확대되는 도시이기도 하다. 물은 고정된 모든 사물에 빛을 반사하면서 사물의 형태를 무너뜨린다. 그래서 베네치아에서 세계는 끊임없이 현실감을 잃고, 빛과 그림자는 축제로 바뀌어 헤아릴 수 없이 다양한 모습이 결집되는 카니발의 행렬로 이어진 환등(幻燈)

---

13) 코메디아 델라르테(Commedia dell'arte)는 15세기 이후 이탈리아에서 탄생해 오늘날 극장의 프로시니엄 무대의 전형적 형태를 탄생시킨 새로운 희극양식이자, 작가 중심이 아닌 배우중심의 연극을 의미한다. 귀족이나 학자들의 연극이었던 코메디아 에루디타(Commedia Erudita)와는 대조적으로 코메디아 델 아르테(Commedia dell'arte)는 일반 대중의 산물이라고 해서 민중 즉흥극, 혹은 민중 가면극이라는 말로도 표현된다. 그 명칭도 18세기경에 와서야 공인됐는데 중세, 그리고 르네상스기에 대부분의 연극이 아마취에 의해 공연된 데 비해 이 연극은 arte(직업적 또는 예술적)의 경지에 있다는 찬사에서 그런 명칭이 붙게 됐다. 한국어로 번역을 한다면 '이탈리아 가면극' 정도가 될 것이다. [역주]

14) Torquato Tasso(1544~1595) : 이탈리아의 시인.

15) P. Monnier, *Venise au XIIIe siècle*, Bruxelles, Complexe, 1981.

처럼 나타난다.

18세기 베네치아에서는 축제가 계속됐다. 축제는 승리의 행렬이 펼쳐지는 것처럼 일 년 내내 열렸다. 베네치아에서는 모든 것이 축제였던 셈이다. 진지한 염원을 고백하는 귀족 아이의 베일을 들춰낼 때까지, 모든 것은 꽃잎이 흩뿌려진 청색 양탄자 위에서, 하얀 오렌지 나무와 동상들 사이에서, 주홍빛 상원의원들의 경배 속에서 가벼운 음악에 맞춰 진행된다. 축제가 진행되는 동안, 회랑 깊숙한 곳 너머 탁 트인 거대한 항구 사이로 바닷물이 반짝거린다. 이 베네치아 공화국의 과거를 돌아보면, 하루도 추억되지 않는 날이 없으며, 하루도 기념일처럼 역사의 절정을 이루지 않은 날이 없었다. 유명한 성자가 등장하지 않은 날도 없었고, 추억의 영웅들이 나타나지 않은 날도 없었으며, 사제들이 선출되지 않은 날도 없었다. 행정관이 임명되지 않은 날도 없었고, 성스러운 유물이 발견되지 않은 날도 없었으며, 오라토리오[16]가 연주되지 않은 날도 없었다. 장엄하거나 매우 감동적인, 과장되거나 우스꽝스러운 유령이 등장하지 않은 날 또한 없었다.[17]

베네치아에서 카니발은 일 년에 여섯 달 동안 지속됐다. 10월 첫째 주 일요일에서 크리스마스 축제날까지, 주현절[18]에서 카렘(부활전 전의 40일)까지

---

16) oratorio : 대개 성담곡(聖譚曲)으로 번역된다. 일반적으로 성서에 입각한 종교적인 내용을 담고 있으며, 동작이나 무대장치가 따르지 않는 것이 특징이다. 오페라처럼 독창·합창·관현악이 등장하나 오페라에 비해 합창의 비중이 더 크며, 이야기의 줄거리는 내레이터가 낭송한다. 오라토리오라는 말은 원래 이탈리아어로 가톨릭 성당의 기도소를 뜻했으나 16세기 후반 로마의 성 필리포 네리가 기도소의 집회에서 사용한 음악이 계기가 돼 특정한 음악형식을 가리키게 됐다. [역주]

17) 앞의 책.

18) 1월 6일 주현절은 공휴일이 아니라 친구 간의 우의를 다지는 날이다. 갈레트를 먹다가 세라믹이나

이어졌으며, 예수 승천일[19]과 성 마르코의 날, 그리고 베네치아 총독 선거에 매번 다시 시작되곤 했다. 카니발이 진행되는 동안 사람들은 가면을 쓴 채 법정에서 변론한다든지 상점에서 장사하는 등 평소 자기 생업을 계속했다. 가면은 궁전, 수도원, 무도장 등등 도시의 모든 공간 입구에 마련돼 있었으며 누구나 자유롭게 고를 수 있었다. 사람들은 가면을 쓰거나 변장했다. 더러는 피에로나 아를르켕(칼을 찬 익살광대)으로, 더러는 두건을 두른 상인이나 변호사로, 더러는 이슬람 수도승이나 폴리치넬라[20]로 변장했다.

카사노바는 이런 변장과 유혹의 게임을 누구보다도 효과적으로 이용했던 자다. 1725년 4월 2일 베네치아에서 태어난 카사노바는 다양한 경력의 소유자였다. 파두아에서는 학생이었고 이탈리아 남부 칼라브리아에서는 마르토라노 주교의 보좌 신부였으며 로마에서는 추기경 아쿠아비바의 비서였을 뿐 아니라 그리스 도시 코르푸에서는 선박 제작 관련 교육을 담당하기도 했다. 그리고 그는 바람둥이이며 놀음꾼이었다. 자신이 정복한 여인들의 이름을 외치거나 리날도 트리온판테의 카페에서 쓴 풍자문을 주저 없이 낭독한 허풍쟁이 카사노바는 자신을 체포해 가두고 고문할 때까지 베네치아 공화국의 권위를 극도로 자극했다. 하지만 잘 알려졌듯이 그는 다양한 경험을 통해 자신의 전설을 차츰 완성해갔다. 감금된 지 약 15개월 만에 감옥을 탈출했고, 베네치아를 벗어나 유럽 전역을 돌아다니며 온갖 상황과 색다른 환경을 몸소 체험했다. 그러던 중 마침내 프로이센의 프리드리히 2세는 카사노바를 가

플라스틱으로 만들어진 잠두(fève)를 발견하면 그 사람이 왕이나 여왕이 돼 미리 준비한 금종이 왕관을 씌워주며, 왕은 여왕을, 여왕은 왕을 선택한다. 그리고 나서 모두 "왕 만세, 여왕 만세"를 외치면서 샴페인을 건배한다. 이런 관습은 루이 14세 때부터 시작됐다. [역주]

19) 부활절 40일 이후 목요일. [역주]

20) 이탈리아 소극(笑劇)이나 인형극에 주로 등장했던 꼭두각시. [역주]

정교사로 고용해 동생들의 교육을 맡겼다. 또한 러시아의 예카타리나 2세는 카사노바와 함께 그레고리력을 개혁하기도 했다. 카사노바는 바르소비에서 브라니키 백작과 결투를 벌이기도 하고, 바르셀로나에서 감옥에 갇히는 등 평생 모험을 계속했다.

그는 자기 운명에 따라 속절없는 모험의 여정을 받아들였고, 이 여정에서 부과된 갖가지 역할을 기꺼이 떠맡았으며, 온갖 상황을 직접 경험했다. 또한 그는 온갖 지식을 갖춘 박식한 사람이었다. 수학 연구에 몰두했으며, 육면체 제곱 공식에 관한 논문을 집필하기도 했다. 그뿐 아니라 시를 썼으며 『일리아스』를 이탈리아어 운율에 맞춰 번역하기도 했다. 그는 철학에도 몰두하고 볼테르의 철학을 반박해 명성을 떨친 바 있었다. 비평과 윤리학, 신학이나 법학 등에도 조예가 깊었다. 가까스로 사면돼 1774년 베네치아로 돌아온 카사노바는 이번에는 스파이가 됐으며, 또다시 유배의 길을 걷게 될 때까지 마지막 나날을 보헤미아의 성에서 발트슈타인 공작의 사서로 일하며 보냈다. 그는 1798년 6월 4일 마침내 파란만장했던 삶을 마감했다.

카사노바의 생애는 한마디로 행복을 추구하는 일련의 과정이었다. 행복을 추구했던 공간은 유럽 전역에 걸쳐 있었으며, 매번 색다른 순간을 음미하려는 시간을 숨가쁘게 지나왔으며, 자발적으로 떠맡은 다양한 경험을 통해 감정의 절정을 분출했다. 바로 이런 것이 카사노바에게는 행복이었다. 자신에 대한 끊임없는 추구와 실험, 유희가 된 자유의 발견에 카사노바의 행복이 있었다.

그 자체가 최고의 탈선을 감행하게 하는 어떤 정신을 상징했기에 계산도 배제되고 행실에 대한 어떤 제약이나 분별도 없이 그는 그저 즐기는 일만을 생각했다. 그는 조금도 숙고하지 않았으며, 미래를 걱정하거나 인내하지도 않았다. 오히려 튀어 오르는 용수철처럼 조금도 지체하지 않고 번개처럼 즉흥적인 자극에 자신의 변덕과 오만, 혹은 분노를 맡겨버렸다. 이를 통해 그는 순간의 이면으로 날아오르며 현존의 기쁨을 거둬들였다.[21]

불가능의 추구

19세기 낭만주의는 개인 행복의 추구를 불가능의 추구로 교체했다. 낭만주의 작가들은 흘러가는 시간에 매료되고 자연에 대한 형이상학적 사랑을 간직한 채 자발적으로 불만, 몽상, 고통, 회상에 천착했다. 개인의 성숙과 만개는 이제 삶의 발전과 창안을 통해서가 아니라 오로지 존재할 수 있는 것들에 대한 희망과 더는 존재하지 않는 것들에 대한 회한을 통해 추구하는 대상이 됐다. 심지어 사랑조차도 슬픈 내일을 불러올 수 있기에 더는 행복과 동일시할 수 없었다.

비록 1731년에 출간됐지만 아베 프레보의 『마농 레스코』는 이런 정신적 변화를 예고하는 작품이라 할 만하다. 데 그리외의 열정은 불행과 불명예, 죽음으로 귀결된다. 아베 프레보의 작품과 마찬가지로 루소의 『신 엘로이즈』(1761년)에서 귀족의 딸 쥘리는 평민 출신의 가정교사 생 프뢰에 대해 미덕 중에서도 가장 위대한 미덕에 근접한 사랑을 간직한 채 올마르와 결혼하지만 결국 죽음을 맞이하고 만다. 사랑과 행복은 쉽게 접근할 수 없는 어떤 것으로 변하고, 자아의 소멸을 불러온다. 이런 점은 쥘리가 생 프뢰에게 마지막으로

---

21) P. Monnier, *Venise au XVIIIe siècle*, op. cit.

남긴 이별의 편지에 잘 나타나 있다.

지금 당신에게 말하는 사람은 제가 아니에요. 저는 이미 죽음의 두 팔에 안겼답니다. 당신이 이 편지를 읽을 즈음에는 구더기들이 당신 연인의 얼굴을 갉아먹고 있을 테고, 당신 연인의 마음은 당신이 더는 존재하지 않는 곳에 있게 될 겁니다. 하지만 제 영혼이 과연 당신 없이 존재할 수 있을까요? 제가 당신 없이 어떤 행복을 맛볼 수 있을까요? 그래요, 저는 당신을 떠나는 것이 아니라, 당신을 기다리는 겁니다. 우리를 지상에서 이별하게 한 미덕은 영원의 세계에서 우리를 다시 만나게 해줄 거예요. 저는 이런 온화한 기다림 속에서 죽음을 맞이합니다. 제 삶을 대가로 항상 죄악을 저지르지 않고 당신을 사랑할 수 있는 권리를 갖게 돼 저는 너무도 행복하답니다. 다시 한번 당신에게 이 말을 하게 돼 너무도 행복합니다.

『신 엘로이즈』, 제6부, 12번째 편지

18세기 말 노발리스는 『밤의 찬가』에서 1797년 3월 19일 15세의 안타까운 나이에 폐질환으로 세상을 떠난 약혼녀 소피 본 쿤에 대해 사랑과 병적인 숭배가 담긴 반응을 보인다. 한편 호프만은 사랑했으나 결국 잃어버린 여인 줄리아 마르크를 다시 만나게 해줄 죽음을 초조하게 기다린다.

이렇듯 현실은 사랑과 행복을 말할 때 늘 죽음을 예고한다. 사바티에 부인이 보들레르의 정부가 되기로 한 순간, 그녀는 이제 더는 시인의 우상이 되지 못한다. 플로베르의 소설 『감정 교육』에서 주인공 프레데릭 모로는 소설의 막바지에 이르러 그가 몇 년에 걸쳐 끈질기게 인내하며 흠모해왔던 아르누 부인을 포기하기에 이른다. 그러나 하필 이때가 바로 아르누 부인이 그의 요구를 막 받아들이려는 순간이었다.

프레데릭은 아르누 부인이 자신에게 몸을 내맡기러 온 것은 아닌지 의심했다. 그러자 그는 그 어느 때보다 강렬하고 미칠 것 같은 갈망에 사로잡혔다. 하지만 그는 근친상간을 저지를 때 밀려오는 공포처럼 표현할 수 없는 혐오를 동시에 느꼈다. 또 다른 걱정이 그를 멈추게 했다. 잠시 후 그의 걱정은 환멸로 변할 지경에 이르렀다. 이럴 때 생기는 당혹감이란 얼마나 곤혹스러운 것인가! 그는 조심스레 자기 이상형의 품위를 손상시키지 않으려고 발길을 돌리고 나서 담배를 하나 꺼내 물었다.

허구에서건 실제 삶에서건 이 모든 경우에 사랑은 고통스러운 단절을 통해 성장한다. 죽음과의 단절, 감정과의 단절, 네르발의 작품 『오렐리아』에 나타나듯이 심지어 광기에 이르는 이성과의 단절을 통해 사랑은 점점 더 커져간다.

이런 감정의 단절은 새로운 형식을 통해 근대적 개인에게 생긴, 환상에서 깨어난 어떤 조건을 의미한다. 르네상스 시대의 인간에게 있던 오래된 멜랑콜리, 감각과 사물의 탈주를 꿈꿨던 바로크적 감성은 낭만주의가 '세기의 고통'이라 부를 심각한 형이상학적 위기를 향해 나아갔다. 신은 멀리 있으며 인간 세계에서 벗어난 존재라는 인상을 풍겼다. 프랑스 혁명은 인간에게서 낡은 세계와 신에 대한 마지막 확신을 쫓아버렸다. 수직 상승하는 초월성을 갖춘 존재가 아닌 개인은 오로지 황폐한 풍경과 끝없는 지평만이 펼쳐진 공허한 세계를 방황하게 됐다. 샤토브리앙은 자기 소설의 주인공 르네를 통해 이렇게 말한다.

또 다른 세계의 새로운 공간 속으로 르네를 몰아갈 것이 분명한 갈망하는 폭풍우여! 어서 거세게 일어라! 이렇게 말하면서 나는 불타오르는 얼굴을 하고 앞을 향해 큰 걸음을 내딛는다. 바람이 불어와 내 머릿속에서 휘파람 소리를 낸다. 나는 비도 짙은 안개도 느끼지 못한 채 내 가슴속에 있는 악마의 포로가 된 듯 고통받으며 만족을 느낀다.[22]

지상의 유랑자인 인간은 감각과 자연, 감정과의 조화를 단절한다. 16세기부터 탐구해왔던 내면성은 감수성이 흐려지기 시작하고 이성의 판단력이 둔해지는 고통스러운 장식으로 변한다. 사랑도 일종의 착각이 돼버린다. 사랑은 스스로 자신을 속이고, 의식한 것과 차이가 있음을 증명하는 정확하고 세밀한 방법, 스탕달이 '결정작용(結晶作用)'이라고 부른 이상화로 변한다.

잘츠부르크의 광산에서 겨울을 맞아 잎을 떨군 잔가지 하나를 폐광 깊은 곳에 무심코 던져 넣는다. 두 달 혹은 석 달쯤 지난 뒤에 반짝이는 결정으로 뒤덮인 그 나뭇가지를 다시 끄집어낸다. 가장 작은 나뭇가지, 깨새의 다리보다도 크지 않은 가지는 끊임없이 변화하는 눈부신 다이아몬드의 무한성을 보장한다. 처음에 버렸던 잔가지를 더는 알아볼 수 없다.
이것이 바로 내가 결정작용이라 부르는 것이다. 결정작용은 존재하는 모든 것으로부터 사랑받은 대상이 지닌 새로운 완벽함을 발견하고 추출하게 하는 정신의 실천이다.[23]

22) Chateaubriand, *René*, Paris, Pocket, 1999.

23) Stendhal, *De l'amour*, Paris, Presse Pocket, 1998.

낭만주의 속에는 지난 3세기 동안 지속돼 왔던 자아와 일치할 수 없는 무엇이 존재한다. 심지어 막 태동하기 시작한 휴머니즘조차 낭만주의가 담고 있는 치유될 수 없는 균열로 인해서 악화되며, 낭만주의는 이것을 실존의 증거처럼 표출하기 시작한다.

의식이나 언어 활동도 그것을 표현하거나 축소하지 못했던 '후배지(後背地)'[24]로서의 글쓰기가 바로 여기에 존재한다. 이성이 받은 이 같은 상처와 개인성이 겪게 된 정신적 외상은 근대 미학의 새로운 도래를 예고한다.

일상에서 인습에 젖은 정체성의 축출. 이는 음악적인 심연에서 느껴지는 현기증, 시의 비장한 상승, 소설 속 음모의 광란적인 열정, 이미지 속 몽환적인 흡수 등을 통해 이뤄진다. 하지만 익숙한 내용 한가운데 다른 어떤 것을 돌출시키려는 무한한 노력 역시 존재한다. 항상 소리보다 놀라운 미지의 무엇, 소리가 촉발하는 공허한 동요, 백 번을 넘게 본 풍경의 한가운데서 발견되는, 깊이를 알 수 없는 후배지. 인상주의자의 마술에 의해 폭로된, 말로 표현할 수 없을 정도로 일상의 풍경에 묻혀버린 진리의 터치와 색채가 존재한다.[25]

얼마 후 시인 랭보는 폴 데므니에게 보내는 편지에서 "나는 타자다."라는 말을 던졌는데, 이는 이성을 불태우고 사유를 끝내버린 상황을 의미했다. 바로 여기서 자신의 얼굴을 낯설어하는 인간이 겪게 되는 새로운 비극이 예고된다. 존재와 진리를 확인하는 정체성의 원칙을 주저 없이 추방하는 인간의 비극은 신에 의해 시작된다.

24) 시인 이브 본푸아(Yves Bonnefoy)의 아름다운 표현에 따를 때.

25) M. Gauchet, *Le Désenchantement du monde*, op. cit.

"나는 타자다."는 "나는 존재하는 신이다."의 최종적인 동어반복을 의미하는 동시에 신에 대한 문법적이고 자동적인 정의와 행동에 대한 단호한 부정을 의미한다.[26]

정체성의 폐지와 주체의 원초적인 균열은 나아가 자아에 대한 지식을 다시 고안하는 원칙에 의해 결정될 뿐만 아니라 낭만주의와 함께 정착된 문학의 심오한 변모, 그리고 이와 마찬가지로 정신분석학을 고안하는 데도 결정적인 영향을 끼치게 된다.

좌절된 사랑이나 죽음의 유혹을 이상적으로 표현하거나 화려한 문체에 의지해 아름다움을 다시 창조하는 전반적인 과정에서 낭만주의적 글쓰기는 예술이라는 일종의 마술 덕분에 자신을 영위할 수 있게 되며, 이를 통해 개인의 불행을 극복하려 한다. 샤토브리앙의 여주인공 아탈라는 칵타스에게 온몸을 바쳐 헌신하면서 결국 처녀 상태로 죽음을 맞이한다. 발자크의 『골짜기의 백합』에 등장하는 모르소프는 젊은 펠릭스 드 방데스에게 접근할 수 없는 신비스러운 사랑의 화신처럼 나타난다. 비록 인생이 사랑을 사정거리 밖에 두더라도 문학은 세상을 환영하고 정신을 위로하고자 세상 안에 존재한다고 말하면서 작가들은 우리에게 무언가를 이야기한다.[27] 인생은 심지어 보이지 않는 것 때문에 공허해진 현실에 절망하지 않도록 도와주는 어떤 종교 같은 것이 되기도 한다. 클로드 루아는 다음과 같이 지적한다.

---

26) G. Steiner, *Réelles présences*, Paris, Gallimard, 1991.

27) 이 점에 관해서는 폴 베니슈의 『작가의 성스러움*Le Sacré de l'écrivain*』(Paris, Corti, 1973)과 이브 바데 (Yves Vadé)의 『문학적 마력*L'Enchantement littéraire*』(Paris, Gallimard, 1990)을 참조하라.

철학자들의 유산인 낭만주의는 근본적으로 종교를 다시 고안해내려는 거대한 기획이라고 할 수 있다. [...] 위대한 프랑스 낭만주의 작가들은 보편적인 사원에 계시와 관련된 자신의 신판(神板)을 올려놓을 것이다. 그들은 자신만의 복음서와 자신만의 성서, 자신만의 개인적 종교로 자기 작품을 완전히 뒤덮을 때만이 자기 작품이 완성됐다는 느낌을 갖게 될 것이다.[28]

이것이 19세기 작가와 예술가 들이 공들여 쌓아올린 마술의 탑이다. 이제 예술은 구원의 수단이 됐다. 예술은 아름다움이라는 피난처를 제공함으로써 실현 불가능한 행복으로 절망한 우리를 위로한다. 하지만 비록 시간이 개인의 비극 위에 놓여 있고, 예술이 온갖 개인적 행복의 접근 불가능성을 표방하는 것처럼 보일지라도, 행복을 형이상학적이고 정치적인 원칙으로 여기면서 공동체적 운명을 구축하려는 희망은 이미 한 세기 전에 태어났다.

28) C. Roy, *Les Soleils du romantisme*, Paris, Gallimard, 1974.

제 3 부

행복과 정치

제1장

—

행복은 새로운 사상이다

유럽에서 행복이 공동체적인 어떤 것이 될 수 있다는 생각은 단지 몇 세기에 걸쳐 축적된 몇 사람의 지혜에 기초한 것이 아니라, 정신에서 '정치적인 것'을 실행하고 구축했던 보편적 형이상학의 원칙을 토대로 형성됐다.

낙원은 지상 위에 존재한다

18세기에 행복은 인간 존재에 대한 물음 자체에서 시작해 그 자체로 끝맺을 정도로 인간 존재에 대한 철학적 명제였다. 알렉산더 포프가 『인간론』(1733년)에서 "오 행복이여! 우리 존재의 끝이자 궁극적인 목적인 행복이여! 그것이 무엇이건 간에 안위, 쾌락, 안락, 만족이라는 이름으로 불릴 행복이여!"라고 언급하면서 행복을 인간 삶의 궁극적인 지향점으로 삼으려 했다면, 모페르튀스는 『도덕 철학론』(1749년)에서 '행복에 이르고자 하는 욕망'을 인간 실존의 원칙으로 삼았다.

그것은 바로 자연의 어떤 원리다. 이 원리는 우리가 자연의 빛이라 부르는 것보다 더 보편적이며, 인간에게 더 획일적으로 나타나며, 가장 민감한 인간뿐 아니라 가장 둔감한 인간에게도 존재하는 원리다. 이 원리는 바로 행복에 이르고자 하는 인간의 욕망이다. 우리가 지켜야 할 처신의 원칙을 이 원리에서 배운다고 한다면, 이는 역설일까? 우리가 믿어야 할 진리를 인식하는 것이 바로 이런 원리에 따른 것이 명백하다고 말한다면 이 또한 역설일까? 만약 내가 신의 본성에 대해, 나의 고유한 속성에 대해, 세계의 기원과 그 종말에 대해 알고자 한다면, 나의 이성은 혼란에 빠지고 모든 종파는 나를 어둠 속에 방치할 것이다. 만약 내가 이런 어둠의 일반성에서, 이런 심오한 어둠에서 행복에 이르려는 욕망을 채워줄 유일한 체계를 만난다면, 이를 올바른 것으로 인식해야 할까? 나를 행복으로 인도하는 이런 체계는 사실상 나를 속이는 체계이므로 믿지 말아야 할까?"

하지만 볼테르의 작품 『캉디드』에 등장하는 팡글로스라는 인물을 통해 행복의 사상과 관련된 형이상학적 토대를 마련한 사람은 바로 라이프니츠였다. 그의 철학은 '모든 것이 최상의 세계에서 더 낫다는 사실'을 언급하기보다 본질은 자체적 완벽성에 따라 기능하는 실존을 지향한다고 말한다.

본질이나 가능한 실현에 관한 모든 표현은 이 둘이 발휘할 수 있는 완벽성의 정도에 따라 똑같이 중요하게 실존을 지향한다. 이를테면 완벽성이란 실제로 본질의 특질 말고는 다른 어떤 것도 의미하지 않는다.[1]

---

1) Leibniz, *De l'origine radicale des choses*, 1697.

다시 말해 뒤퐁 드 느무르의 표현에 따르면, '존재는 안위(安慰)의 증명'이다. 라이프니츠에 따르면 어떤 사물이 존재한다는 단순한 사실은 스스로 아름다움과 호의를 증명하거나 행복에 대한 사명을 증언하는 것인데, 만약 이 세계의 모든 것이 선하게 진행되지 않는다면 이는 어떤 사물이 이와 다른 방식으로는 실존에 접근할 수 없기 때문이다. 그가 『변신론』에서 말하듯이 타르퀴니우스가 루크레티아를 겁탈하지 않았다고 가정한다면, 그 세계는 역설적으로 타르퀴니우스가 자신의 범죄를 계기로 '위대한 제국'의 길을 열어 줄 세계보다 더 완벽하지 않다는 것이다.

만약 사물의 본질이 세계의 형이상학적 행복을 증명한다면, 역사로부터 행복에 이르는 길을 앞당기며 존재로의 이행을 가속화할 가능성이 인간에게 존재한다. 이런 이행을 가속화할 요소는 비록 우리가 충분히 강조하지는 않았지만 형이상학에 의지하는 '정치'라는 이름으로 불린다. 사물의 본질과 행복 사이의 혼동, 고독과 신과 경쟁하는 인간의 자유, 지상에 안착한 천상은 근대적 형이상학이 표방하는 새로운 질서인 것이다.

쾌락주의를 대담하게 설파한 짧은 시 「사교계인」(1736년)에서 볼테르가 기술했던 것처럼 "지상낙원은 내가 있는 이곳에 존재"하는 것이다. 이 문구가 일시적이지 않은 이유는 하인리히 하이네 같은 여타의 작가들이 이 주장을 받아들였기 때문이다. 하이네는 "하나님의 왕국을 지상에 안착시켜야 한다."라고 말한다. 또한 1849년 피에르 르룩스는 "천국은 지상에 도달했음이 분명하다."라고 기술했으며, 이보다 나중에 폴 엘뤼아르는 "그것은 또 다른 세계이지만, 전적으로 지상에서 만들어진 세계"라는 말을 남긴다. 결국 이런 사유는 알베르 카뮈에 이르러 "나의 왕국은 전적으로 이 세계 안에 존재한다."라고 표현되기에 이른다.

지상에 행복을 창조한 인간은 신처럼 에덴 동산을 직접 가꾸기 시작한다. 생 쥐스트의 유명한 표현에 따르면 "행복은 유럽에 등장한 하나의 새로운 사상"에 해당하고, 정치를 통해 행복한 사회를 고안하는 것이 문제의 핵심을 이루게 된다.

이런 생각은 전적으로 계몽주의가 남긴 유산에서 비롯됐다. 다시 말해 행복은 고전주의 시대 현자나 철학자 같은 소수 정예가 제시한 기준도 아니고 특권계급과 자유사상가의 개인적 모험이 독점한 것도 아니다. 이제 행복은 누구나 손쉽게 이용할 수 있는 개념으로 자리 잡았다. 그럴 수 있는 것은 모든 사람이 '평등'해지기 때문이다. 원죄의식은 초월성에서 내재성으로 이행함에 따라 소멸됐으며, 이론에 기초한 덕에 환영받게 된 정치는 스스로 행복의 약속을 청하는 결정적 계기를 마련했다. 파스칼 브뤼크네르는 이 같은 사실을 정확히 지적한다.

행복에 대한 희망은 구원과 위엄의 사상적 약화와 종교와 봉건제의 영웅주의가 불러온 이중적인 기피 현상을 과감히 극복한다. 사람들은 구원받거나 숭고한 존재가 되기보다 차라리 행복한 존재가 되기를 원한다. 르네상스 시대 이후 물질적·기술적 진보에 따라 변한 것이 있다면 지상에서 체류하고 거주하는 것이 더는 고해성사나 원죄의식처럼 간주되지 않는다는 사실이다. 재난을 물리치고 자신의 운명을 다스릴 수 있게 된 인간은 자신에 대한 혐오가 점점 약해지는 것을 느끼게 됐다.[2]

따라서 정치는 형이상학을 일시에 청산한다. 바로 이런 이유에서 프랑

---

2) P. Bruckner, *L'Euphorie perpétuelle*, op. cit.

스 혁명에는 이중적인 의의가 있다. 특권계층이나 불평등에 의지하던 구체제 같은 낡은 질서가 분열됐다는 의의, 코페르니쿠스적이고 갈릴레이적인 천문학을 통해 시작된 거대한 탈중심화 현상이라는 형이상학적 반전이 이뤄졌다는 동시적인 의의가 있다.

진보라는 신화

이 같은 중심 이탈 현상은 우리 의식에 늘 남아 있고, 문명화의 토대를 마련하는 진보라는 신화가 본격적으로 시작된다는 사실을 예고한다. 프랑스 혁명 당시 1793년 5월 10일 로베스피에르는 국민의회에서 진보정치 덕분에 행복을 약속하는 휴머니즘이라는 새로운 세계관을 발표하기에 이른다.

> 인간은 행복과 자유를 위해 태어났다. 하지만 지금의 인간은 도처에서 얼마나 노예 상태에 있으며, 불행한 상태에 있는가! 사회의 목적은 인간의 권리를 보존하고 인간이 완벽한 존재가 되게 하는 데 있다. 도처에서 사회는 얼마나 인간의 품위를 하락시키고, 인간을 억압하고 있는가! 마침내 인간에게 자신의 진정한 운명을 상기한 시간이 임박했다. 인간 이성의 진보는 이 위대한 혁명을 준비했으며, 이 혁명을 가속할 의무를 짊어질 자 또한 바로 여러분 자신이다. 왕족과 귀족 들은 자신의 직무를 훌륭히 수행했다. 이제 여러분도 여러분의 직무, 법에 따라 인간을 행복하고 자유롭게 할 직무를 수행할 때가 임박했다.[3]

---

3) M. Robespierre, 「Sur le gouvernement représentatif」 in *Robespierre, Textes choisis*, Paris, Editions sociales, 1957.

정치 혁명은 계몽주의 운동이 표방했던 진보 이념을 완성한다. 다시 말해 자유와 평등의 진보, 이성과 의식의 진보는 행복을 찾아 진행된 하나의 역사적 운동으로 자리매김한다. 행복의 가능성, 그것은 자유로운 인간의 사회적·정치적 조건 자체다. 조르주 귀스도르프는 다음과 같이 말한다.

진보의 근대적 개념은 전적으로 초월적인 요청에 따라 인간의 미래를 해방하는 작업을 전제한다. [...] 이제 인간은 스스로 발언권을 갖는다. 인간은 미래의 질서에 따라 현실의 설계와 배치를 책임지는 존재가 됐다. 만약 유대교 전통에서 주장돼왔던 것처럼 인간이 신의 형상을 본떠 창조됐다면, 이제 신은 신성한 존재의 다양한 특질을 직접 실천하는 인간에게 귀속된다.[4]

튀르고의 작품에서 진보는 보편적 역사의 특성으로 자리잡는다. 이 작품은 순환적이며 항구적인 자연의 질서와 인간이 만든 문화의 질서, 즉 역사의 질서 사이의 분리를 실행에 옮긴다.

항구적인 법칙에 종속된 자연 현상은 생성과 소멸이라는 동일한 회전 주기성에 갇혀 있다. [...] 하지만 이와 반대로 인간은 세기에 세기를 거듭하면서 항상 다변화된 광경을 보여왔다. [...] 한 철학자의 시선에 포착된 인간이라는 종은 탄생 이후 각 개인과 마찬가지로 스스로 유년기와 진보를 동시에 소유한 거대한 총체처럼 등장한다.[5]

---

4) G. Gusdorf, *Les Principes de la pensée au Siècle des lumières*, Paris, Payot, 1971.

5) Turgot, *Tableau philosophique des progrès successifs de l'esprit humain*, discours prononcé à la Sorbonne en novembre, 1750.

개인의 예를 살펴보면, 인간의 역사는 그 자체로 진보의 발생지였다. 1751년 튀르고는 "보편적인 역사는 인간 종이 연속적으로 진보해왔다는 사실을 고려하고, 여기에 기여한 원인들과 관련된 세부사항을 포괄한다."라고 기술했다.

진보라는 새로운 사상에 가장 폭넓은 형식을 부여한 사람은 다름 아닌 콩도르세다. 콩도르세는 인간성의 무한한 개선 가능성과 밀접히 연관된 행복이 역사의 끝자락에 있다고 말한다. 행복은 인간 이성의 승승장구하는 발걸음을 재촉하는 운명이며, 인간 이성은 과학과 예술의 진보에 확고하게 착종돼 진행되는 원동력으로 여겨진다.

> 인간 정신과 그 가능성의 발전을 분석하는 과정에서 우리는 과거의 경험이나 과학과 문명이 오늘날까지 이룩해놓은 진보를 유심히 살펴보게 되고, 그리하여 자연이 우리의 희망에 그 어떤 역할도 수행하지 않는다고 믿을 만한 가장 강력한 이유들을 발견하게 된다.[6]

칸트에게 프랑스 혁명은 역사의 주인공으로 등장한 인간의 "더 나은 미래를 향한 진보"[7]를 알리는 신호탄이었다. 피히테는 저서 『학자의 사명에 관한 몇 가지 강의』(1794년)에서 우리가 지나온 곳이 아니라 바로 우리 앞에 황금기를 마련할 미래에 기초한 역사철학을 제안했다. 이처럼 낙원은 어쩌면 내가 있는 곳에 존재할지도 모르지만, 점차적으로 역사가 우리를 인도할 곳에 존재하게 될 것이다. 낙원은 이상향을 실현하려는 행동의 의지를 발판으

---

6) Condorcet, *Esquisse d'un tableau historique des progrès de l'esprit humain*, Paris, Vrin, 1970.

7) E. Kant, *Le Conflit des facultés en trois sections*(1798), trad. J. Gibelin; Paris; Vrin; 1955(deuxième section)

로 삼아 '완벽성'과 '숭고하고 접근 불가능한 목적'으로 향하는 인간에게 달렸다.

타귀에프가 지적하듯 "피히테는 진보에 대한 확신이나 미래에 대한 선호, 또는 행동에 대한 호소와 연관 지음으로써 황금기의 도래를 알리는 일종의 신호처럼 19세기 산업 사회를 조망할 사상가들에게 길"[8]을 열었다.

이처럼 18세기 후반기에 진보는 근대의 신화였다. 프랑스 혁명이 보여줬듯이 당당한 시민이 된 인간은 자신의 운명을 직접 개척하고, 역사를 행복한 미래로 인도하는 존재가 됐다. 이제부터 행복은 역사가 포함한 의미 자체고, 공동체적 모험의 궁극적인 목적이자 거인이 지탱하는 이상적인 정치며, 개인을 의미하는 '해방된 프로메테우스'였다.

바로 여기에 행복의 약속이 새로운 정치질서의 구축을 선언하는 행동에서 형성된 이유가 있다. 이는 아메리카의 13개 연합이 만장일치로 작성한 선언문이 표방하는 바이기도 하다.

> 모든 사람은 평등하게 태어났고, 창조주는 몇 가지 양도할 수 없는 권리를 부여했다. 그 권리 중에는 생명과 자유와 행복 추구가 있다. 이 권리를 확보하기 위해 인류는 정부를 조직했으며, 이 정부의 정당한 권력은 인민의 동의에서 유래한다. 어떤 형태의 정부든 이 목적을 파괴할 때는 언제든지 정부를 개혁하거나 폐지해 인민의 안전과 행복을 가장 효과적으로 가져올 수 있는 원칙에 기초를 두고, 그런 형태로 기구를 갖춘 새 정부를 조직하는 것은 인민의 권리다.

1793년 6월 24일 제정된 헌법은 새로운 정치질서를 구축해야 한다는

---

8) P.A. Taguieff, *Du progrès*, Paris, Librio, 2001.

사실을 강조한다.

인권선언문

자연권의 망각과 경멸이 세상의 불행을 야기하는 유일한 원인이라 생각한 프랑스 국민은 정부의 행동을 모든 사회 기관의 목표와 끊임없이 비교할 수 있는 시민이 결코 독재자에 의해 타락하거나 억압받지 않게 하고자, 또한 국민이 눈앞에서 자신의 자유와 행복의 근거를 갖추게 하고자 신성하고도 양도할 수 없는 권리를 숭고한 선언을 통해 발표하기로 단호히 결정했다. 신이 지켜보는 가운데 인간과 시민의 권리에 대한 다음과 같은 선언을 공포하는 바이다.

제1항 : 사회의 목적은 공동의 행복을 구현하는 데 있다. 정부는 인간이 자연적이고 침해할 수 없는 권리를 누리도록 보장하고자 설립됐다.[9]

진정한 정치는 국민의 행복을 보장할 때만 존재한다. 비록 곧바로 악명을 떨치게 되지만, 프랑스인은 행복한 미래의 열광적인 꿈으로 이끌었던 이런 전제들을 직접 상속한 사람들인 셈이다. 이런 모험에서 프랑스는 혁명을 추진한 덕분에 결정적이고도 매우 특별한 역할을 하기에 이르렀다. 하지만 여기서 우리는 유토피아적 요구와 정치적 희망이 뒤섞인 이 새로운 행복이 혹시 우리 정신에 계속해서 영향력을 행사하며 우리에게 향수를 유지하게 하는, 전적으로 18세기에 탄생한 프랑스적 '열망'은 아니었는지 자문해볼 필요가 있다.

---

9) 단 한 번도 공표되지 않았지만, 이 선언문은 항상 민주주의에 관한 중요한 자료로 간주돼 왔다.

프랑스적인 열망

영국의 역사학자 시어도어 젤딘이 주장하듯이, 국민의 진리를 구성하고 사회의 운명을 움직이는 "열망들"에는 고유한 유형과 논리 추론의 방식이 존재할 뿐만 아니라, 재현의 방식이나 사상이나 감정의 변화도 존재한다. 이런 가설에 동의한다면, 프랑스인들이 다른 나라 국민보다 행복의 추구에 더 헌신한 것은 아닌지 자문할 수 있을지도 모른다. 이는 18세기 프랑스가 행복에 관한 에세이나 개론서를 거의 독점하다시피 했기에 던지는 질문만은 아니다. 행복에 관한 물음은 프랑스와 마찬가지로 독일, 영국, 이탈리아에서도 인간의 의식 전반을 흔들어놓았기 때문이다. 그럼에도 역사를 돌아보면 프랑스인들은 매우 독특한 방식으로 행복을 꿈꿨던 것으로 보인다.

행복은 베네치아 같은 도시가 이뤄낸 기적이나 자유사상가들의 능란한 사유, 기존의 질서를 경멸한 귀족들이 전유했던 삶의 방식처럼 단순하게 이해할 수 있는 것은 아니다. 18세기부터 모든 것은 프랑스가 마치 세상의 다른 모든 국가에 교훈이 될 만한 행복을 고안해야 하는 사명을 실현하려는 듯이 진행됐다.

실제로 1780년 당시 프랑스는 유럽은 물론 전 세계를 통틀어 가장 호사스러운 국가였다. 그렇다고 해서 이런 사실이 당시 프랑스가 경제적·정치적으로 가장 효율적으로 운영된 국가였음을 의미하지는 않는다.

혁명 전 구체제하에서 행복은 열망이자 일종의 강박관념이나 다름없었다. 롤랑 부인은 "우리는 행복을 추구하기 위해서 태어났다." "나는 오로지 행복만이 필요하다." "나의 큰 관심사는 바로 나의 행복이었다."라며 수십 쪽에 걸쳐 『회상록』을 저술한다. 파스키에 수상에 따르면 프랑스에는 언론 검열이 미처 걸러내지 못한 표현의 자유와 기분전환을 위한 문화활동으로 구성된 삶이 존재했다.

우리는 실제로 말했고, 말한 것을 또한 글로 남겼다. 우리는 대단한 독립심을 바탕으로 직접 행동에 나섰으며, 심지어는 권위에조차 과감하게 도전하곤 했다. 언론은 비록 법에서 자유롭지 못했지만, 그러나 한편, 세상에서 벌어지는 모든 것이 인쇄됐고, 더구나 세계를 향해 과감하게 퍼져나갔다.

프랑스 항구 도시 마르세유를 거쳐간 해군장교는 그곳을 변함없이 쾌활한 모습의 도시로 묘사한다.

이곳 주민에게는 어디서도 찾아볼 수 없는 쾌활함이 있다. 축제 날 도시 곳곳에서 오로지 춤추는 사람들만을 볼 수 있다. [...] 여기서 섹스는 매혹적이었으며, 청결한 국민이 매력적인 모습을 드러낸다.[10]

파리의 연극 등, 프랑스인을 가볍고 유쾌한 토론으로 안내했던 문화활동은 당시에 헤아릴 수 없이 널리 퍼져 있었다. 이 시대를 증명하듯 로니는 그 시기를 이렇게 묘사한다.

오페라, 프랑스 연극, 이탈리아 소극(笑劇), 이 세 종류의 연극이 새 작품들을 통해 만들어낸 사건은 [...] 모든 정치적 사건을 완화하는 힘 있는 주제를 담고

---

10) J.-J. de Cotignon, *Mémoires du chevalier de Cotignon, officier de marine*, Grenoble, Adrien Carré, 1974.

있었다. 오! 경박하지만 사랑스럽고 행복한 국가여![11]

게다가 프랑스는 노래 창작에도 연극 못지않게 열정을 보였다. 사람들은 「말부룩은 전쟁터로 떠나고」, 「맛 좋은 내 담배」 같은 노래와 선율이 서정적인 「선한 왕 다고베르」를 흥얼거렸다. 「선한 왕 다고베르」는 유순하고 나약하며 "착한 뚱보 왕" 루이 16세를 빗댄 노래였기에 분명히 정치적 의도를 담고 있었다. 당시에 노래 창작은 유행이 됐는데, 파브르 데글랑틴과 루이-빅토르 시몽의 「폭풍우」("비가 오네, 비가 오네, 연인이여"), 혹은 플로리앙과 드비엔의 「에스텔」에서 발췌된 후렴구는 온갖 축제에서 활발히 퍼졌으며, 마리앙투아네트가 베르사유 궁전 소(小) 트리아농에 있는 개인 정원에서 연인 역할을 하며 흥얼거렸던 전원시에는 일반인들의 열광이 반영돼 있었다.

아! 만약 그이가 우리 마을에서

관능적이고 매혹적인 연인이라면,

처음 본 순간 사람들이 아끼고

열렬히 사랑할 연인이라면,

그이는 내 친구이니, 내게 그이를 주세요.

나는 그이에 대한 사랑을, 그이는 나에 대한 믿음을 품고 있죠.

프랑스에서는 사회적 불평등을 넘은 현세의 행복을 꿈꿨던 국민에게 그런 내용의 공연이 펼쳐졌고, 파리는 세계의 중심으로 부각했다. 이처럼 세바스티앙 메르시에에게 파리라는 도시는 '예술, 사상, 감정, 그리고 문학작품

---

11) E. Raunie, *Recueil Clairambault-Maurepas*, Paris, 1883-1884.

의 유일한 중심'이자 '지구에서 단 하나뿐인 매력 지점'이며 '세상의 거점'이었다.

프랑스에서 행복은 정치를 매혹할 수 있는 공동체적 열망으로 변화했다. 존재의 형식으로서 행복은, 앞서 살펴봤듯이 정치 체제에 규정된 권리를 의미했다. 샤스텔뤼스 후작은 자신의 저서 『대중적 지복, 혹은 상이한 시대의 인간 운명에 대한 고찰』(1772년)에서 이렇게 말한다.

인간 존재를 최상의 상태로 지탱하는 거부할 수 없는 매력이 모든 조건에서 존재한다. 예언자에서 입법자에 이르기까지 그들에게 필요한 물질적 정보를 찾아야 하는 곳은 바로 이런 매력에서다.

프랑스 혁명은 위대한 새로움을 알리는 역사적 사건이었다. 다시 말해 프랑스 혁명은 정치적 원칙에 복종하는 사회 질서 안에서 행복을 추구하는 새로움을 만들어냈다. 더구나 사회 질서는 번영을 보장하면서 갱신되기보다 오히려 매력과 변화를 통해 끊임없이 갱신되는 희망의 원천이 됐다.

프랑스 혁명에서부터 오늘날에 이르기까지 똑같은 욕망이 프랑스 사람들을 사로잡는다. 그것은 정치를 통해 시민이 행복할 수 있는 사회적 조건을 보장하고 평등을 엄격하게 적용하는 원리를 바탕으로 미래를 향상시킬 수 있는 공동체적 기구를 만들어내고자 하는 욕망이다. 이때 행복은 권리 이상을 의미하며, 앞서 가설이 말했듯이 모든 정치가 주장하는 열정으로 자리잡는다. 쿠데타와 소요, 혁명이나 선거로 동요하는 정치적 삶은 프랑스 사람들에게 가장 중요하고 강력한 관심사로 자리잡는다. 이는 프랑스에서 매번 특이하게 나타나는 정치 형태가 프랑스만의 마술을 통해 세계를 변화시키고,

'삶을 변화시켜 나갈 것'을 약속하기 때문이다. 하지만 이런 정치에는 실망도 예고돼 있다는 사실을, 우리는 알고 있다. 민주주의가 어느 날 공포정치로 변하거나, 더 단순하게는 정치가 한번 지나가는 선거나 보잘것없고 지극히 현실적인 국가적 사업 수준으로 축소될 때, 우리는 실망하게 된다.

프랑스적인 행복은 예외 같은 형태를 취한다. 이 행복은 정치의 위엄, 새로운 선거 공약이 발표되는 8월 4일 밤이 만들어내는 위대한 꿈을 통해 반영돼 왔다. 프랑스 국민은 오랫동안 정치를 신뢰해왔으며 정기적으로 역사를 갱신했다. 잔 다르크에서 나폴레옹이나 드골 장군에 이르기까지 위기를 겪을 때마다 역사를 직접 이끌었던, 남녀를 불문한 저 위대한 정치가들을, 프랑스 국민은 추종했다. 프랑스 국민에게 다른 어느 나라 국민보다도 유토피아적 성향이 있고, 이들이 역사에서 새로운 가능성이 부리는 요술을 즐겨 보고자 한다는 사실은 숨길 일이 아니다.

제2장

정치적 유토피아

전통 사회의 인간은 순환하는 시간을 살았으며, 축제나 종교 의식을 통해 주기적으로 태고의 신성한 시간을 복귀시켰다. 스스로 운명을 만들어간다거나 신을 대신한다거나 지상에 낙원을 건설할 수 있다는 생각은 그들에게 매우 낯설었다.

역사와 유토피아

이와 반대로 장 세르비에가 지적하듯이 서양은 늘 유토피아를 강조했으며 문화는 매번 종교라는 주문을 통해 형성돼 왔다.

서양의 탄생과 지상에서 완벽한 사상을 발견하려는 서구적 욕망의 기원을 이해하려면 기독교 문명 이전 세기와 신의 도시 예루살렘을 수호하려던 이스라

엘의 투쟁, 카인의 도시, 로마나 에돔 왕국의 투쟁으로 거슬러 올라가야 한다.[12]

　서양 역사는 종말론적인 사유에서 간접적인 영향을 받았다. 서양의 역사는 약속된 땅으로 향하는 히브리인의 이동과 그것을 현실에서 실현하려는, 천국과 신의 왕국을 향한 기다림을 사상적으로 실천한 역사다. 모래로 뒤덮인 사막에서 세상과 단절된 에세네파(派)[13] 신도들이 종말의 시간을 기다렸던 사해(死海)의 본거지에서 출발해 마르크스가 예언했던 계급 없는 공산주의 사회에 이르기까지 우리를 꼼짝 못 하게 하는, 거듭 밀려오는 물결처럼 반복적인 몸짓이 행복을 향한 희망에 존재한다.

　또한 서양인은 유토피아가 낳은 자식이기도 하다. 쉽사리 실현되지 않고 그저 먼 곳에 있을 뿐인 왕국의 도래를 바라보면서 지상에 건설될 천년왕국[14]과 그 기다림을 대신할 혁명과 이상적인 도시를 지상에 실현하려 한다는 점에서 볼 때 그렇다. 서양 지성사가 작가와 철학자, 예술가에 의해 매순간 약속된 도시의 기다림을 다시 시작하며, 이 기다림을 고안하려는 몽상으로 점철돼 있는 이유도 바로 여기에 있다.

　특히 르네상스 시대는 유토피아적 전망을 더욱 풍부하게 꽃피웠던 시기다. 프랑수아 라블레, 캄파넬라는 플라톤이 『국가』에서 제시한 옛 모델을 따라 새로운 개념을 적용한다.

---

12) 12. J. Servier, *Histoire de l'utopie*, Paris, Gallimard Idées, 1967.

13) 에세네(Essenes)파 : '사해(死海) 문서' 기록을 남긴 유대의 금욕주의 종파로 쿰란(Qumran) 공동체라고도 불린다. 사해 북서부 연안 쿰란에 금욕적인 공동체를 세운 에세네파는 야외에서 용변을 보는 베두인의 풍습을 배척했으며, 대신 거주지에서 약 800m 정도 떨어진 곳에 쓰레기장을 정해 놓고 배설물을 매립했다. 위생을 지나치게 의식한 용의주도한 화장실 풍습 때문에 수명이 짧았다는 흥미로운 연구가 나오기도 했다. [역주]

14) 그리스도가 지상에 재림해 천 년간 통치한 뒤 세상의 종말이 온다는 신학적 주장. [역주]

플라톤의 『국가』 구조를 통해 앞으로 도래할 유토피아를 그려볼 때 르네상스 시대 유토피아는 정의와 법률이 인간의 행복을 위해 성립된, 선하게 인도된 공동체 모습으로 등장한다.[15]

『가르강튀아』(1534년)에서 라블레가 고안한 텔렘 수도원은 유토피아에 필요한 모든 요소를 갖추고 있다. 그리스어로 욕망, 관능, 본능적 욕구를 의미하는 단어에서 가져온 '텔렘(Thélème)'이라는 이름에서 짐작할 수 있듯이 유토피아는 수도원 규율과 정반대로 남녀가 별다른 제약 없이 만나는 공간으로 묘사된다. 이곳에서 남녀는 자유롭게 결혼하고, 더욱이 마음 내키는 대로 언제든지 공동체를 떠날 수 있으며, 심지어 부자가 되거나 자기가 원하는 대로 살 수 있다. 한마디로 이곳은 어떤 담장도 제약도 없는 수도원이다.

그들의 생활은 법이나 규약, 규칙에 따르지 않고 전적으로 자유로운 의사에 따라 이뤄졌다. 그들은 마음이 내킬 때 자리에서 일어났고, 원할 때 마시고 먹고 공부하고 잤다. 아무도 그들을 깨우지 않았고, 아무도 그들에게 마시거나 먹으라고, 혹은 어떤 일을 하라고 강요하지 않았다. 가르강튀아는 이런 식으로 수도원의 규율을 세웠다. 그들의 규칙은 단 한 가지, 네가 **하고 싶은 것을 하라**는 것뿐이었다. 좋은 집안 출신으로 자유롭고도 훌륭한 교육을 받아 교양 있는 친구들과 사귀는 사람들은 자연스럽게 그들을 어떤 본능, 즉 그들로 하여금 덕성(탁월성)으로 이끌고 악을 멀리하게 하는 본능이 있기 때문인데, 그들은 이것을 명예라고 불렀다.

---

15) 앞의 책.

따라서 행복은 제한된 사회의 규율로부터 제약받지 않을 때 충만함을 얻을 수 있다는 인간에 대한 믿음이나 자유의지와 결합한다. 경쟁심이나 자유롭게 동의한 선택은 개인이 성숙해질 수 있는 사회와 조화를 이룬다.

이런 자유 덕택에 그들은 자신이 보기에 한 사람에게만 좋은 일을 하는데도 앞다퉈 훌륭한 경쟁심을 발휘했다. 만약 그들 중 어떤 남자나 어떤 여자가 "한잔합시다!"라고 제안하면 모두 마셨고, 또 누군가 "놀이를 합시다!"라고 말하면 모두 놀이에 열중했다. 누군가 "들로 나가 뛰어 놉시다!"라고 말하면 모두 들로 나갔다.

그러나 텔렘 수도원은 인본주의자들의 꿈을 반영하는 장소일 뿐이다. 거주자들은 예술과 언어에 재능 있는 소위 '훌륭한 교육을 받고 자란' 학자들이며, 행복을 향해 대다수 인간을 인도할 수 있는 계몽된 존재들이다. 그들은 르네상스 시대에 약속됐듯이 내일을 향해 걸음을 재촉하는, 부활한 인본주의 대표들이다.

이처럼 토마스 모어가 몇 해 전에 상상했던 유토피아는 텔렘 수도원에서 메아리처럼 울려 퍼졌다. 모어는 1516년 출간한 『유토피아』에서 어떤 섬을 묘사하는데, 그 섬을 지배하는 것은 주민 사이에 존재하는 완벽한 평등, 그리고 이 평등을 바탕으로 형성된 정의였다. 이 섬에서 사람들은 재산을 공유했고, 돈과 사치는 사라졌다.

자연은 서로 돕고, 삶의 즐거운 향연을 공유하는 일에 모든 이를 초대한다. 이런 교훈은 정당하고 매우 합리적이다. 신께서 유일하게 그만 돌봐주심이 분명한, 인류를 초월한 개인 따위는 존재하지 않는다.

위대한 발견의 상상력에 흠뻑 젖어든 새로운 세계는 기독교 신앙이 전파된 덕에 보존됐다. 유토피아는 인문주의 전반에 걸쳐 적용 가능한 행복의 원천으로서 보편적인 이성을 갖춘 종교와 공동체의 안위를 실천한다.

법을 어기지 않고 행복을 추구하는 것을 지혜라 부른다. 공동체의 안위에 봉사하는 것이 바로 종교다. 자신의 지복을 추구하고 나서 타인의 지복을 짓밟는 행위는 부당한 행위다. [...]
유토피아를 추구하는 자들은 마치 궁극적인 목표라는 듯이 우리의 행동과 심지어 모든 미덕을 쾌락으로 귀결시킨다. 인간이 본능적인 희열을 느끼는 영혼과 육체의 상태를, 그들은 관능이라 부른다. 그들이 본능적이라는 단어를 덧붙이는 데는 이유가 있는데, 그것은 이 단어가 육체적 쾌락을 의미할 뿐 아니라 본능적으로 환희를 느낄 수 있는 상태로 우리를 이끄는 이성을 의미하기 때문이다. 여기서 우리는 적합한 방법을 통해 더욱 생생한 즐거움을 제약하지 않는 즐거움과 즐거움 다음에 어떤 고통도 수반하지 않는 즐거움을 추구하는 행복을 목격한다.[16]

어디에도 존재하지 않는 르네상스 시대 유토피아는 한편으로 행복을 통해 이런 유토피아를 적용하려는 사람에게 역사의 어느 지점에나 이런 유토피아가 존재한다는 사실을 가르친다.

16) T. More, *L'Utopie*, livre second, trad. V. Souvenel, Paris, Editions sociales, 1966.

아메리카적 유토피아

토마스 모어의 작품에서 비롯한 신세계는 현대에 와서 다시 발견되는데, 18세기 아메리카 혁명을 그 예로 들 수 있다. 아메리카 혁명은 유토피아의 가능성을 실험하는 계기가 됐다. 1789년 프랑스 혁명이 시민의 자유와 평등을 박애보다 앞서 선언했던 것과 마찬가지로 아메리카인들 역시 1776년 독립선언서에서 행복 추구를 표방했다.

청교도의 후손인 아메리카인들에게 그 사회는 에덴의 화신을 의미했다. 지도자 존 윈스롭은 연설에서 성자 마태의 말씀을 비유하며("당신은 세계의 빛입니다. 어떻게 산꼭대기에 세워진 도시를 감출 수 있으리요." 「마태복음」 5장 14절), 동포인 신생 아메리카인들에게 새로운 신의 도시를 건설하자고 설득했다.

> 우리는 항상 우리가 언덕 위의 도시를 향한다는 사실과 모든 이의 눈이 지금 우리를 주시하고 있다는 사실을 염두에 둬야 합니다. 다시 말해 만약 우리가 시작한 임무를 하나님 앞에서 실패하게 돼 하나님이 우리에게 내려주셨던 후원을 거두시게 한다면, 우리는 전 세계적으로 치욕스러운 존재가 될 것이며, 우리의 적들이 신의 섭리를 규탄하도록 허용하게 될 것입니다.[17]

1614년 아메리카를 여행할 당시 존 스미스 역시 버지니아주를 에덴동산에 비유한 바 있다.

> 하늘과 대지가 인간이 거주하기 위한 장소로 이처럼 훌륭하게 준비된 적은 없

---

17) L. Guillaud, *Histoire secrète de l'Amérique*, Paris, Phillipe Lebaud, 1997. 에서 인용된 부분.

었다. [...] 우리는 신이 창조한 것 같은 국가를 발견하는 행운을 맛봤다.

미르치아 엘리아데가 말하는 것처럼 아메리카는 한마디로 예언적이고 유토피아적 운명의 약속된 땅이었던 것이다.

뉴-암스테르담, 뉴-잉글랜드, 뉴-욕, 뉴-헤븐 같은 도시 이름에는 단순히 포기할 수밖에 없었던 땅에 대한 향수만이 드러나는 것이 아니라, 새로운 대지에서 온 갖 종류의 새로움과 '다시—탄생할 것'이라는 희망이 나타나므로 인생에도 역 시 또 다른 차원이 있을 수 있다는 열망이 드러나 있다.[18]

이처럼 철학자들의 학설을 본받아 기초한 독립선언서는 한마디로 신학 을 위해 정치를 정립하는 방법이자 행복을 새로운 세계에 서약하는 구체적 인 기록이다. 제퍼슨에서 루즈벨트에 이르기까지 취임식 연설에 빠지지 않 고 등장하는 "우리가 진정 목표를 이루었습니까?"나 "우리가 행복의 골짜기 를 찾았습니까?"라는 자문에는 정치적 행동을 통해 행복에 이르는 방법을 찾으려는 욕망이 내재돼 있다.

하지만 아메리카를 이끌었던 이런 행복은 정작 물질적 풍요와 번영의 이상향을 향해 최초로 자신이 설정했던 방향을 바꾸고 만다. 타자와의 조화 로운 관계보다는 오히려 자유 교환과 자유주의 경제 정책이 아메리카 대륙 에서 우세해진 것이다. 아메리카적 유토피아는 사실상 국가의 번영이 빚지 고 있는 계몽된 상인 계급의 열망을 반영한다. 이처럼 1799년 애봇은 다음과 같이 묻는다.

---

18) M. Eliade, 「Paradis et utopie」, in *Eranos Jahrbuch*, t. XXXII, 1963.

이 국가의 유례없는 식민지 정책과 빠른 성장, 조숙한 독립과 번영이 지옥 문을 예고하지 않는 신의 교회를 확장하고 강화하기 위해 신의 뜻에 따라 선택된 방식이라 생각하는 것은 사실상 너무도 기만적이지 않은가?

이 질문은 저자의 이름을 묻기 전에 우선 막스 베버의 사상에서 강한 영향을 받았다는 인상을 준다. 사업적 성공이나 재산과 재물의 축적은 신을 기쁘게 하는 일이며, 신의 섭리에 따라 아메리카 대륙의 사명을 완수하는 일이다. 아담 스미스는 『국부론』(1796년)에서 개인적인 부의 축적이 근대사회의 원동력이 된다는 새로운 철학을 선보인다. 국민을 일에 가둬서 국민이 생산한 재화를 소비하려는 욕망처럼 노동과 소비의 이데올로기는 행복을 재산 축적의 물질적 이상주의로 축소한다. 이처럼 행복해진다는 것은 재산 증식과 같은 의미가 돼버린다.

법의 새로운 석판

프랑스 혁명 역시 유토피아의 꿈으로 가득 차 있다. 계몽주의 철학자들의 영향을 받은 프랑스 혁명은 경제보다 정치의 신성화 작업에 착수했다. 하지만 이보다 더 중요한 것은 인권선언이 진정으로 세계와 함께 진행된 새로운 조화를 의미한다는 사실이다. 장 세르비에가 지적하듯이 프랑스 혁명은 법의 새로운 석판에 다름 아니다.

흔히 다음과 같은 대중적인 모습이 공화국을 대표했다. 예를 들어 젊지만 아직은 앳된 여자아이들조차 '프리지아 모자'[19]를 쓴 채 남자처럼 머리를 짧게 깎고 혁명 세력 무리에 기댄 채 오른손에는 모세가 시나이에서 받은 석판 같은 것을 들고 있었는데, 그것은 다름 아닌 인권선언서였다.[20]

프랑스 혁명은 구체제라는 낡은 시대와 세속적인 메시아주의, 종교로 지탱해온 시간을 별개로 분리하면서 역사 내부에 휴지기(休止期)를 만들어냈다. 이제부터 종교적이고 정치적인 두 가지 의미에 따라 선택된 국민은 조화와 전적으로 인본주의적인 인권에 바탕을 둔 새로운 사회 협약을 공표할 책임이 있는 프랑스 국민이 됐다.

보편성에 대한 프랑스적 열정은 정치의 수호신[21]이 선택한 국민의 열정을 의미한다. 고슬렝은 1787년 출간된 『시민에 대한 고찰』를 통해 이미 정치적 행복의 유토피아 도래라는 명목으로 재산의 재분배를 신봉하는 자, 새로운 사회질서를 예고하는 자가 됐다.

행복을 위해 태어난 인간이 지금 도처에서 불행에 빠져 있다. 이제 자연으로 회귀하기는 불가능하다. 유일한 처방은 모든 사람이 노동하면서 거기서 확실한 생계 수단을 확보할 수 있게 재산을 서로 공유하는 것이다.

이 같은 방법으로 상퀼로트[22]는 노동자들이 '행복'에 도달할 수 있으며,

19) 1789년 프랑스 혁명 당시 혁명 당원이 주로 착용하던 베레모를 닮은 모자. [역주]

20) J. Servier, op. cit.

21) daimôn이라는 단어가 신성성(神聖性), 운명을 지배하는 영(靈,génie)을 의미하는 그리스 단어에서 왔음을 상기할 때.

22) 귀족들이 입던 퀼로트(culotte 반바지)를 입지 않은 사람을 가리키는 용어로 프랑스 혁명 당시에

'쾌락의 평등'과 '노동하면서 각자 자신의 생계비를 정당하게 벌 수 있다는 확신'이 생긴다고 선언한다. 그라퀴스 바뵈프가 지지하는 '평등'[23]의 독트린에 관해 말하자면, 이 독트린은 근본적으로 모든 인간의 존엄을 평등을 통해 보장하는 미완성 코뮌주의적·정치적 계획을 '봉기'라는 방식으로 선언할 것을 촉구한다. 이 독트린에 따라 국가는 국민에게 주택과 가구를 제공하고, 식단을 지정하고, 식량과 의복을 무상으로 분배한다. 한마디로 '가난한 자들은 혁명의 밤에 부자들의 숙소에서 지내게' 될 것이다.

푸리에식 사회주의 공동체(팔랑스테르)[24]에서 카베의 공산주의 유토피아(이카리)[25]에 이르기까지, 19세기는 인간 자신의 완성을 목표로 삼는 사회적 유토피아를 꿈꿀 것이다. 이런 유토피아의 건설은 동일한 하나의 형이상학적 원칙을 규탄하면서 진행된다. 왜냐하면 푸리에가 말하듯이 "인간은 근본적으로 행복을 위해" 만들어졌으며, "만약 행복이 신의 섭리에 의해 어느 날 갑자기 실현되지 않을 것이 분명하다면 세상은 결코 이해될 수 없을 것"이기 때문이다.

등장해 민중 운동을 주도한 세력을 뜻한다. 상퀼로트는 특히 바스티유 감옥을 습격했고 1792년 8월 10일의 민중봉기에서 주력을 이뤘으며 이후 로베스피에르가 주도한 산악파(山岳派)의 근간을 유지하며 혁명 추진 세력이 됐다. [역주]

23) 평등의 음모는 결국 고발돼 실패로 끝나고, 이를 도모한 자들은 1796년 8월 27일 일제히 사형에 처해진다.

24) 푸리에(Charles Fourier, 1772~1837)는 프랑스 유토피아 사회주의의 비판적 경향을 대표하는 인물이자 과학적 사회주의의 선구자로 평가받는다. 사회주의 사회의 기본 단위로서 거대한 생산조합의 창설을 제안했으며, 이 공동체가 지닌 구심력과 노동에 대한 정열, 그리고 전위적 성격을 고려해 고대 마케도니아의 전투대형 이름을 따 팔랑주(phalange)라고 불렀다. 그리고 푸리에는 팔랑주 각각에 공동거주, 경제, 문화를 위한 훌륭한 숙사인 팔랑스테르(phalanstère)를 설립해야 한다고 주장했다. [역주]

25) 에티엔 카베(Étienne Cabet, 1788~1856)가 주장한 정치적 유토피아를 의미. 프랑스의 정치 이론가 카베를 두고 마르크스와 엥겔스는 '유토피아적 사회주의자'라고 했으며, '과학적 사회주의'에 대립된다고 봤다. 카베는 1842년에 출간한 『이카리로의 여행』에서 공산주의 유토피아를 고안했다. [역주]

새로운 세계를 건설하려는 혁명적인 꿈은 공포정치 시대에 이르러 또
다른 모습으로 탈바꿈하고, 이윽고 산업혁명으로 급속히 빨려 들어간다. 그
리고 양차 세계대전은 19세기 말을 화려하게 장식했던 진보 정신에 입각해
찬란하게 빛나는 '아름다운 시대(La belle époque)'를 누리고자 했던 인간의 기
대를 단박에 무너뜨린다. 유토피아적 요구는 코뮌주의, 즉 1968년 5월, 1981
년 5월, 혹은 1995년 11월과 12월 사이에 프랑스 전역을 사로잡은 사회운동
처럼, 프랑스 역사에 각별한 의미를 남기면서 더욱 확산되는 경향마저 보인
다. 따라서 유토피아적 요구는 정치적 의미에서 볼 때 단순히 회고적인 향수
나 불확실한 열망만은 아니다.

새로운 인간

정치와 유토피아적 의지의 관계를 볼 때 19세기는 특히 후자를 선명하
게 부각하고 심화하면서 성장한 시기였다. 19세기에 행복은 차츰 새로운 계
획에 관여하며 새롭게 등장한다. 단순히 천상을 지상으로 끌어내리거나 세
계를 전복하는 일만이 부각된 것이 아니라 인간 자체를 개조하는 일, 신(혹은
신들)을 본떠 새로운 인간을 단련하는 일이 행복의 중요한 과제로 떠오른 것
이다. 이런 계획은 분명히 프랑스 혁명을 지탱했던 주요 구성 요건에 해당한
다. 파우스트인 동시에 프로메테우스가 돼 신에게 도전할 줄 알고 세계에 자
신만의 질서를 부여할 줄 아는, 새로운 사회가 갱신한 인간을 창조하는 과제
를 프랑스 혁명이 해냈다고 말할 수 있다. 이렇게 갱신된 인간은 세계를 완벽
하게 만들려 할 뿐 아니라 인간 자신을 완벽한 존재로 인식하려는 '진보'라

는 종교와 매우 밀접한 관계를 맺고 있다.

폴 하멜은 1900년 12월 31일 「벨로」라는 논문에서 19세기는 유일무이하게 산업혁명을 인식했을 뿐 아니라 물질과 인간의 고유한 육체를 다루는 능력을 인간에게 부여하는 과정을 통해 인간 존재를 가장 강력하고 가장 신성하며 가장 아름다운 최고의 존재로 만드는 물리적 혁명도 인식했다고 결론짓는다. 타귀에프는 이 점에 관해 다음과 같이 말한다.

새로운 사회의 건설과 분리할 수 없는 새로운 인간의 건설은 정상을 향한 끊임없는 상승과 장애물 제거를 강제적으로 정착하는 과정을 말해준다. 이런 과정에서 기본 규범은 인간이 자연과 인간의 고유한 본질을 스스로 지배하는 것이다. 이성과 이성에 입각한 정신이 모든 것을 통치한다. 그렇게 어떤 것도 이성과 무관하거나 이성으로 접근할 수 없거나 미지의 상태로 남아 있지 않게 된다. 따라서 모든 것을 도구적 합리성과 기술적 통제에 복종시키고, 모든 것을 다시 건설하고 만들어내는 작업이 관심사로 부각된다. 규범은 합리적·기술적 지배를 의미하며, 이를 통해 휴머니티는 거대하면서도 매우 정확한 노동을 통해 세계의 완벽성 실현을 목적으로 삼게 된다.[26]

생 시몽의 사상에 따르면 새로운 인간에 대한 밑그림은 기업 최고 경영자의 특성을 통해 제시된다. 그는 유럽 각국에서 집행권이 "많은 사람을 거느리고, 원만하게 사업을 이끄는 기업인들에게 부여"된다고 말한다. 또한 "능력에 따라 계급으로 조직된 산업 사회의 거물들은 중세 영주들이 군인 사회의 재판관 행세를 했던 것과 마찬가지로 사회의 물질적 이익을 판단하는

26) P. A. Taguieff, *Du progrès*, op. cit.

근본적인 재판관"[27]으로 자리잡게 된다고 지적한다.

이처럼 기업가는 세계를 변화시킨다. 기업가는 자신과 타인의 운명을 모두 거머쥔 새로운 인간상을 대표하는 사람들이다. 이들은 이성 덕분에 존경의 대상이나 새로운 종교의 요인이 돼버린 기술과 과학을 앞세워 번영과 안녕을 실현할 능력 있는 사람들인 셈이다. 물론 그렇게 되려면 기업이라는 새로운 교회가 복음 사상을 다시 만들어내는 작업이 필요하다. 생 시몽의 사상에서 기업가는 새로운 사회 계급을 만들어낸 새로운 산업 계급을 구현하는 존재다.

오로지 산업 계급만이 유용한 계급이다. 이 계급은 계속해서 증가하며, 항상 타인의 희생을 바탕으로 성장한다. 이 계급은 세계에서 유일한 계급으로 남게 될 것이 분명하다.

이렇게 생각할 때 '노동은 모든 미덕의 원천'이 된다. 이 문제에 식견이 있는 오귀스트 콩트 역시 대중을 지도하는 기업가의 유형에 대해 심도 있게 언급한다. 새롭게 제시된 이 유토피아의 실체는 어쩌면 19세기보다 더 심각한 양상으로 우리 시대에 영향을 미칠 것이다. 경제적 측면이 정치적 측면보다 우월하다고 여겨질 때 이런 경제의 우월성은 기업 간부들을 통해 구체적으로 부각되게 마련이다. 이들은 활동적인 젊은 간부일 수도 있고, 꼼꼼한 기업 관리인일 수도 있고, 최근에는 창의성과 열성으로 무장한 온라인 경제 체제의 총아일 수도 있다.

19세기에는 이처럼 새로운 유형의 인간에게서 비롯한 유토피아를 정의하고, 나아가 이 새로운 인간의 특성과 본질을 규정하며 더 멀리 나아갔다.

27) 앞의 책.

존재론적으로 말해 새로운 인간은 일하는 자, 예컨대 생산자뿐 아니라 특히 설립자(또는 건설가)를 의미한다. 이 새로운 인간이 바로 힘의 전능을 열망하는 니체의 초인이라고 할 수 있다. 마르크스적 사유에서 이런 인간은 노동자, 즉 기술력의 힘에 설득돼 계급 없는 사회를 건설할 사회주의적 인간 유형을 의미할 것이다. 그는 텅 빈 하늘을 향해 인간의 오만한 기술적 천재성을 선언하고, 공장과 기계 세계, 초대형 건물과 거대한 도시를 건설하는 자이다.

이처럼 1924년 레온 트로츠키는 자신이 열성적으로 계획한 공산주의 사회의 전망을 제시한다. 그는 젊은 소비에트 공화국에서 공산주의 사회가 싹트고 있음을 다음과 같이 목격한다.

미래에, 특히 먼 미래에 어떤 기념비적 임무가 건축가와 엔지니어보다 훨씬 더 대다수 민중의 관심을 끌 것이라는 사실은 조금도 의심할 여지가 없다. 마치 사방에서 개미들이 몰려들듯이 한 세대에서 다른 한 세대로, 벽돌과 벽돌 사이에서 이뤄진, 육안으로는 잘 포착되지 않는 골목과 거리는 종이와 컴퍼스를 직접 손에 쥔 도시의 거대한 건설 대상으로 바뀌게 될 것이다. 우리가 미래의 변화 요인들을 구상하는 곳은 바로 이 컴퍼스의 언저리다. [...] 이곳에서 휴머니티는 인간에게 유용한 교육을 할 것이고, 우리는 세계를 가장 완벽한 삶의 형태로 빚어지게끔 운명 지어진 진흙처럼 바라보는 데 더 익숙해질 것이다. [...] 인간은 산과 강을 재분배하는 데 전념할 것이며, 세계, 그것이 아니라면 적어도 자신의 구미에 맞는 세계의 이미지를 건립하는 데 전념할 것이다.

사회주의적 인간은 기계를 통해 꿩에서 철갑상어에 이르는 모든 산물을 제공하는 자연 전체를 지배하게 될 것이다. 그는 산을 쓸어버린 장소를 무척 자랑

스러워하면서 자기 손가락으로 그곳을 가리킬 것이다.[28]

마르크스주의에서 새로운 인간은 노동에 의해 해방된 인간, 즉 프롤레타리아 계급이며 공산주의의 '찬란한 미래'를 위해 투신할 줄 아는 계급투쟁의 영광스러운 수행자이자 기술력의 수행자를 말한다. 그는 인간 자신의 특성을 인간에게서 실현하고, 과거의 소외로부터 인간을 해방하며, 인간을 구성하는 온갖 모순, 예컨대 실존과 본질, 자유와 구속, 확신과 복종 등의 모순을 해결할 당사자다. 그런 점에서 공산주의자는 역사와 화해하고 역사를 완수하는 인간이다.

> 공산주의 : 사유재산(그 자체로 인간 자신의 소외를 의미하는)의 긍정적 몰수와 인간에 의한, 인간을 위한, 인간 본질의 현실적인 적응.
> 사회적 인간 : 인류로서의 대자(對自)적 인간의 완벽한 회귀, 이전의 발전이 낳은 모든 부(副)를 간직하면서 실행된 의식적인 회귀.
> '완수된 자연주의 = 휴머니즘, 완수된 휴머니즘 = 자연주의' 같은 공식을 창조하는 공산주의는 인간과 자연, 인간과 인간의 적대관계에 대한 진정한 해결책이며, 실존과 본질, 자아의 객관화와 확신, 자유와 필연, 개인과 유(類)의 투쟁에 대한 진정한 해결책이다. 공산주의는 역사에 대한 해결된 수수께끼이며, 공산주의는 바로 이런 해결책으로 인식된다.[29]

---

28) L. Trotskii, *Littérature et révolution*(1924), trad. P. Frank, C. Ligny et J.-J. Marie, Paris, UGE, 1971, cité P.A. Taguieff, *Du progrès*, op. cit.

29) K. Marx, *Manuscrits de 1844*, Paris, Editions sociales, 1972. Trad. E. Bottigelli.

이처럼 1961년 소비에트 공산당 계획이 정확하게 명시하듯이 이 새로운 인간은 온갖 종류의 개인주의를 포기한 공산주의자로서 공동체에 통합될 것이다. 개인적으로 성취하기에는 이미 멀어진 행복과 해방은 오로지 공산당이 추진하는 공동체적 계획에 참여함으로써 생겨날 결과물을 통해서만 이룰 수 있다. 더욱이 새로운 인간은 오직 당과 국민의 일치를 통해서만 의미를 부여받을 수 있다. 노동은 이처럼 미래사회를 건설하는 데 필요한 도구이자 도덕적 가치로 자리잡는다.

혁명을 통해 만들어진 새로운 인간은 행동과 가치에 대해서도 새로운 방법을 적용해갈 것이다.

혁명은 인간의 조건과 관계의 변화와 인격의 변화를 불러올 것이다.

카를 마르크스, 『독일 이데올로기』

바로 이것이 당코스가 아래와 같이 묘사하는 새로운 인간의 정체다.

새로운 인간은 원칙적으로 그에게 제안된 정치 문화에 전적으로 찬성한다. 그는 덜 노동하게 되는데, 억지로가 아니라 자발적으로 노동하기 때문이다. 그는 솔직하고 또한 도덕적이다. 그는 자신이 유용한 존재가 되기를 바라며, 모든 수단과 방법을 동원해서 사회주의 건설과 당을 변호하는 공동체적 작업에 참여한다. 개인적인 행복은 공동체적 행복에 토대를 두게 되며, 당에 의해 구현된 공동체는 개인의 이익을 대표한다.[30]

---

30) H. Carrière d'Encausse, *Le Pouvoir confisqué*, Paris, Flammarion, 1980.

공산주의는 이처럼 역사의 종말 앞에서 새로운 황금기의 시작을 예언한다. 공산주의는 18세기와의 연장선상에서 영원이 재림하는 장소를 역사로 이전할 것을 목적으로 삼은 일종의 메시아주의다. 엘리아데는 이 점에 관해 정확한 주해를 남긴다.

마르크스의 계급 없는 사회, 그리고 역사적 긴장 관계의 연차적 소멸은 복잡한 전통을 좇으며 역사의 시작과 종말을 특징짓는 황금기의 신화에서 선구를 찾는다. 마르크스는 기독교 메시아주의 이데올로기에 연루된 온갖 숭고한 신화를 한층 더 풍부하게 만든 주인공이다. 예컨대 일차적으로 이런 세계관은 예언의 역할과 구세주에 의한 구원 기능이 프롤레타리아 계급에 있음을 인정하면서 실행됐으며, 이차적으로 우리가 쉽사리 그리스도와 적그리스도 사이의 종말론적인 충돌(전자의 결정적 승리가 뒤따르게 되는)과 비교해볼 수 있는 선과 악 사이에 전개된 최후의 투쟁을 통해 결정된다.[31]

그러나 새로운 인간이 제시한 유토피아를 오로지 소비에트 연방국에서 진행됐던 '소비에트적 인간(Homo Sovieticus)' 창조 시도와만 관련지으면 오류가 발생한다. 이런 유토피아는 오히려 18세기 이후 근대 정치사의 주요 사건들의 큰 흐름을 구성하고 있으며, 더구나 유토피아란 주요 사건들에서 발생한 형이상학적인 꿈 자체를 의미하기 때문이다.

에른스트 윙거는 1932년 출간된 에세이 『노동자』[32]에서 이런 사실을 세밀하게 지적한다. 윙거는 역사의 새로운 시대를 도래하게 하는 형이상학적

---

31) M. Eliade, *Mythes, rêves et mystères*, op. cit.

32) E. Jünger, *Le Travailleur*, trad. J. Hervier, Paris, Bourgois, 1989.

형상을 노동자에게서 발견한다. 이 노동자는 생 시몽의 기업가나 19세기의 상징적인 부르주아 같은 경제적 대리인이 아니라 인간 존재와 관련되고, '총동원력'을 발효하고 20세기의 새로운 국면을 반영하는 영웅적인 형상을 선보인다. 윙거는 1916년부터 본격적으로 물리력의 전쟁이 돼버린 제1차 세계대전의 특징을 과학기술의 동원력으로 파악한다. 이 같은 동원령 체제에서는 군인과 시민, 전투 병사와 비전투 병사, 전방과 후방의 구분 자체가 아예 무의미해진다. 현실 자체가 지속적인 전투로 변하고, 본격적인 노동의 시대에 진입했음을 알리는 것은 인간이 발휘하는 세계의 '총동원력'이다.

노동자는 인간이 세계에 존재하는 또 다른 방식을 보여주는 하나의 형상이다. 노동자는 신의 의지에 복종해 세계로 뛰어들지 않는다. 서구인은 해방의 대가로 지상낙원으로 추락한 인간을 오랜 세월 짓누르던 노동의 저주에서 과감히 벗어났다. 이런 의미에서 노동은 인간의 활동을 보장한다기보다는 오히려 노동 현장에 부여된 의지와 역사에서 영웅적 행동을 주도하는 의지에 의해 활성화됐다.

기술력을 통해 세계를 활성화하면서 노동은 세계를 '건설 현장의 풍경'이나 '볼카누스(대장간의 신)의 화덕'[33]이 된 기념비적이고 파우스트적인 유토피아로 변형시켰다.

기술력은 노동자가 발휘하는 세계의 총동원력이다. 동원력의 첫 단계는 강제적이고 파괴적인 속성을 지닌다. 그러나 진행 과정이 완결되면 건설 현장의 노동자는 건축에서 가장 중요한 우두머리로 등장하게 된다. 노동자는 분명히 기념비적 건설에 다시 착수하게 될 것이다.

33) 그리스 로마 신화에 등장하는 불과 대장간의 신. [역주]

실상 기술의 목적은 진보가 아니라 힘이다. 노동자는 기술의 힘에 의해 내면이 노출된 존재처럼 새로운 인간으로 거듭난다. 이처럼 결코 중립적이지 않은 기술력은 지구 전체에 퍼져 있는 노동자가 지배하는 새로운 우주를 창조한다.

윙거가 쓴 글의 장점은 지난 두 세기에 걸쳐 지속된 서양의 발전 계획이 내포한 형이상학적 묵인을 밝혔다는 데 있다. 다시 말해 기술력이나 기술 과학이 인간의 무기력을 에너지와 이윤으로 변화시킨 영역이 말해주듯이 우리는 자신과 거리를 유지하는 세계를 기술 과학에 의지해 지배하고 있다.

세계화는 단지 지배의 유토피아적 꿈이 낳은 동시대적 귀결일 뿐이다. 정보 관련 새로운 기술력은 우리 눈앞에서 인터넷 연결망이나 컴퓨터, 정보 통신 산업의 발전(휴대전화의 경우를 상기하라!) 덕택으로 각자가 모든 사람과 동시에 의사소통하는 '최상의 세계에 대한 약속'을 실현하고 있다. MIT 공과대학 미디어랩 창설자 니콜라스 니그로폰테에게 누구나 알고 있는 민주적 접근 통로와 이 접근 통로의 용이성, 그리고 인간의 존엄성을 공유하는 행복은 바로 지금 생성되고 있는 새로운 인간 공동체를 의미한다.

연결망의 진정한 가치는 정보보다 오히려 이 연결망이 형성한 공동체에 있다. 정보의 연결망은 전적으로 사회적이고 세계적인 차원에서 새로운 조직체를 창조하는 중이다.

이처럼 새로운 인간을 낳는 새로운 조화, '새로운 아틀란티스', 새로운 경제가 창조되고 있다.

따라서 정보과학의 기술적인 패러다임은 즉각적으로 '새로운 사회', '세계화된 정보사회'에서 삶을 영위하는 '새로운 인간' 프로젝트를 낳는다.[34]

20세기의 유토피아가 신경망을 분포한 인간 재창조의 약속은 새로운 변신을 인식한다. 니콜라스 니그로폰테의 표현에 따르면 노동자는 '디지털화된 인간'으로 변신한다. 노버트 위너의 사이버네틱스[35] 연구에서 직접 영향을 받아 오로지 '정보'로만 구축된 인간 창조를 목적으로 삼는 것이다. 피에르 레비의 표현에 따르면 "서로 글로벌하게 재접속된 인간 종자들"[36]이 본격적으로 세계에 등장한다.

그러나 유토피아가 정치에서 기술로 이전되는 반면, 디지털화된 인간은 자신의 관심을 다시 휴머니티로 향하고 거기에 운명을 맡기게 된다.

---

34) P. Breton, *Le Culte de l'internet*, Paris, La Découverte, 2000.

35) '사이버(cyber)'라는 단어는 컴퓨터 및 정보사회 속의 인간이나 물건 및 사유 등을 총체적으로 묘사하기 위해 사용되는 접두사이다. 이 용어는 '조타수' 또는 '통치자'라는 뜻의 그리스어 kybernetes로부터 비롯돼, 노버트 위너와 그의 동료들에 의해 인공두뇌학의 분야에서 처음 사용됐다. [역주]

36) P. Lévy, *World philosophie*, Paris, Odile Jacob, 2000.

제3장

역사의 불행

우리는 아무런 대가를 치르지 않고 신이 되려는 모험을 감행하지 않는다. 다른 말로 표현해보면, 행복은 자칫하면 그 반대 경우인 불행과 마찰을 빚는다. 행복은 사라지기 쉽고 쉽사리 손에 잡히지 않는데, 한마디로 말해 행복의 추구가 완전성을 겨냥할수록 현실에서는 오히려 전체주의적 실천으로 쉽사리 탈바꿈하는 경향이 있기 때문이다.

행복한 시시포스

신화는 행복이 불행이라는 장애물을 극복할 때 찾아온다는 사실을 말해준다. 행복은 오로지 불행을 통해서만 음미할 수 있고 또 체험될 수 있다는 듯이 낙원의 충만함 속에서 타락과 원죄가 차례로 발생한다. 이는 행복이 순간의 질서에서 비롯하기 때문이다. 순간의 질서가 신성의 영험에 위임되고, 감정이 존재의 확신과 영원성의 직관으로 인도될 때 행복이 태어난다. 인류학적이며 시간을 초월한 경험을 통해서 우리는 이 같은 사실을 확인할 수 있다. 가령 트리스탄과 이졸데, 로미오와 줄리엣, 엘로이즈와 아벨라르의 행복은 오로지 불행을 토대로 했기에 실현될 수 있었다. 운명은 우리를 덧없음과 계시 속에서만 충만하게 살 수 있도록 선고한 듯하다. 인간일 뿐 신이 아닌 우리는 충만함 속으로 손쉽게 침입할 수 없으며, 루소의 『신 엘로이즈』의 등장인물 쥘리의 이미지를 본뜬 '권태의 지나친 포화 상태'를 겪은 경우를 제외하고는 결코 행복에 안착할 수 없게 된다.

나는 도처에서 오로지 만족과 연관된 주제를 본다. 나는 만족한다. [...] 나는 지나칠 정도로 행복하며, 차츰 권태를 느낀다.

이런 모습이 바로 지상의 삶에 안착한 인간에 대해 우리가 알고 있는 낭만주의적 진실이다. 그러나 한편 우리는 지상의 삶에서 말씀의 모험을 책임지고 있기도 하다. 행복을 찾아 추락한 존재인 인간에게 마치 어떤 기본적인 조건처럼 달라붙어 있는 행복을 존속시키는 일, 비존재 속에서 존재하는 일, 절망을 거부하고 사랑하는 일, 무의미한 것으로부터 창조를 감행하는 일이 바로 이런 모험에 해당한다고 볼 수 있다.

행복한 인간은 아무것도 흥미를 느끼지 않는다. 그는 우여곡절도 겪지 않고, 특별한 사연도 없다. 정확히 말해 생생하게 살아 숨쉬는 행복은 고난 속에서 단련된 행복이자 앞으로 도래할 행복을 의미한다. 구름 한 점 없는 하늘처럼 청명하고 충만하게 실현된 행복에서 우리가 배울 것은 아무것도 없다. "그들은 행복하고 많은 자녀를 두고 있다."라는 내용밖에는 목차에 아무것도 적혀 있지

않은 책이나 다름없다. 누구나 이런 지루한 책은 던져버리게 마련이다.[37]

시간을 초월한 인류학적 분석에는 한계가 있다. 왜냐하면 우리가 살펴봤듯이 개인에 대한 새로운 개념이 생기고 세계가 스스로 환멸을 느끼게 됐지만 완결성과 비완결성의 관계에 대한 직관은 사실상 16~18세기에 더 활발히 작동했기 때문이다. 그러나 멜랑콜리가 근대적 개인의 해방을 알리는 신호로 여겨진다면 불행은 곧 사회적인 효과처럼 나타날 수 있으며, 이때 행복은 위선이나 사기처럼 보일 수 있다.

루소가 저술한 『고백록』(1782~1789년)의 모든 계획은 악을 골라내는 작업, 행복과 미덕을 부패시키는 악을 추출하는 작업에 집중돼 있었다. 예컨대 "인간이 행동하는 만큼 순수한 인간의 내면은 [...] 몇 가지 가증스러운 악덕을 내포하게 된다."는 것이다. 더욱이 인간을 불행으로 몰고 가는 악은 무엇보다도 사회적이다. 루소의 『인간 불평등 기원론』(1753년)은 사회 기관을 명백히 인간 악의 원천으로 지목한다.

볼테르는 철학 이야기 『캉디드』(1759년)에서 또 다른 방식으로 인간의 불행을 성찰한다. 낙원과 같은 턴더-텐-트롱크 성에서 일단 추방된 캉디드와 그의 동료가 겪게 되는 삶은 왜곡된 확신과 거짓된 라이프니츠적 확신 사이의 아이러니한 대결로 변질된다. 주인공 팡글로스가 "모든 것은 최상의 세계에서 더 나아진다."라고 고집스럽게 반복해 말하듯이 악의 현실은 전쟁과 자연 재해, 식민지와 노예제, 권태와 위법과 밀접히 연관된다. 등장인물들이 펼치는 유럽에서 아메리카로 향하고, 이어 아메리카에서 유럽으로 향하는 여행은 행복과 관련된 엄밀한 철학을 정립하는 수단이었다. 어떤 개인이 행

---

37) J. Cazeneuve, *Bonheur et civilisation*, Paris, Gallimard Idées, 1978.

복한 삶을 영위할 재능을 갖추고 있어도 그는 자신이 몸담고 있는 세계와 사회에 의해 끊임없이 불행에 빠지게끔 돼 있다는 것이다. 따라서 각자 인간에게 걸맞은 도덕률을 고안하고 자신을 보호하는 방법을 배워야만 한다. 주인공 팡글로스가 말하듯이 "우리 정원은 우리 자신이 가꿔야 하는 것"이다. 인간의 공간은 에덴동산이 아니라 스스로 노동하고 가꾸는 세계에서 되찾은 정원일 뿐, 자연은 인간에게 자발적이거나 무상으로 관용을 베풀지 않는다.

볼테르와 루소는 각자 고유한 방식으로 18세기에 비약적으로 발전했고 20세기에 무엇과도 비교할 수 없이 큰 파장을 일으킨 주제 가운데 하나를 결정적으로 역사에 새겨놓았다. 이 두 철학자가 주목한 사실은 비록 역사가 비극적이어도 행복을 쟁취하려는 도전은 가장 불행한 경험에서만 이 비극적 상황을 역전시킬 수 있다는 점이었다. 다시 말해 사회의 존재 자체가 개인이 행복을 실현하는 데 난관이 될 수 있음을 보여준 것이다.

사회 기관과 제도에 대한 이 같은 비극적 전망을 적극 활용한 문학작품도 헤아릴 수 없이 많다. 예를 들어 톨스토이의 『부부간의 행복』에 등장하는 여주인공 마샤는 사회의 하찮은 사건들 때문에 자아를 상실하게 되면서 남편과 아이들과 함께 누려온 가족의 평화를 한꺼번에 잃게 된다. 모파상의 단편소설 『밥티스트 부인』에 등장하는, 하인에게 강간당한 양갓집 여인은 비록 도지사의 비서인 젊은 남자를 통해 사랑과 행복을 경험하게 되지만, 사회가 그녀를 향하는 관점에서 볼 때 치유될 수 없는 오점으로 여겨지는 과거를 결코 지우지 못한다. 결국 그녀는 사회적 압박을 견디다 못해 자살한다.

더 평범하게 말해서 사회는 인간의 모습을 타락시키고, 인간의 존재감을 박탈하며, 인간의 감정을 왜곡하는 가장 주된 장소다. 우리가 모두 동의하는 행복의 모습을 제시한다면, 이 모습은 가장 빈번하게 되풀이되는 허구나 거짓의 탈을 쓰고 있다. 발자크는 대작『인간 희극』을 통해 불행을 감추고 임무 완수를 강요하는 겉치레 사회를 적나라하게 고발했다. 이 작품에서 '사촌 베트'[38]는 아들린의 행복이 기나긴 시련과 끈덕진 불운을 감추고 있다는 사실을 발견하고는 경악한다.

> 너는 나를 아름답다고 생각하지. 네가 본 것처럼 나는 어쩌면 고결하거나 정숙하기까지 할지도 몰라. 하지만 나는 이십 년 전부터 제니 카딘 집안, 조제파 집안, 마르네프 집안에서 버림받은 사람이다. [...] 하지만 만약 내가 이 때문에 마음속 깊이 분노만을 키워왔다면 오늘날 과연 무슨 일이 벌어졌을까? [...] 오늘 들이닥친 우리의 몰락이 아마 십 년쯤은 더 앞당겨 일어났을걸. 각각 자기 인생을 살 뿐인 별거 중의 남편과 아내가 만들어낸 끔찍하고도 불경스러운 스캔들로 가득한 볼거리를 제공했을 거야. [...] 만약 그랬다면 동생, 그리고 너도 결코 지금 같은 안정된 지위를 얻지는 못했을 거야. 네 아버지와 마지막 관계도 맺지 않은 채 나는 세상이 나를 여전히 행복한 사람으로 착각하도록 용기를 내 나 자신을 희생한 거지.[39]

사회적 존재인 우리는 결국 어떤 불가능한 상태겠지만 자연으로 회귀하지 않는다면 결코 행복에 접근할 수 없게 만들어졌다. 쇼펜하우어에 따르면, 비록 행동에 관한 규범이 삶에 도움을 줄지라도 근본적으로 고통스러운 존재인 우리는 미래 삶에 대한 의욕을 하나씩 버리면서 결국에는 행복을 포

---

38) 발자크 작품의 여주인공 '리즈베트 피쉐'는 파리에서 그의 사촌 아들린 위로에 의해 '사촌 베트'라는 별명으로 불린다.

39) H. de Balzac, *La Cousine Bette*, collection l'Intégrale, Seuil, 1965.

기하는 법을 배워야 한다.

지상에서 발견할 수 있는 최상의 가치가 고통 없는 삶, 평화로운 삶이라는 것을 우리는 알고 있다. 우리가 공유할 줄 알고 음미하는 법을 아는 그런 삶 말이다. 우리는 항상 불확실한 미래를 고통스럽게 염려하는 동시에 무한하고 상상적인 기쁨의 추구로 삶이 산산 조각나는 상황을 경계한다. 그렇다면, 비록 불확실한 미래라는 운명에 대항하고 투쟁할지라도 결국 우리는 운명의 손아귀에서 살아가는 것은 아닐까?[40]

프로이트는 『문명 속의 불만』(1929년)에서 진단을 확인하는 책무를 기꺼이 떠맡는다. 그는 사회가 근본적으로 욕구불만을 일으킨다고 말한다. 따라서 개인은 타인과 함께 삶을 영위할 때 사실상 자기 내면에서 자라는 욕망의 몫을 포기해야 하며, 모든 문화는 본능을 포기함으로써 형성된다.

창조자의 계획에 인간의 행복은 애당초 포함되지 않았다. 엄밀한 의미에서 우리가 행복이라고 이름 붙인 것은 초긴장 상태에 이른 어떤 필요에서 발생한 갑작스러운 만족감을 통해 일어나며, 오로지 긴장의 속성에 따라 발생하는 불규칙한 현상이라는 형식에서만 가능하다.[41]

프로이트는 본질적으로 강제성을 띠는 사회를 행복의 가장 큰 적으로 간주했다. 사회는 결정적으로 인간 존재의 의미를 배제한다. 개인은 삶의 의

---

40) A. Schopenhauer, *L'Art d'être heureux*, trad. J.-L. Schegel, Paris, Seuil, 2001.

41) S. Freud, *Malaise et la civilisation*, Paris, Garnier Flammarion, 1999.

미와 이유를 사회적 삶에서 발견하는 존재가 아니고, 인간은 아리스토텔레스가 말한 것 같은 사회적 동물도 아니다. 단지 인간은 사회에서 자신의 정체성을 잃게 되는 존재에 불과하다. 카프카의 소설『성』에서 주인공은 'K'라는 문자로 축소된다. 그는 익명의 존재이자 세상을 낯설어하는 존재일 뿐 아니라 삶이 그 자체로 의미를 상실해버렸기에 자신에게조차 낯선 존재다.

마르크스는 서구 자본주의 사회에서 발생하는 소외 과정을 분석했다. 그에 따르면 노동자는 누구보다도 이 소외 과정의 가장 큰 희생자다.

> 노동자 자신이 생산한 재화에서 발생하는 노동자의 소외 현상은 경제 법칙에 따라 다음과 같은 방식으로 나타난다. 노동자는 많이 생산할수록 덜 소비해야 한다. 그는 가치를 창조할수록 가치와 존엄성을 잃게 된다. 그가 재화를 생산할수록 자신은 점점 더 기형적이 된다. 자신의 생산품이 세련될수록 그는 점점 더 야만적이 된다. 노동에 박차를 가할수록 노동자는 힘을 잃게 된다. 노동자는 사고력을 갖출수록 더 우둔해지며, 결국 자연의 노예가 될 뿐이다.[42]

극단적으로 말해 이윤을 추구하는 사회는 생계수단과 욕망의 대상, 근본적으로 인간성 자체를 앗아간다.

> 소외는 다음과 같은 사실을 통해 나타난다. ① 나의 생계수단이 타인에게 귀속된다. ② 내 욕망의 대상이 내가 접근할 수 없는 타인의 소유가 된다. 더 나아가 모든 일이 나와 무관한 것이 된다. 예를 들어 나의 경제활동도 나에게 속하지 않게 된다. 이런 것들이 자본주의 체제를 유지하는데, 결국 이것은 지배하려는

---

42) K. Marx, *Critique de l'économie politique*, Paris, UGE 1018, 1972, Trad. K. Papaioannou.

비인간성의 힘이다.[43]

"나는 타자다."라는 랭보의 표현은 강력한 형이상학적 의미뿐 아니라 정치적이고 사회적인 의미도 담고 있다. 자본주의는 개인을 더 효율적으로 점유하기 위해 개인을 그 자체로 박탈한다. 불행은 항상 소외의 질서 체계에서 비롯하며 부조리와 밀접한 관계가 있다. 불행은 우연의 경험이며, 사르트르가 상기했듯이 구토의 원인이 된다.[44]

또한 카뮈와 더불어 '행복한 시시포스'를 상상할 수도 있다. 정상에 이를 때까지 바위를 끈덕지게 굴려 올리면서 자신의 운명을 극복하려는 인간의 도전을 지켜보게 된다.

행복과 부조리는 같은 땅에서 태어난 자식이다. 이 둘은 서로 분리되지 않는다. [...] 침묵하는 시시포스의 기쁨이 바로 여기에 있다. 그의 운명은 전적으로 그에게 속한다. [...] 나는 시시포스를 산 밑으로 버린다! 우리는 늘 무거운 짐을 다시 발견한다. 하지만 시시포스는 우리에게 신을 부정하고 바위를 들어올리는 충직성을 가르쳐준다. 그는 모든 것이 선하다고 판단한다. 이제 시시포스에게는 주인 없는 이 우주가 불모지나 황폐한 들판처럼 보이지 않는다. 돌멩이 조각들과 한밤중에 반짝이는 광물의 작은 불빛들만이 세계를 이룬다. 산꼭대기를 향한 투쟁은 그 자체로 인간의 가슴을 채우기에 충분하다. 우리는 모두 행복한 시시포스를 상상해야만 한다.[45]

43) 앞의 책.

44) J.-P. Sartre, *La Nausée*, Paris, Gallimard, 1938.

45) A. Camus, *Le Mythe de Sisyphe*, Paris, Gallimard, 1942.

명백히 이 주장은 형이상학적인 동시에 역사적인 불행에 정면으로 맞설 것을 주장하는 영웅주의에서 비롯했다고 말할 수 있다. 하지만 여기서 각성의 행복, 더 정확히 말해서 시시포스의 행복이 어쩌면 존재할 수도 있다는 사실, 특히 시시포스가 정치를 지속적인 비극으로 간주하는 법을 알려줄 때 행복이 존재한다는 사실을 우리는 인정할 것이다.

역사의 야만성

"오! 이리로 들어오는 그대여! 이제 모든 희망을 버리시오!"

『신곡』에서 단테가 상상의 지옥에 이르는 문 앞에 검은 글씨로 새겨놓은 문구다. 우리는 이 문구를 지난 3세기 이후 전개됐던 역사적 경험에 적용할 수 있다. 심지어 우리가 그동안 지상에 천국을 정착시킬 꿈을 꿔왔다고 해도 우리는 그 지상에서조차 지옥으로 추락하고 말았다.

프랑스 혁명에서 보여준 관용의 이상은 로베스피에르가 피비린내 나는 지배자로 돌변하면서 공포로 표출되는 경향마저 보였다. 노동자 계급의 해방을 선언한 1917년 혁명은 범죄와 살육의 긴 목록을 남긴 전체주의로 환원됐다. 마오쩌둥주의 역시 중국에서 수백만의 사상자를 낸 문화혁명으로 귀결됐다. 쿠바식 사회주의가 추구했던 인민의 원대한 행복 역시 어디에도 존재하지 않는다. 럼주와 살사 춤의 향연조차도 냉혹한 경찰의 폭력에 희생된 사람들의 절망과 탄식을 달래지 못했다. 이런 사건들이 내포한 의미와 내용은 이미 널리 언급됐고, 책으로 출간됐으며, 이루 헤아릴 수 없을 만큼 반복적으로 강조됐다. 다시 말해 20세기를 사는 우리는 세상에 존재하는 모든 정치적 희망을 포기할 정도로 시체들이 널린 들판에 우리 자리를 양보하면서, 관용적인 정치적 유토피아가 붕괴되는 현실을 직접 목격한 당사자들이다.

이런 사건들의 여파로 민주주의 사회의 정치는 유토피아적인 꿈을 단념하면서 현실적인 업무가 돼버렸다.

캉디드는 심지어 사랑받은 여인과 부의 개념조차 존재하지 않는, 지나치게 완벽한 엘도라도 같은 이상향에 머물지 않기로 작정한다.

> 캉디드는 카콤보에게 쉬지 않고 말했다. "친구여! 내가 태어난 성은 우리가 머물 만한 가치가 없는 나라에 있다네. 더구나 큐네공드 양도 거기에 있지 않아. 자네는 분명히 유럽 전역에 몇 명의 애인을 두고 있겠지. 우리가 여기에 머문다면 우리는 다른 사람들과 똑같이 되고 말 걸세. 만일 우리가 엘도라도의 돌을 짊어진 양 열두 마리만 데리고 우리 세계로 돌아간다면, 우리는 세상에 존재하는 어떤 왕보다도 훨씬 부유해질 것이며, 세상에 아무것도 걱정할 게 없을 걸세. 우리는 아주 쉽게 큐네공드 양을 다시 차지할 수 있을 거야.

이제부터 우리 눈앞에 펼쳐지는 유토피아는 거짓으로 점철된 행복의 장소이자 불행과 동일한 공간으로 변한다. 닫힌 공간에서 우리가 할 수 있는 유일한 일은 감각과 열정, 개인의 삶을 충족하려는 욕구를 제약하는 일뿐이다. 1984년 조지 오웰의 고발이나 에밀 시오랑의 치밀한 분석 이후 우리는 정치적 유토피아가 전체주의적 성격을 띤다는 사실을 인정하게 된다.

하나님의 왕국이 다른 어떤 곳도 아니라 오로지 우리 안에 존재한다고 예수가 단언했을 때 그는 심오한 자아나 개별적인 구원과는 아무 상관 없이 필연적으로 외부에 존재할 유토피아의 건설을 앞질러 죄악이라고 선고한 것이다. 이처럼 유토피아의 건설은 상당 부분 우리가 해방을 기대하는 공동체적 흐름에서 비켜선 곳에 존재한다. 진보라는 이름의 유행으로 대치된 역사의 의미는 역사에 진보를 제외한 어떤 새로운 것도 추가하지 않은 채 모습을 드러낼 것이다. [...] 인간 사이를 긍정적으로 바라보고 번민하기 위해 내딛은 진보라는 위대한 발걸음은 사회 안에서 결속되고 조직돼야만 한다는 사실을 납득할 날을 창조하면서 앞을 바라보며 전진한다. 그러나 인간은 진보가 만들어 놓은 유토피아를 전적으로 믿으면서도 그 절반에밖에 이르지 못했다. 그것은 유토피아가 인간을 돕고 완결된 행복 연습에 필요한 적당한 틀을 인간에게 제공하면서 그 대가로 자유를 포기할 것도 동시에 인간에게 제안하기 때문이다.[46]

인간이 스스로 주인임을 외친 역사가 막 펼쳐지자 인간의 유토피아적 원동력은 산산조각 난다. 그렇다면 이제부터 황제 나폴레옹이 자기 눈앞에서 지나갈 때 역사가 이미 1806년 9월 13일 예나에서 죽음을 선고했다고 선언한 헤겔을 믿어야 할까?

나는 황제를 본다. 이 세계의 영혼이 말을 타고 도시의 거리를 달리는 것을 본다. [...] 단 한 가지 목적만을 가지고 말 위에 앉아 세계를 확장하고, 세계를 지배하는 이런 개인을 목격하는 일은 내게 실로 놀라운 감정을 불러일으킨다.

바로 이날, 역사는 지배의 행복 속에 근대 세계에서 펼쳐질 유토피아의 실현을 예고하는 정점에 도달한다. 인간은 스스로 시대의 창조자가 돼 전설

---

46) E.M. Cioran, *Histoire et utopie*, Paris, Gallimard, 1960.

을 만들고, 말에 올라 탄 채 승리의 의지에 종속된 현실을 과감히 밀고 나간다. 헤겔 철학의 권위 있는 해석가 알렉산드르 코제브에게 20세기의 가장 큰 골칫거리는 무의미의 공허 속으로 추락해 사라지는 역사의 격동이었다.

결과적으로 인간은 역사에서 유토피아적인 시간을 누리고자 했던 모든 시도에서 빈번히 절망만을 경험했다. 해방을 외치는 철학자들은 이제 전체주의를 탐구할 뿐인 사상가로 변했다. 위대한 해방의 저녁이 더는 우리의 미래가 될 수 없었다. 아우슈비츠 사건 이후 어떻게 우리가 행복을 추구할 수 있단 말인가? 이것은 우리의 의식을 아프게 파고드는 물음이자 우리가 벗어나지 못한 물음이기도 하다.

이런 사건들은 역사적인 불행의 상징이 돼버린 홀로코스트의 비극을 통해 본격적으로 시작된 물음들이 오로지 전체주의와 나치의 가증스러움에 휩쓸려 가버린 민주주의에 대한 물음에서 비롯된 것들만을 의미하는 것은 아니다. 따라서 물음은 더 근본적일 수밖에 없다. 예컨대 이런 사건을 겪고 나서 근대 문명의 토대를 유지하는 것이 과연 가능하냐는 물음, 나아가 과학과 기술력의 야만적인 사용을 부추긴 니힐리즘의 지배가 과연 가능하냐는 물음이 이제부터 제기되는 것이다.

폐허의 니힐리즘

2001년 9월 11일 자살 테러단이 조종한 항공기가 차례로 뉴욕과 워싱턴을 공격했을 때 어쩌면 역사의 새로운 시기가 열렸는지도 모른다. 이 극단적인 테러리즘은 19세기와 함께 탄생한 니힐리즘적인 감정이 발전했다는 사실을 만천하에 알렸다. 이슬람 근본주의는 사실상 타자의 완벽한 파멸을 통해서만 자신의 존재를 확인하는 니힐리스트들의 환상이다. 니힐리즘은 현대성의 전도된 꿈을 의미한다. 새로운 인간은 자연을 정복하려는 계획을 세우면서 신의 자리를 차지했고, 니힐리스트들은 이런 세상의 질서를 파괴한다. 니힐리스트들은 신의 역할을 착각해서 신이 창조력을 갖춘 존재이므로 자기가 창조한 것들을 모조리 무(無)로 돌릴 힘도 갖추고 있다고 믿는다.

하지만 이런 논리에 속지 말아야 한다. 니힐리즘은 20세기와 이제 막 시작된 21세기의 가장 암울한 측면을 반영한다. 니힐리즘은 현대 역사에서 가장 이해할 수 없고, 가장 참기 어려운 사건을 저질러왔다. 천년 번영을 꿈꾸며 공허한 천상에서까지 노동자의 도약을 약속하면서 온전히 아리아족만이 지배하는 제국 건설을 상상했던 나치즘에는 인종말살이라는 강박관념이 있었다. 죽음의 수용소에서 공장과 도시를 건설하는 데 사용됐던 근대적이고 합리적인 기술은 유대인, 히피족, 동성애자들을 극단적인 방식으로 몰살시키는 데 이용됐다. 문제는 기술이 시체의 흔적들을 없애는 데 사용됐다는, 죽음 자체를 한 번 더 죽이는 데 사용됐다는 점이다. 600만 유대인을 몰살한 '최종 해결책'이 아무도 단 한 번도 요청한 적이 없는 '약정되지 않은' 범죄였다는 점에서 기술력은 무(無)를 낳았고, 시신을 무(無)로 변형시키는 데 사용됐음을 부정할 수 없다.

조지 슈타이너가 말했듯이 우리는 한 걸음 더 나아가 쇼아를 통해 최후의 상징적인 금기마저 파괴됐다는 사실을 확인하는 지경에 이르렀다. 사실상 쇼아는 신의 죽음을 실천했으며, 신약과 구약이 설파한 도덕적 교훈들을 전멸시킨 사건이었다. 예컨대 이타주의와 타인에 대한 사랑, 이기주의나 소유 본능의 극복, 불우한 사람들에 대한 염려, 자아의 정신적 변화, 적극적인 도덕적 참여 등을 완전히 부정한 사건이었던 것이다.

> 유대인을 몰살하면서 서구 문명은 신을 '발명'한 인간, 자신의 부재를 견딜 수
> 없었던 존재가 불완전하게나마, 그리고 심지어 자기 몸에 바탕을 두고 만들었
> 던 인간 자체를 제거하기에 이르렀다. [...] 유대인을 공격하면서 기독교주의와
> 유럽의 문명은 자신의 드높은 희망을 불완전하고 지각 없이 표출하는 데만 몰
> 두했다. 이는 카프카가 경멸과 수치를 느끼면서 "유대인을 때린 사람들은 인간
> 과 인간성을 땅바닥에 내동댕이쳤다."라고 주장했던 것과 같은 맥락이다. 홀
> 로코스트에는 기상천외한 체벌과 가중된 압박에 대한 반항, 그리고 결코 소홀
> 히 할 수 없는 자해가 부분적으로 개입됐다. 비종교적이고 물질적이고 호전적
> 인 근대 유럽은 고유한 조직과 유산에서 비롯한 시대착오적이지만 쉽사리 붕
> 괴될 수 없는 오래된 이상향마저 완전히 소멸시켰다. '기생충'이나 '인종청소'처
> 럼, 나치가 사용한 몇몇 저속한 표현은 악취가 풍기는 도덕성의 본질을 그대로
> 드러냈다. 증인들과 성가신 자들을 모두 제거해버리면, 당신 역시 오랜 부채
> 의식에서 해방된다.[47]

신은 세계에서 멀어졌다. 우리는 신의 복귀 불가능성을 확인하고 신을
죽였다는 사실을 인정해야 한다. 아리아족의 지배 신화와 근본적으로 양립
불가능한 휴머니즘이 그 토대부터 완전히 붕괴됐음을 확인해야 했다.

쇼아가 완수되도록 방치하면서 서양은 그 뿌리부터 지극히 형이상학적
일뿐더러 인간의 문화를 뒤덮는 죽음의 본능에 사로잡혔다. 서양은 니힐리
즘의 쇄도와 종말론의 광적인 집착에 몰두하기 시작했다. 기술의 힘으로 배

---

47) G. Steiner, *Fans le château de Barbe-Bleue*, Paris, Seuil, 1973.

가된 공격력과 파괴 본능은 하나의 규범이 됐으며, 집단 학살도 계속해서 증가했다.

영화「지옥의 묵시록」에서 코폴라 감독은 베트남 전쟁의 종말론적인 전망을 정확히 제시한다. 베트남 전쟁은 보편적 비유가 될 만한 가치가 있었다. 그는 이 영화에서 전쟁의 근대적 적용이 어떻게 전개되는지를 보여줬다. 전쟁의 근대적 적용은 '기술 총동원령'을 바탕으로 전개되는데, 이 동원령은 병사들을 초월적인 힘의 소유자로 만드는 과정에서 선과 악의 구분을 넘어선 신성한 존재로까지 부각한다. 바그너풍 음악과 더불어 박진감과 리듬감을 잘 살린 이 영화는 미래에 대한 비유이기도 한 초인의 종말을 이야기한다.

종말은 확실히 이슬람 근본주의 세계관에서 더 각별한 의미를 지닌다. 부뢰노 에티엔이 이미 오래전에 저서에서 기술했듯이 "종말론적 사유는 사악한 세계의 이중적 세계관을 멸망시키는 방향으로, 앞으로 도래할 왕국의 초월적 세계관으로 귀결"되며, "역사가 종말을 향해 내달을수록 신의 왕국은 더 가까워지는 것"[48]으로 간주한다. 따라서 니힐리스트의 행동은 신의 왕국이 도래하도록 유도하는 방법처럼 여겨졌던 것이다.

하지만 이와는 좀 다른 해석도 있다. 니힐리즘이 무엇보다도 신을 죽이려는 계획을 세우고 있으며, 신을 무엇인가로 대체하려는 광란의 계획을 실현하려 한다는 주장이 바로 그것이다.

니힐리즘의 과격성은 세계를 무(無)로 환원시키는 장면을 보고 느끼는 행복을 붙잡아두려고 한다. 종말론은 이미 그 가능성을 목격한 바 있는 과격한 인종 말살의 쾌락을 부추기는 데까지 나아간다. 히로시마와 나가사키에 떨어진 원자폭탄과 방사능의 확산, 재래식 무기든 세균전 무기든 점점 더 치

---

48) B. Etienne, *L'Islamisme radical*, Paris, Biblio Essais, 1989.

명적인 것이 돼가는 무기의 확산이 상징적인 최후 방어선마저 무너뜨렸다는 사실을, 우리는 절대 언급하지 않는다. 우리는 스스로 인류를 파멸할 만한 힘을 갖췄다는 사실을 잘 알고 있다. 그러나 계속해서 이 사악한 힘과 함께 위험천만한 곡예를 펼친다. 우리는 모두 자멸 가능성을 예고하는 재미에 푹 빠져 있는 것이다. 앙드레 글뤽스만은 다음과 같이 지적한다.

황폐화가 커질수록 명예도 놀랄 만큼 커진다. "내가 더는 행동할 수 없을 때도 계속 활동하는 지속적인 효과가 있는 범죄를 고안하기를 원한다."라고 사드 작품의 주인공은 간절히 원한다. 바로 이런 부분을 충족하는 것이다. 파괴를 위한 파괴에 사로잡힌 광적인 기쁨은 20세기를 유린했으며, 세계 곳곳에 넘쳐난다. 죽음의 문화는 이슬람 근본주의에 활력을 불어넣는다. 하지만 그들만 그런 것은 아니다. 이 병은 이미 오래전부터 세계 전역을 감염시켰다. 화염에 휩싸인 제정 러시아 왕국의 작은 촌락에서부터 맨해튼의 암울한 9월 11일 테러에 이르기까지, 도스토예프스키가 니힐리스트라고 이름 붙인 분노의 폭발은 폐허 위에 폐허를 쌓아갈 뿐이다. 게다가 방법은 늘 새롭고 더 효과적이다. 크릴로프는 세계에 신이 존재하지 않는다는 것을 증명하고자 자살을 감행한다. 마천루를 파괴하면서 아타[49]는 종이 호랑이 미국보다 자신이 더 강하다고 느꼈을까? 아니면 이들은 신의 이름으로 신보다 더 강해지려고 했던 것일까?[50]

인간에게 파괴의 절대적인 힘을 제공한 기술은 진지하게 다시 논의돼야 한다. 테크놀로지에 신의 저주가 내린 것일까? 서구라는 새로운 파우스트

---

49) 키릴로프와 아타는 9·11테러 시 무역센터를 향해 비행기를 몰았던 자의 이름이다.

50) A. Gluckmann, *Dostoïevski à Manhattan*, Paris, Laffont, 2002.

는 자신의 영혼을 악마에게 팔아버린 것일까?

문제로 부각한 테크놀로지

오스왈드 슈펭글러는 『서양의 몰락』(1918~1922년)에서 제동 장치 없는 기술 발전으로 일어난 문화적 퇴보 현상을 적나라하게 고발한 적이 있다. 그는 "과학적 세계는 피상적이고 편리하며, 영혼 없이 순수하게 확장되는 세계"라고 말한다.

후설은 『유럽 학문의 위기와 선험적 현상학』(1934~1937년 재집필)에서 서양의 역사를 구성하는 힘 있는 과학을 고발한다. 그는 실증주의적 우려에 사로잡힌 과학이 "삶의 구체적 세계인 체험되고 상징적이고 감성적인 부분, 한마디로 사물과 우리의 관계에서 주관적인 부분을 망각했다."라고 지적했다.

이런 과학은 우리에게 아무런 할 말이 없다. [...] 과학이 자기 원칙에 따라 제거해버린 물음은 불행한 우리 시대 운명의 전복으로 포기될 수밖에 없었던 인간성에서 가장 뜨겁게 타오른 물음에 해당한다. 그것은 의미, 혹은 인간 실존 의미의 부재와 밀접하게 관련된 물음이다.[51]

1932년 『멋진 신세계』에서 헉슬리는 나날이 늘어가는 기술에 대한 서양의 의심을 폭넓게 확대한다. 그는 절대적이고 결정적인 안정성을 목표하

---

51) E. Husserl, *La Crise des sciences européennes et la Phénoménologie transcendentale*, Paris, Gallimard, 1976, Trad. G. Granel.

는 기술의 문명화나 예속적인 사랑과 거의 구별되지 않는 공동체적 행복의 원천에 관해 사유한다. 가족은 사라지고 성적 자유가 범람하며, 심지어 기분 전환의 문제까지 공동의 이름으로 제기된다. 특히 배아와 시험관 쌍둥이를 실현한 덕택에 사회는 미리 정해진 계급으로 분화된다. 헉슬리가 고발하는 대상의 속성이 중립적이라고 말할 수는 없다. 그는 우리가 거리를 유지하지 않았기에 개인을 노예 상태로 전락시킨 전체주의적 사회 질서를 불러온 기술 과학을 고발한다. 기술 과학의 야만성은 미셸 앙리 같은 동시대 사상가들에 의해서도 고발당한다. 그에 따르면 기술 과학은 인간의 정신적이고 지적인 자동 완수 시스템을 인간에게서 제거하면서 승리라는 자율적 논리를 통해 완성된다. 과학의 광적인 도약 앞에서는 어떤 도덕적 방어 기제도 견딜 수 없고, 최소한의 윤리적 물음조차도 일괄적으로 제거될 것이다.

> 과학으로 만들 수 있는 모든 것은 오로지 과학을 위해서만 만들어졌음이 분명하다. 과학 이외에는 어떤 것도 존재하지 않으며 테크놀로지에 의존해서 저절로 실현되는 객관적 현실을 파악하고자 과학이 인식하는 현실 외에는 아무것도 존재하지 않는다.[52]

부정적으로 말해 기술 과학은 인간에게 야만성을 강요하면서 그 모습을 감춘 채 나치즘이나 마오쩌둥주의, 혹은 러시아 제국주의의 종말과 함께 이미 망가졌다고 믿어 의심치 않는 새로운 인간을 멋대로 꾸며내려는 전체주의적인 꿈을 추구한다. 철학자 프란시스 후쿠야마나 페터 슬로터다이크에 따르면 생체공학의 진보는 이전보다 훨씬 더 복잡하고 정밀한 방법을 바탕

---

52) M. Henry, *La Barbarie*, Paris, Grasset, 1987.

으로 사실상 새로운 인간의 탄생을 생체공학의 이름으로 이뤄내려고 한다. 후쿠야마는 이렇게 말한다.

> 20세기 산업공학의 도구들에는 유아의 사회화 과정에서 정신분석학에 이르기까지, 전문 활동과 강제 노동수용소에 이르기까지, 인간 행동의 생물학적 토대를 변형시키기에는 지나치게 조잡한 면이 있다. 금세기에 펼쳐진 과학과 생체공학 혁명이 제시한 전망에는 엔지니어들이 지금까지 성공하지 못했던 것을 완성하기 위한 도구로 우리를 취급하려는 의도가 담겨 있다는 생각마저 든다.[53]

따라서 노동자의 후손은 생체공학으로 변장한 우생학에 따라 복제되거나 더 '향상된' 인간으로 변할 것이다. 이처럼 헉슬리의 『멋진 신세계』나 앤드류 니콜의 영화 「가타카에 오신 것을 환영합니다」(1997년)에서 예언했던 새로운 인간의 도래는 오늘날 구체적으로 실현되고 있다. 유대인 학살 수용소에서부터 도덕성이 결여된 시험관 아기에 이르기까지 약 50년이 이 같은 변형된 인간의 형상을 만들어내기 위해 쉼 없이 흘러간다.

현재 진행 중인 연구의 진정한 힘은 인간의 본성 자체를 변형시킬 능력에 놓여 있다. 미래에 인간 본성은 연구와 관련된 개인뿐 아니라 후손에게도 영향을 미칠, 인간의 유전자 배열에 따라 움직이는 인간의 태도에 의존해서 고전 의학의 이해와 구별될 것이다. 생체공학은 과거의 이데올로기가 서툴게 실현하려 했

---

53) *Le Monde des débats*, juin 2000, 「Technologie : l'homme superflu?」, débat entre J. Attali, F. Fykuyama et N. Gardels.

던, 새로운 종류의 인간을 창출하려는 계획을 완수할 능력을 갖추고 있다.[54]

이런 새로운 휴머니티는 우월한 종자, 혹은 이데올로기적으로 다시 창조된 인간의 유토피아를 통해서만 실현되는 것이 아니라 바로 영원성이 부여된 행복을 추구하는 후기 휴머니티의 유토피아를 통해서도 실현된다.

21세기는 사회 전반에 걸쳐 과학적·의학적 혁명이 일어나는 시대가 될 것이다. 인간에 대한 개념뿐 아니라 살아 있는 모든 생명체에 대한 개념도 바뀌게 될 것이다. [...] 오늘날 우리가 알고 있는 인간은 조만간 사라지게 돼 있다. [...] 그 자리는 더 완성되고 자신의 운명에 더 잘 적응하는 인간을 목표로 개발된 경이로운 기술이 낳은 열매가 차지할 것이다. 인간은 더 오래 살고, 수십 년간 젊음을 유지하거나 과거보다 더 효과적으로 자기 삶을 영위할 것이다. 이제 자녀는 지금과 같은 방식으로 잉태되지 않을 것이다. 앞으로 동물, 식물, 기계, 클론[55]은 영원성을 추구하는 유전자 변종을 돕게 될 것이다.[56]

지식을 대가로 악마에게 자기 영혼을 판 파우스트적 인간의 운명은 바로 이렇게 완성된다. 이는 전적으로 지식의 귀결일 수 있다. 기술 자체에 의해 발생한 테크놀로지의 형상은 과학적 지식의 증가에 따른 인간 능력의 성장이라는 서구의 기획에 내포된 잠재성과 자연의 지배에 관한 데카르트적 프로그램, 그리고 인간의 물질적·정신적·도덕적 능력의 무한한 향상을 추구

---

54) F. Fukuyama, 「La posthumanité est pour demain」, in *Le Monde des débats*, juillet-août 1999.

55) 1903년 베버(Weber)가 이름 붙인 클론(clones)은 단일세포 또는 개체로부터 무성 증식에 의해 생겨난 유전적으로 동일한 세포군 또는 개체군을 의미한다. [역주]

56) B. Debré, *La grande transgression. L'homme génétiquement modifié*, Paris, Michel Lafon, 2000.

하는 세계관을 기꺼이 실현할 것이다.

테크놀로지가 제시한 새로운 단계로 진입하려면 테크놀로지가 정치의 역할을 대신할 수밖에 없을 것이다. 이런 유토피아는 후쿠야마가 예언한 역사의 종말뿐만 아니라 이미 과거에 신의 죽음을 실현했던 정치가 종말을 맞을 때 절정에 이를 수 있다.

문제는 철학적 가설이다. 이 같은 극단적인 고찰과 연구의 진실성을 의심할 수 있는 것이 바로 철학적 가설이다. 철학적 가설은 주어진 사실들을 재현하면서 사유의 진전 상태를 드러낸다. 우리에게 필요한 것은 과학이 더는 인간 개선의 동의어가 될 수 없다는 가설이다. 더욱이 과학은 일관되게 행복으로 귀결된 적도 없었다. 이처럼 기술 사회의 가치들은 니힐리즘의 극단적인 감정을 불러왔다는 점에서 늘 의심의 여지를 남긴다.

이런 의미에서 볼 때 커뮤니케이션 기술 발전이 낳은 테크놀로지의 유토피아가 스스로 주장하듯이 행복한 세계화로 귀결될 것이라는 전망은 확실치 않다. 적어도 아무 저항 없이 행복을 인터넷 접속만큼이나 쉽게 얻을 수 있다고 믿지 말고, 이런 주장을 의심할 줄 알아야 한다.

정보통신 기술의 아첨꾼들이 뭐라고 지껄이든 간에 '함께하는 존재'를 얻는 일은 결코 이메일이나 채팅의 도움으로 이뤄지지 않는다. 왜냐하면 가상 공간은 만남의 감정적이고 물리적인 부분을 배제함으로써 아예 교류하지 않는 상태보다도 인간을 더 심각하게 고립시키기 때문이다.

테크놀로지의 발전은 예측 가능한 분열을 이제 막 인식하기 시작했다. 가상 세계를 창조하고 나서 그것을 실제로 현실에 존재하게 한 덕분에, 그리고 감지되지 않는 세계를 전 세계적으로 자리잡게 한 덕분에, 소수 개인의 성능을 향상시키는 과정에서 사회적 관계를 약화환 덕분에, 서로 다른 수천의 개별적 정체성을 구축한 덕분에, 함께 산다는 것은 이제는 거의 불가능해졌다. [...] 동일한 지적 수준과 동일한 수준의 심리적이거나 재정적인 관심사가 있는 집단들이 국경을 넘어 네트워크를 통해 구조화된다. 미국에 거주하는 통신원이 사망했을 때 그의 프랑스 동료는 단 몇 분 만에 급조된 조악한 문장으로 애도를 표했다.[57]

이처럼 새로운 테크놀로지가 정작 겨냥하는 것은 오로지 효율성뿐이다. 하지만 새로운 테크놀로지는 실현 가능한 행복이 존재하는 만남의 마술에 우리를 초대하지 않는다. 오히려 비인간화의 주된 원인이며, 가상 공간의 지배를 통해 인간의 현존을 소멸시키는 요인이 될 수 있다. 더구나 새로운 테크놀로지는 인간을 경제적 기능만으로 환원하는 서양 문명의 낡아빠진 시도를 마치 근대적 흐름인 양 위장할 위험마저 지니고 있다. 경제 네트워크라는 수단을 통해 새로운 이윤 추구를 분야를 만들어내는, 오로지 낡은 것을 통해서만 새로운 것을 만들어내는 것이 테크놀로지의 관심사이기 때문이다. 웹의 공동 발명자인 로버트 카일리아우[58]는 다음과 같이 말한다.

솔직히 말해 나는 실망을 감출 수 없다. 나는 웹이 매우 빠르게 진보하리라고 생각하지 않는다. [...] 사실상 패러다임이 바뀌지 않아 불리한 쪽은 정보과학이다. 컴퓨터는 항상 빠르게 나아가지만 정작 거기에 새로운 사상은 전혀 존재하

---

57) B. Cyrulnik, *L'Ensorcellement du monde*, Paris, Odile Jacob, 1997.

58) 팀 버너스 리(Tim Berners Lee)가 하이퍼텍스트 시스템을 처음 설계할 때 네트워크 전문가이자 동료인 로버트 카일리아우의 도움을 받았는데 이는 지금의 멀티미디어 온라인 서비스로 성장하게 된 계기가 됐다. [역주]

지 않는다. 컴퓨터의 기본 토대와 작동 시스템은 늘 같은 원리에 근거한다.[59]

전체주의 위험이 정치적·경제적·기술적 유토피아 주변에서 발생한다
고 가정하면 결국 인터넷이 그 잠재력을 통해 우리의 자유를 위협하지 않는
다고 말할 수 없다. 인터넷은 개인 간 정보 교환을 감시하기에 매우 유리하
다. 예를 들어 전 세계를 감시하려고 미국이 개발한, 유명하면서도 베일에 싸
여 있는 에슐롱 전산망의 야망[60]이 그렇다고 할 수 있다. 인터넷은 개인을 좀
처럼 빠져나올 수 없는 거미줄에 얽어놓았다. 인터넷은 이 분야에서 산업 기
술의 잠재성을 그대로 실현한다. 인터넷 역시 철도, 전화, 수도, 전기, 가스 공
급 시스템을 통해 19세기에 자리 잡은 테크놀로지 네트워크 중 하나다. 지난
세기부터 우리는 개인의 생각이나 이동이 포착되는 우주의 거미줄에 묶여
있으며, 산업 네트워크에 주렁주렁 걸려 있는 신세가 됐다.

그러나 경제적·사회적인 불평등이 급속도로 증가하는 동안 기술의 세
계화는 단지 일부 세계에만 관여하며, 과거 어느 때보다도 극단적으로 인간
성을 제거한다.

철학자 필립 브르통이 생각하듯이 새로운 정보통신 기술은 휴머니즘을
심각하게 훼손할 수 있다.

이제 인간은 중심도 없고 신도 없는 극단적인 믿음이 지배하는 세계의 부속품
이 아니다. 개인의 의식은 기계에 이전되고 공유될 가능성이 있으며, 가상 공
간의 정신세계는 우리가 기존에 인식하던 정치적·사회적 구성을 대체한다.

---

59) P. Breton, *Le Culte de l'Internet*, op. cit.에서 인용된 부분.
60) 개인이나 기업의 통신을 국제적으로 감청(監聽)하는 시스템. [역주]

사회적 관계는 쉽게 무너질 수 있고, 인간에 대한 우리의 이해는 완전히 전도될 위험이 있다. 미국의 심리학자 셰리 터클은 인류의 잠재력을 묘사하면서 프로그램이 인간의 내면성을 점진적으로 대체할 가능성을 인정했다.[61]

과학기술과 테크놀로지는 결코 중립적이지 않다. 책을 대중에게 확산한 인쇄술은 인간을 사유의 세계로 이끌었고, 휴머니즘의 발전에 기여했다. 독서의 느린 시간성과 사색의 느린 성숙성을 전제한 책은 개인이 스스로 발견한 것들을 창조하도록 돕는다. 이런 문화 과정이 비판적 성숙과 개인의 해방을 목적으로 하는 인본주의 철학의 원칙이자 보증이다.

하지만 전체주의의 맹렬한 공격으로 인본주의 가치가 전체주의 형이상학적 토대 위에서 완전히 흔들리면서, 인간은 인간을 종속시키려는 기술에 전적으로 의존하게 된다.

이것이 바로 새로운 기술이 내포한 위험이다. 새로운 기술이 부여한 효율적인 속도에서 언어가 제대로 성장하기는 애초에 불가능하며,[62] 결국 개인은 전 세계의 표면에 웹이라는 수단으로 확산된 비극적인 언어 무감각에 갇히게 된다. 이런 사실은 철학자 로베르 레데커르가 잡지 「마리안」과의 인터뷰에서 보여준 염세적 세계관에 잘 나타나 있다.

인간이 접하는 기술적 대상이 인간성의 모태를 이룬다. 짧은 문장, 슬로건, 스폿 광고, 뉴스가 가속화하고, 서둘러 진행된 만큼이나 축소된 의식 상태에 놓이는 인간성은 차츰 정보통신 테크놀로지를 부각할 것이다. [...] 책이 인간의 내

---

61) S. Turkle, *Les Enfants de l'ordinateur*, Paris, Denël, 1986.

62) 우리는 구조화된 문장을 대신하는 약자와 상징기호가 쇄도하는 이메일의 언어에 대한 불안감을 떨칠 수 없다.

면성을 심화했다면, 컴퓨터 모니터는 내면화와는 반대로 일종의 황홀 상태를 일으킨다. 내면화 과정과 책의 내면성의 구조가 공통적인 현상이라면, 황홀 과정과 컴퓨터 모니터의 외재화 구조의 공통적인 현상을 예측할 수 있다. 모니터의 문명화 과정을 드러내는 황홀 사상은 시간적 일관성이 결여된 공간에 펼쳐진 존재에 대한 사유를 전제한다. 하지만 책의 문명화에 들어맞는 내면성에 관한 사유는 이와 반대로 시간 속에 녹아 있는 인간, 역설적으로 표현해서 시간에 펼쳐진 존재를 전제한다.

여기서 우리는 '즉각적으로 반응하고 빠르게 전개되는, 따라서 전혀 매력을 느낄 수 없는 관계'의 주범인 모니터에 의한 인간과 기계의 대화에서 사회적 관계가 설정되는 상황을 목격한다.

그러나 행복은 반드시 새로운 테크놀로지의 끝자락에 있는 것은 아니다. 불행은 행복한 유토피아의 또 다른 모습일 수 있다. 진정한 진보의 도구일 수 있고, 지식의 확산을 수월하게 해주는 기술의 발명을 부인하기보다 비판적 책임과 시민의 윤리가 동시에 필요한 기술의 정체를 정확히 인식하고, 그럼으로써 과학에 덧씌워진 이데올로기의 프로파간다를 집요하게 추적해야 한다.

행복은 늘 거짓 행복의 위협을 받아왔다. 중요한 것은 인간이 행복한 삶에 집착하고, 존재감을 회복하고자 끊임없이 세계 밖으로 탈주하려는 시도를 반복한다는 사실이다.

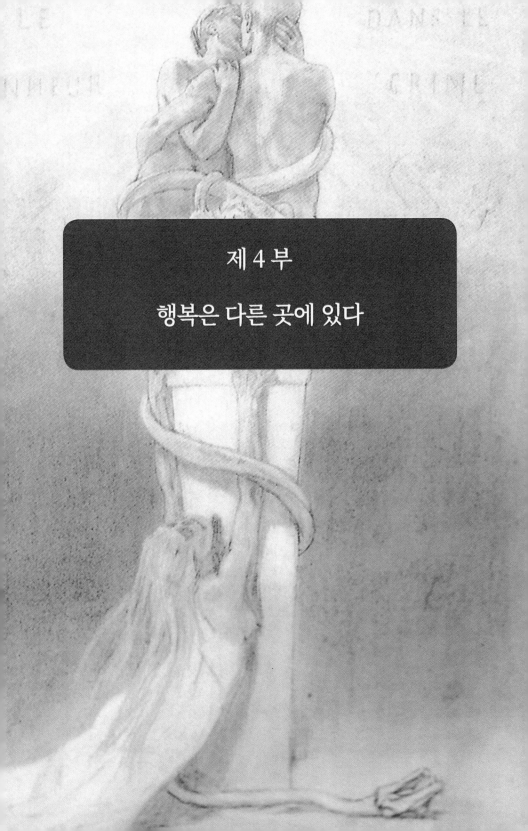

제 4 부

행복은 다른 곳에 있다

제1장

—

탈주 속의 행복

사회가 부패했고, 기술과 과학이 반휴머니즘과 동의어로 인식되며, 세상에 존재하는 모든 것이 상실된 무엇처럼 보인다면, 탈주의 시도는 어쩌면 몇몇 서양인에게 불가피한 것일지도 모른다. 이제 행복은 희망찬 사회의 건설이나 정치가 완수해야 하는 지상 과제처럼 여겨지지 않고, 오로지 '다른 곳'에서만 가능하다고 생각하게 된다. 이때 여행이 새롭게 행복을 발견할 이정표처럼 등장한다. 물론 이런 지적에는 오해의 소지가 있다. 사실 사람들은 자신을 성스럽게 해주는 신성하고 예견된 길을 따라가는 성지 순례가 아니라 그저 자기 내면으로 깊이 침잠하는 방황의 길에 서 있을 뿐이기 때문이다.

세상 밖으로라면 어디든지

최초로 사회를 거부하는 태도를 보인 자가 루소였다는 점에는 의심의 여지가 없다. 『고백록』(1781~1788년)이나 『고독한 산책자의 몽상』(1782년)은 그가 찾아갔던 생 피에르 섬의 이미지를 따라 자연을 통해 사회의 고민거리들을 멀리하는 내적 공간을 만들고자 했던 지적 결과물이다.

그러나 우리의 영혼이 확고한 지반을 발견하여 그곳에 안주하고 거기에 집중하며, 과거를 회상할 필요도 없고 미래를 걱정할 필요도 없는 그런 상태, 시간이 우리 영혼에 아무 의미도 없는 상태에서 언제까지나 현재가 지속되고, 그 지속됨의 느낌도 없이 그것이 지나간 흔적도 없고, 또한 결핍이나 소유, 쾌락이나 고통 따위에 대한 원망이나 공포도 없이 오직 우리가 현존한다는 의식만이 있으며 이 의식만으로도 영혼의 전부를 채울 수 있는 상태가 있다면, 그곳에 있는 사람은 진실로 행복한 사람이라 할 수 있다. 그것은 순간의 쾌락에서 발견되는 것처럼 불만족스럽고 비참한 상대적 행복이 아니라 충실하면서도 완전무결한 행복이다. 영혼을 가득 채워 그 이상은 아무것도 채울 필요가 없는 상태다. 내가 생 피에르 섬에서 경험한 것은 바로 이런 상태며, 어떤 때는 물이 흘러가는 대로 둑을 떠나는 배 안에 누워 명상에 잠기기도 하고, 또 어떤 때는 파도 소리를 들으며 호숫가나 맑고 깨끗한 냇가에 서서 고독한 몽상에 잠기기도 했다.[1]

자연은 친숙한 내면의 공간이자 인간이 사회적 공허감을 해소하고자 만들어낸 이탈의 공간으로 자리잡는다. 존재와 개인이 새로운 존재론을 통해 하나가 될 때 유약한 자아에게 자연은 비로소 행복의 원천이라는 의미로 다가온다.

"진정한 삶은 부재한다."라고 랭보가 지적했듯이 19세기 내내 세상 밖

---

62) J.-J. Rousseau, 「Les Rêvries du promeneur solitaire」, in *Œuvres complètes*, Gallimard Pléiade, Paris, 1961-1971.

으로 탈주하려는 시도가 지속적으로 전개된다. 이는 노발리스의 다음과 같은 직관에도 반영됐다.

우리가 우주여행을 꿈꾼다면 이 우주는 이미 우리 안에 있는 것이 아닐까? 우리는 자기 정신의 깊이를 온전히 알지 못한다. 영원성은 세계와 더불어 과거와 미래에 존재하는 우리 안에 있다. 만약 그렇지 않다면 영원성이란 어디에도 존재하지 않다. 신비한 모험은 바로 내면으로 향한다.[2]

여행. 세대 차이와 상이한 문화에 따라 점차 사라지는 경향이 있다 해도, 그것은 자아를 끝까지 밀고 나가 타자를 발견할 때까지 전진하는 행위다. 이에 관해 미셸 르 브리스는 이렇게 말한다.

프랑스에서는 오늘날 우리가 생각하는 역사가 낭만주의와 함께 탄생했다. 역사 의식과 여행 취미는 동일자와 타자에 물음을 던지는 행위이며, 서로 떼려야 뗄 수 없이 긴밀하게 연결돼 있다.[3]

파리에서 예루살렘까지 여행을 감행한 샤토브리앙이나 동양 여행을 감행했던 라마르틴, 네르발, 고티에, 플로베르에 이르기까지 19세기에 수많은 사람이 다른 곳을 향해 떠났다. 여행을 감행한다는 것은 내적인 모험을 감행한다는 것을 의미한다. 이때 동양은 기원과 재탄생의 지리를 형성하는 상징적 풍경의 총체를 제공한다.

---

2) M. Le Bris, *L'Homme aux semelles de vent*, Paris, Grasset, 1977. 에서 인용됐던 구절.
3) 같은 책.

동양이라는 단어는 재탄생의 가능성과 끊임없이 갱신되는 생기 넘치는 도약, 그리고 물질적 세례를 동반한다. 한마디로 다시 태어나기 위해 떠나는 것이다. 여행자는 새롭고 생기 넘치는 리듬에 더욱 가까이 다가가기 위해 바다, 사막, 산 등 창조의 원대함을 상기시키는 자연 속에서 세속에 찌든 자기 존재를 둘러싼 불합리한 제약들을 하나씩 떨쳐버린다.[4]

행복에 대한 두 가지 시도가 19세기에 중첩된다. 진보라는 유토피아 사상에 관련된 사회적 행복과 여행 끝에 발견하게 되는 내면적 행복이 그것이다. 19세기 인간은 이제 사회에 대한 불신과 모반, 혹은 도전적인 태도에 몰입하지 않으며, 이런 것들을 촉발하는 사회 자체에도 집착하지 않는다. 역사가 일원론적인 이데올로기에 대중을 흡수하며 앞으로 나아간다면, 개인은 이런 사회에 대한 내적 저항의 형태로 자기 존재를 찾아 앞으로 나아간다. 내면성은 탐험하고 연구해야 하는 하나의 우주처럼 확장된다.

현대의 분열은 이렇게 점진적으로 진행된다. 사회 이데올로기가 약속한 행복이 개인의 내면적 행복과 일치하지 않는다거나, 역사는 존재의 질서를 세우지 않고 단지 타자를 거짓된 환상으로 환원하며 포기해야 한다고 선언한다거나, 진실을 왜곡한다거나, 거짓 행복을 약속한다는 등의 생각을 바탕으로 시작된 분열이 차츰 심각해진다. 이런 관점에서 볼 때 여행은 단순한 탈주만을 의미하지 않는다. 타자와의 만남과 타자를 인식하는 행위인 여행은 장 카수가 기술했듯이 타자에 대한 사랑을 통해 자신과의 재회를 꿈꾸는 행위다.

---

4) J.-C. Berchet, *Le Voyage en Orient*, Paris, Laffont, 1985.

관건은 행복 자체이자 행복에 있다. 스탕달은 몇 차례에 걸쳐 이 사실을 언급했다. 18세기에서 낭만주의로 향하는 이 시기에 대다수가 일종의 활력 운동에 휩쓸렸다. 그러나 이 운동이 부적합했던 것은 지식에 대한 그들의 욕망이 자신만이 아니라 타자의 기쁨을 함께 분출시키고 충족하기에 턱없이 부족했기 때문이었다. 온갖 사랑의 일화, 그와 비슷한 이야기, 사랑 유희나 사랑의 결말, 사람을 꼼짝 못 하게 하는 첫눈에 반한 사랑, 운명의 장난, 행운이 만나게 해준 여인, 위대한 작품의 완성자가 개척한 운명 등 끊임없이 사연이 이어지며 여행은 사랑과 뒤섞인다.[5]

결국 '세상 밖으로라면 어디든지' 가는 문제였다. 보들레르의 산문시 「세상 밖으로라면 어디든지」에 따르면 그곳은 어디로도 인도하지 않으며 여러 갈래 길이 모이는, 찾을 수 없는 곳이다. 게다가 내면성 자체에 쉽게 금이 가 그 불안하고 낯선 것이 내면으로 스며든다. 영혼을 점령당한, 이 사회적이고 형이상학적으로 불행한 존재는 무엇보다도 우울(spleen)을 피해야 한다. 그러려면 죽음을 향한 여행이기도 한 위대한 미지의 여정에 몸을 맡겨야 한다. 왜냐하면 죽음이 탈주가 될 때 비로소 천복에 가까워질 수 있기 때문이다.

지옥이건 천국이건 무슨 상관이냐? 저 심연의 밑바닥에,
저 미지의 밑바닥에 우리는 잠기고 싶다, 새로운 것을 찾아서!!
보들레르, 「여행」, 『악의 꽃』 중에서

19세기에 행복에 대한 새로운 접근 방식이 등장했다. 그것은 사회 밖으

---

5) J. Cassou, 「Du voyage au tourisme」, in *Communications* nº 10, 1967.

로 나가는 탈주이자, 자기 내면으로 들어가 영속하는 자아를 만나는 여행이었다. 그렇게 랭보의 삶은 '절망한 질주'의 상징이었다. 시적 방랑자는 바싹 말라버린 조약돌 속에서 영혼이 정화된 열기로 넘치는 지옥의 이디오피아로 여행을 계획한다. 머나먼 아프리카에서 정신의 연금술로 변화한 시인은 점차 존재를 농축해갔으며, 세상을 일시에 불살라버리는 시를 통해 미지의 경험을 확대해갔다. 만약 랭보에게 '불을 훔친 자'의 시가 실패일 뿐이고 '취한 배'(우리를 어디로도 인도하지 않는 근대적인 길에 대한 랭보적 은유라고 할) 한 척을 빌려 인간을 소외시키고 기계적인 "낡은 난간에 매달려 있는 유럽"을 포기해야 한다면, 사막은 그와 새롭게 결합하는 공간이자 낡은 것들의 죽음을 고하는 동시에 자아를 재창조하는 장소다. 바로 이곳에서 현실의 마법으로 회귀하는 어떤 지점이 생성된다. 이 지점은 시인이 새로운 언어의 섬광으로 사물을 재창조하는 데 실패한 지점이자, 사막의 메마름이나 하늘의 불이 인간을 만들어내고 인간 존재를 열광시킨 지점이다.

> 왜냐하면 그가 미지에 이르렀기 때문이다! 왜냐하면 그가 이미 누구보다도 풍요롭게 자신의 영혼을 가졌기 때문이다. 미지에 도달한 그는 자신의 지혜를 상실하고 비로소 경악하면서 자신의 비전을 발견했던 것이다! 놀랍고 무수한 사물의 도약 속에서 그는 죽었던 것이다. 그 후에 또 다른 끔찍한 일꾼들이 당도할 것이다. 그들은 타자가 함몰돼버린 수평선에서 다시 시작할 것이다.
>
> 랭보,「폴 데므니에게 보낸 편지」(1871년)

언어의 연금술은 불사조처럼 소멸과 재창조를 거듭한 현존의 연금술에 자리를 양보한다.

한편 자유의 불사조는 불타버린 희망 속에서 자신의 육신을 만들어내고, 새로운 날갯짓으로 이곳의 척박한 조건과 맞서 싸우는 존재다.[6]

행복은 자아와 화해를 약속하는 탈주에 있다. 랭보는 잭 케루악이라는 우상을 따라 '길 위로' 떠날 결심을 한 비트 세대 젊은이들처럼 20세기에 부각된 아름다운 탈주자들에게는 하나의 모델이 됐다. 사회적 위선을 과감히 내던져버린 '유랑의 천사들'은 랭보의 시를 주머니에 넣은 채 술에 취하고 마리화나에 중독돼 아메리카의 길을 점령한다. 하지만 이 방랑자들은 인간 존재를 환대할 가능성마저 포기하지는 않았다. 다시 말해 길은 그들에게 타자와 함께하는 만남과 재회의 장소이자 세계와 자아가 만나는 절대적인 장소였다.

길은 순수하다. 길은 나무, 풀밭, 눈, 산, 강물, 바다 같은 자연의 위대한 힘 속으로 도시의 인간들을 끌어들인다. 길 위에서, 길의 가장자리에 늘어선 레스토랑과 주유소와 상점에서, 길이 관통하고 지나간 도시들의 변두리에서 여행자들의 사랑과 우정이 맺어진다. '길은 인생 자체'다. 길은 서부를 향해 길게 뻗은 낡은 산업 철도를 대신한다. 길은 아메리카를 대륙과 동포에게 연결해주는 신비한 장소다.[7]

구두창이 닳아 없어질 때까지 여행을 마다하지 않는 새로운 방랑족은 불확실한 행선지를 향해 끝없이 이어진 미국적인 광활한 풍경 속에서 태양

6) Y. Bonnefoy, *Rimbaud par lui-même*, Paris, Seuil, 1961.

7) M. Mohrt, 「préface à J. Kerouac」 *Sur la route*, Gallimard, 1960, trad. J. Houbard.

에 검게 그을린 아스팔트를 밟으며 행복을 좇는다. 비트 세대에 나타난 이런 현상은 입에서 입으로 전해지는 일화나 뉴프론티어 정신에 바탕을 둔 미국 문화만을 반영하는 것은 아니다. 이 현상은 1950년대 후반 소그룹으로 결성된 몇몇 사람에 의해 시작됐다. 비트족은 신성의 흔적을 찾아 유럽의 길로 신자들의 등을 떠밀었던 중세의 순례를 변조한 여행에서 수수께끼를 던지며 끊임없이 펼쳐진 세계의 풍경을 보며 진정한 자아에 이르는 방법을 찾았다. 존재와 이동 사이의 유희는 비트족이 고안한 그들만의 행복 변증법이었다.

> 새벽녘에 차는 애리조나 사막을 거쳐 인디오, 블리스, 살롬을 차례로 지나고 있었다. 우리는 멕시코의 남쪽 산악 지대를 향해 건조하고 간헐적으로 전개된 광활한 사막을 지났다. 우리는 이어서 북부 애리조나 산악 지대와 절벽을 깎아 만든 도시 플래그스탭을 향해 거슬러 올라갔다. 나는 할리우드의 상점에서 훔친 책 한 권을 손에 쥐고 있었고, 단순히 절벽 밑을 따라가기보다는 미국적인 풍경을 멀리서 바라보는 편이 더 좋았다. 여행하면서 매번 솟아나는 돌출부와 끝없이 이어지는 산맥들, 심지어는 보잘것없는 산자락조차 나의 호기심과 욕망을 사로잡았다. 텐트를 치고 하룻밤을 보낸 다음, 천천히 회색빛이 차오르는 새벽녘에 우리는 다시 뉴멕시코를 통과하여 텍사스주 달하트에 이르렀다. 우중충한 일요일 오후에는 오클라호마주 멋대가리 없는 도시들을 하나씩 통과했고, 저녁이 다 돼서야 캔사스주에 도착했다.[8]

1960년대 히피족은 인도나 네팔처럼 먼 곳을 여행하고 싶어 했다. 늘 여행의 주된 관심사로 떠오른 것은 힌두교나 불교 문화와의 접촉을 통해 내면

---

8) J. Kerouac, *Sur la route*, 앞서 인용된 책.

여행을 심화하는 일이었다. 마약 효과로 "지각의 문"(헉슬리의 표현에 따르면)을 확대하는 장소로 모이기도 했다. 분명한 사실은 어떤 경우에도 원칙이 있었다는 것이다. 마약 복용은 보들레르 방식에 따라 '인공 천국'이라는 속임수를 만들어내는 것이 아니라 정신의 행복한 충만이라는 새로운 의식에 도달하기 위한 것이었다.

1950년대 집단적 반항은 마약—아편이나 화학물이 아니라 단지 지각을 극대화하는 데 필요한 자연 물질—이 인간들의 의사소통을 열어주는 방법 중 하나임을 보여줬다. 이때 마약은 19세기에 비싼 값을 지불하고 만들었던 '인공 천국[9]'과 관련된 마약류와는 상당히 동떨어져 있었다. 예컨대 중독 증상을 일으키거나 정신을 흐리게 하는 마약류와는 완전히 다른 차원의 물질이었다. 제2차 세계대전 이후 실험을 거친 마약류는 정신이 인간을 규정한다는 전제하에 진정한 해방을 이루는 데 도움을 주는 마약이었다. 아편과 아편에서 파생된 마약류와는 어떤 공통점도 발견할 수 없는 마약들로 메스칼린, 균사류, 엘에스디, 하시시, 마리화나가 여기에 해당한다.[10]

마리화나와 엘에스디는 흡입을 통해 반짝이는 행복의 순간에 도달할 수 있다는 환상을 심어줬으며, 존재나 외모에 대한 환각적 현기증은 자아 해방의 희열을 느끼게 했다. 그러나 지나친 모험은 때로 인간을 막다른 골목으로 치닫게 하고, 지나친 모험에서 얻은 행복 또한 순교자를 낳게 마련이다.

---

9) 마리화나나 하시시를 예찬한 보들레르의 비평문 「인공천국Paradis artificiel」에서 빌려온 표현. 보들레르가 활약하던 19세기에는 최소한 오늘날 보다 비싼 돈을 주고 마약류를 구입했을 것이다. [역주]

10) F. Pivano, *Beat, Hippie, Yippie*, Paris, Christian Bourgois, 1977.

황폐한 행복을 향해 달려간 히피 운동은 오히려 마약으로 차츰 힘을 잃거나 상업 전략에 이용되면서 사회적 터부로 부각돼 차츰 자취를 감췄다. 우리는 히피족이 꿈꾼 흔들리는 천국과 지옥 사이에 울려 퍼진 엘에스디를 뜻하는 비틀즈의 노래 「다이아몬드를 가진 하늘의 루시」[11]에 담긴 '이중적' 의미를 잘 알고 있다.

내면의 심연 속으로 지나치게 침잠하면 광란과 육체적 소진으로 파멸에 이른다. 다분히 루소적인 의미의 '사회 거부'에 영감을 받았으나 그다지 위험하지 않은 행복을 추구하는 또 다른 흐름이 바로 여기서 탄생한다.

오아시스

사회는 행복을 실현할 또 다른 영역을 마련한다. 근대 서구 사회의 특성인 산업화와 도시화의 막강한 지배하에서도 아직 존재하는 시골이나 작은 마을은 인간과 자연이 분리되지 않았던 시절에 대한 향수를 불러일으킨다. 심지어 보들레르적인 우울이 널리 퍼진 도시 파리에서조차도 쉽사리 행복을 느낄 자신만의 오아시스를 찾을 수 있다. 이 오아시스의 한 예는 20세기 초 파리 한복판에 자리잡은 몽마르트르 언덕이다. 소수 주민이 모여 살고 사크레 쾨르 대성당이 우뚝 솟아 있는 이 언덕에 새 세상 만들기를 꿈꾸는 보헤미안 예술가들이 모여들었다.

닫힌 집들과 카바레가 뒤섞여 밤을 열광시킨다. 부뤼앙이 부르주아들에게 욕을 퍼붓는 동안 라 굴뤼(물랭루즈의 무용수)는 속치마를 드러내며 춤을

---

11) "Lucy in the Sky with Diamonds"에서 대문자에만 주목하면 LSD가 된다. [역주]

쳤다. 발랑틴 르 데조세는 판토마임으로 몽마르트르 언덕에 모인 군중을 흥분의 도가니로 몰아넣었다. 카르코는 카페 한복판 테이블에 올라가 프랑스 국가 '라 마르세예즈'를 목청껏 불러대고, 마크 오를랑은 나팔을 불며 밤거리를 돌아다녔다. 화가 피카소와 앙드레 살몽, 시인 막스 자콥이 연달아 합류하고 화가와 시인 들은 무정부주의자들과 뜨거운 동포애를 나눴다. 모리스 위트릴로는 술에 잔뜩 취해 선술집 탁자 위로 쓰러질 때까지 테르트르 광장이나 갈레트 풍차를 그렸다. 사람들은 거의 잠을 자지 않았다. 식사는 불규칙했고, 술을 많이 마셨다. 그들은 가난했지만 음식점 주인들은 관대해서 그들이 그린 서툰 그림을 대가로 수프와 음식을 줬으며 빈번히 요청하는 '영원한 외상'을 눈감아줬다.

프란시스크 풀보는 몽마르트르 언덕에 사는 주민을 이끌고 헌 옷으로 치장한 가짜 결혼식을 정기적으로 치르곤 했는데, 이는 그때까지도 결혼식을 올리지 못한 자기 애인을 위로하고자 그가 고안한 독특한 행사였다.

20세기 초 몽마르트르는 코뮌주의적 유토피아를 수용한 곳이었으며, 향후 몇십 년간 전설처럼 여겨질 축제와 무정부주의, 지혜와 창조의 소용돌이에 흠뻑 취한 장소가 됐다. 파리 안에서 활짝 열린 이 자유와 행복의 공간에서는 모든 것이 가능해 보였다. 현실은 획일적이지 않았으며, 행복을 시도하면서 생긴 생활의 잔주름들을 차분하게 정리할 여유도 있었다.

행복은 도시화의 가속으로 세계에서 밀려난 가장자리에서 싹을 틔우고 있었으며, 종종 자연이나 시골과 동일시됐다. 장 지오노에서 에티엔 샤틸리에즈에 이르기까지, 행복에 이를 가능성이 기존의 가치와 상징적인 기교에서 벗어나 진정한 삶을 영위하는 자연 회귀에 있다는 생각이 탄생했다. 자연은 산업화로 오염된 세상에 자리잡은 유일한 피난처였다. 자연은 인간이 세계와 공존할 수 있다는 환상을 심어줬다.

모파상의 단편소설『행복』에서 행복한 삶은 사회 밖으로 물러나 고립된 시골과 동일한 것으로 묘사된 바 있다. 이 작품에서 화자는 어느 날 코르시카 시골에서 고립된 채 살아가는 평온하고 행복한 부부의 환대를 받는다. 그는 곧 자신을 환대했던 여주인이 오래전 실종돼 상류사회를 발칵 뒤집어놓았던 고위 장관의 딸 수잔 시르몽이라는 사실을 알게 된다.

단순한 행복을 영위하며 별다른 야심 없이도 살아갈 수 있는 시골 세계, 버려진 대지나 마을의 소생을 희망할 수 있는 시골 세계로의 귀환을 예찬한 사람으로 단연 장 지오노를 꼽을 수 있다.

지오노에게 자연은 '세계의 노래'를 다시 발견하게 하는 언어이며, 오로지 우리에게 규범만을 강요하는 획일화된 장소에서 참을 수 없는 기계 소음으로 뒤덮인 인간에게 새로운 대화가 시작되는 공간이다.

지오노에게 행복이란 자연과 더불어 살며 자연의 비밀과 자연이 간직한 기억과 상세한 특징을 잘 아는 밭일이나 농사에 단련된 농부가 누리는 행복이다. 지오노에 따르면, 농부는 끊임없는 창조와 '우주적 세계'의 발생에 참여하는 자다.

> 어찌 됐건 대지를 손질한다는 것은 우리를 만든 우주를 근본적으로 고려하는 일이다. 물의 침식 작용과 태양으로 인한 균열과 붕괴 같은 질서에 속한 채 우리의 역할을 해내는 것이 바로 대지를 손질하는 일이다.[12]

지오노는 목장과 시골을 보호하는 순수하고 신화적인 인간을 꿈꾸며

---

12) J. Giono, *Le Poids du ciel*, Paris, Gallimard, 1949.

노동자 대신 농부를 택했다. 농부는 30년대 당시 팽배했던 사회 분위기를 반영한다. 동일한 시기에 노동운동가에게 자연으로의 귀환은 자유를 누릴 행복과 매우 밀접하게 연관됐다. 오트 렝 지방 노동총연맹 기관지에는 "광활한 공기 속을 산책하며 우리는 자유로운 인간임을 느낀다."라는 문구가 등장하기도 했다.

산업화와 도시화가 가속화됨에 따라 평온한 시골을 향한 탈주의 신화적 꿈이 훨씬 강하게 부각된다는 점은 추호도 의심할 여지가 없다. 히피 운동에서 강한 영향을 받은 휴먼 공동체는 염소와 양을 기르고자 남프랑스에 정착한다. 맥도널드를 점령해서 일약 스타로 떠오른 조제 보베 역시 열정적으로 이 운동에 참여했다. 그의 시골 경험은 자유주의 세계화 운동에 지금까지도 그가 반대 입장을 표명하는 데 결정적 영향을 끼쳤다.

문학은 자연으로의 회귀를 열광적으로 다루면서 점차 그 예를 늘려갈 것이다. 1970년대 후반 시인 케네스 화이트는 작품집 『구르구넬의 편지들』에서 도시 생활을 한번 경험한 뒤에 감행한 아르데슈 지역으로의 탈주와 "흔히 구르구넬이라 불리며 봄 계곡에 있는 프라뒤슈 촌락"[13]에 정착했던 일을 회상한다. 폭풍우가 몰아치는 동안 땅이 빛을 발하는 아르데슈 지방의 자연은 세계와의 황홀한 결합을 촉구하는 중요한 요소였다.

이 광경에 몹시 흥분한 나는 여기서 목격한 찬란함을 글로 표현할 줄 몰라서 그저 절망한 채 얼마간 꼼짝 못 하고 그 모습을 유심히 바라보고만 있었다.[14]

---

13) 아르데슈, 프라뒤슈 : 프랑스 남부 론–알프스(Rhône-Alphes) 지방의 소도시. [역주]

14) K. White, *Lettres de Gourgounel*, Paris, Les Presses d'Aujourd'hui, 1979.

영국 작가 피터 메일은 도시에서 벗어나 지방에 산다는 것이 가져다준 행복을 야생 상태의 뤼베른에서 이야기한다. 브레이브 학파의 글뿐 아니라 자연으로 향하는 순수하고 독창적인 귀환의 열정을 폭발시키는 다른 수많은 작품을 인용할 수 있을 것이다. 예를 들어 단편소설 『행복의 가격』에서 미셸 페라모루는 다음과 같이 기술한다.

행복에 관해 스스로 질문을 던졌을 때 어떤 상징적인 이미지가 내 정신 속으로 들어왔다. 그것은 어떤 남자가 풀밭과 들판 사이로 난 작은 길에서 산만하게 사방을 두리번거리며 걷는 장면이었다. 이 남자의 주의를 끈 것이라곤 들판에서 자라는 식물과 미풍에도 쉽게 물결치는 야생귀리밖에 없었다. 이것이 바로 호사를 좇는 사치나 재산을 탐하는 물욕에서 벗어나 아름다움을 추구하는 모습이었다. 이 고독한 남자에게 이것은 일종의 마약과도 같은 것이었다. 이런 행복의 조건을 토대로 지루함에서 벗어난 어떤 존재를 탄생시킬 수 있다고 생각한 그 남자는 매일 아침 똑같은 바람을 기원한다. 그는 일상의 작은 행복을 계속해서 마련해줄 우연(어떤 이는 신이라고 부를)을 매일 기원하는 것이다. 그는 태양과 장미를 포획할 거미줄 같은 천을 짜고 있는 것이다. 저녁에 불어온 바람이나 예기치 않았던 손길이 그가 만들어놓은 거미줄을 망가뜨려도 상관없다. 그는 내일 또다시 이 거미줄을 만들 것이기 때문이다.[15]

단순함과 소박함에 가깝다고 할 평화로운 행복을 욕망하게 하는 향수는 현대 사회가 소외와 멸종을 상징하는 인공적인 공간으로 인식됐다는 듯이 우리의 정신에 침입한다. 데니스 틸리냑이 옹호했던 '수이악에서의 행복'

---

15) M. Peyramaure, 「Le prix du bonheur」in Ecole de Brive, *Un jour de bonheur*, Paris, Presses Pocket, 1999.

이 도시의 타락에 맞선 저항을 가능케 한 이유도 여기에 있다.

자연과 관련된 주제는 영화로도 폭넓게 확장됐다. 에티엔 샤틸리에즈는 영화 「행복은 풀밭에 있다」에서 직업과 가족에게 신물이 난 평범한 직장인이 타고난 한량인 자동차 수리공의 도움을 받아 도시에서 탈주하는 일련의 과정을 그린다. 이 작품에서 거위 떼와의 빈번한 만남과 푸아그라 먹기, 밭과 풀이 활력을 불어넣은 살아 있는 공기를 마시는 행위는 잃어버린 천국을 소생시키는 작업과 밀접한 관련이 있다. 장 베커 감독의 「늪지대의 아이들」은 1930년대 리옹에서 그리 멀지 않은 소도시 돔브의 늪지대에서 평범하게 시간이 흘러가는 인생의 행복을 이야기한다. 등장인물들의 생동감 넘치는 연기와 상황에 맞게 설정된 섬세하고 코믹한 요소들, 청개구리 낚시에 얽힌 반전을 통해 효과적으로 소박한 행복을 주는 자연의 이상화는 이 영화를 결국 성공으로 이끌었다.

우리에게 제기된 것은 에덴동산의 세속적 비유인 '세계의 정원'으로 자리잡은 자연의 중요성이다. 낙원은 그것을 볼 줄 알고 발견할 줄 아는 자에게 언제나 지상에 존재한다. 산업화의 추락을 겪기 전 시골은 상상력을 불러일으키며 수많은 사람을 전원으로 이동하게 할 만큼 큰 매력으로 다가왔다.

최근에 프랑스 중부 도시 리모주에서는 도시인을 시골에 정착시킬 목적으로 '변두리 장터'를 고안하여 열기도 했다. 이런 시도나 계획은 다양하고 구체적인 모습으로 나타난다. 예를 들어 파리 북부 오베르빌리에에 사는 어떤 가족은 가끔씩 예술가들에게 숙소를 제공하기도 하는 카페-레스토랑의 지붕에 둥지를 마련하기도 했고, 또 어떤 가족은 생 자크 드 콩포스텔 고속도로에서 순례자들을 위한 거처를 만들어주려고도 했다. 그러나 효율적이고 이성적인 21세기에 행복은 1970년대 히피들이 고안했던 방식 같은, 무질서와 임의적인 탈주를 의미하지 않는다. 이제는 탈주하기 전에 충분한 은행 잔고 증명을 준비해야 한다. 전원을 꿈꿨던 새로운 후보자 가운데 한 사람은 이런 점을 꼬집어 지적했다.

젊은 도전을 감행하려고 할 때 반드시 제출해야 하는 것은 탄탄한 서류들이다. 이 서류는 계획 없이 떠나려는 신농촌 세대나 가벼운 등짐 보따리와 아무 관계 가 없다.[16]

위대한 가수이자 행복의 사도인 샤를 트레네는 "온화한 프랑스, 나의 어린 시절 푸른 나라"를 노래한 바 있다. 트레네의 노래는 사실상 산업화 이전의 프랑스, 혹은 역사학자 유진 웨버의 표현에 따를 때 '최후의 보루'인 고향으로 돌아가고 싶다는 꿈을 반영한다.

한편 이데올로기적이고 정치적인 의미가 제거된 꿈은 의사소통 수단의 혁명으로 훨씬 활성화되고 있다. 컴퓨터와 인터넷 덕분에 사무실과 멀리 떨어진 곳에서도 직장생활이 가능해졌으며, 이메일로 주고받는 비즈니스의 가능성도 확산되고 있다. 상황이 이렇다면 왜 시골에서 업무를 보는 일이 가능하지 않겠는가? 19세기식 산업혁명의 특징이 고스란히 남아 있는 공장이나 판에 박힌 방식으로 임직원을 억압하는 기업은 맹렬히 공격받아 점차 사라지고 있다.

점진적으로 소멸돼 가는 질서를 상징하는 산업 사회나 후기 산업 사회를 벗어난 탈주를 통해서만 행복을 찾을 수 있다는 막연한 느낌은 지속된다.

---

16) A. Verdier, 「Candidats à l'exode urbain」 in *Express*, 14/6/2001.

캘리포니아의 꿈

　희망의 새로운 도약에서 행복은 다른 공간을 향한 탈주와 동일시된다. 이 탈주의 공간에는 2000년대가 열리며 물병자리(Verseau)의 시대로 향하는 새로운 약속이 있다. 인도를 향한 여행이나 도시 사회에 대한 거부에는 새로운 의미가 부여된다. 이 두 가지는 물질 만능주의 사회에서 해방된 인간의 정신적 완성을 결정짓는 조건인 셈이다. 폴 르 쿠르는 1930년대 자신이 발행했던 잡지『아틀란티스』와 저서『물병자리의 시기』(1937년)에서 우리가 이런 새로운 시기에 접근하고 있음을 언급했던 최초의 작가다. 심성의 행복과 자아의 실현을 가능케 하는 시간에 대해 매릴린 퍼거슨은『물병자리 세대 아이들』[17]에서 다음과 같이 적는다.

　　무상으로 주는 자연으로 돌아가려고 나는 '물병자리'라는 말을 자연에 결부한다. 나는 점성술에 문외한이지만 우리 대중문화를 관통하는 꿈의 상징적인 힘에 끌린 것이다. 즉 어둠과 폭력으로 점철된 시대를 지나 '물고기자리'는 사랑과 희망의 새천년을 가로지르게 해주고, 또한 '물병자리'는 '영혼의 진정한 자유 시대'를 맞이하게 해준다. 우리는 이전과는 또 다른 시대에 진입하며, 과거의 황도대(黃道帶)에 등장하는 물의 짐꾼은 여기에 딱 들어맞는 하나의 상징과도 같다. 왜냐하면 그는 '갈증을 막 해소한 흐름'을 재현하고 있기 때문이다.[18]

　1970~1980년대 캘리포니아는 새로운 인간을 재구성하는 낙원의 장소

---

17) 국내에서는『뉴에이지 혁명』(정신세계사, 1994, 이용주 역)으로 번역·출간된 바 있다. [역주]

18) M. Ferguson, *Les Enfants du Verseau*, Paris, Calmann-Lévy, 1981. Trad. G. Beney.

로 상징화된다. 사람들에게 캘리포니아는 새로운 패러다임과 의식의 확장을 실험하는 곳으로 인식됐다.

> 캘리포니아는 아시아와 유럽이라는 두 부류의 이민 물결이 융합해 생산된 문화의 다양성 덕분에 풍요로워진 도시다. 캘리포니아는 동양과 서양이 가깝게 만나는 접점이다. [...]
> 또한 캘리포니아는 스노우가 예술과 과학이라고 불렀던 두 문화의 결합을 탄생시켰다. 예술과 과학의 결합에서 발생한 순수과학의 생산물 중 약 80퍼센트가 캘리포니아에서 나온다는 평가를 받는다 [...] 상업적인 동시에 전위적인 예술은 캘리포니아의 기간 산업을 대표한다. [...] 사학자 윌리엄 어윈 톰슨은 캘리포니아가 연합 국가일 뿐 아니라 "현실에서 오래전부터 소멸돼왔던 상상력"을 상징한다고 말한다. [...] 태양과 경제의 자유에 대한 캘리포니아적인 소망은 아메리카 팽창주의의 소망처럼 희망과 자유와는 또 다른 초월적인 비전, 이차적인 목표를 가지고 있다.

전 세계로 확장하려는 신념을 바탕으로 한 실천과 매체가 바로 이 특화된 공간에 자리잡는다. 예를 들어 주기적인 치료법, 동양의 조화론에 따른 건강 관리, 개인 상호 간 협동적인 교육 여건 조성, 환경 친화적인 의식 확장, 정보 신기술 보급 따위는 과학과 정신을 화해시키려는 의도에 바탕을 둔 세계관에서 비롯한 결과일 뿐 아니라 인간과 자연 사이의 조화로운 협력을 유도하려는 일종의 '결탁'이라고 할 수 있다.

한편, 탈주 시도는 행복 추구를 욕망과 유행, 개인주의적인 안락과 쉽사리 맞바꾸는 소비사회의 미끼를 덥석 무는 순간, 순식간에 무산돼버린다.

제2장

사적인 행복

오늘날 우리는 행복과 관련해 새로운 전망을 제시했던 개인주의 사회에 살고 있다. 앞서 살펴본 것처럼 중세에는 오로지 신의 구원을 통해서만 가능한 종교적인 의미의 천복이 존재했다. 물론 이런 천복 역시 개인적인 것은 분명하지만 그 규칙은 철저히 공동체적이었다. 이후 18세기 철학자들은 하늘을 땅으로 끌어내려 근대 정치의 존재 이유인 사회적이고 공동체적인 행복을 고안해냈다.

오늘날 유일하게 행복을 보증하는 것은 사회적 협약에서 벗어나 자아의 탐험을 대신해주는, 물질적 쾌락이라 해도 좋을 개인의 이기적 만족이다.

개인주의

인간은 기술을 지배하게 되면서 자신의 운명까지도 지배하는 '독립적인 개인'이 되고자 한다. 행동생태학자이자 소아정신과 의사인 보리스 시뢸

닉은 이렇게 말한다.

> 기술의 발전은 자연환경을 변화시키면서 풍속과 자아에 대한 감정마저 바꿔
> 놓았다. [...] 민주주의 사회에서 기술력은 개인의 능력을 향상시키는 동시에 인
> 간을 고립시킨다.[19]

더구나 이 같은 개인의 형성은 시간이 흐르면서 점점 더 진보했다. 몽테
뉴나 낭만주의자들에게는 있는 그대로의 현실 세계에서 살아간다는 것이 문
제로 제기됐고, 이 문제는 내적 세계의 극한으로 향하며 자기 자신으로 존재
한다고 느끼면서 점차 요동치기 시작했다. 함께 살려면 우선 존재해야 한다.
이런 의미에서 글쓰기는 남들과 함께 사는 존재가 되도록 해주고 독서 활동
과 자전적 글쓰기는 자아가 시적으로 살아가도록 돕는다.

하지만 자기 자신으로의 거주는 욕망을 보다 더 만족시키고 더 잘 생산
하기 위해 스스로 고립되고 마는 개인의 견고한 성채가 되는 경향을 보인다.
노르베르트 엘리아스가 지적하듯이 르네상스 이후 "특수한 자아의 경험은
[...] 인간에게 자신의 진정한 '자아'가 '내면적인' 성채 안에 존재한다는 인
상을 주기에" 이르며 "더욱이 보이지 않는 벽으로 자아가 외부에 존재하는
것들로부터 완벽하게 격리됐다는 인상마저 준다."[20]라고 했다.

자아 속의 거주는 댐이나 교량처럼 견고한 장소를 설계하는 엔지니어
나 건축가의 욕망 같은 지배욕에 복종한다. 파스칼 부뤼크네르에 의하면 "행
복은 프로메테우스적인 업적 목록에 등재된 기술과 과학 옆에 존재"하며,

19) B. Cyrulnik, *L'Ensorcellement du monde*, op. cit.

20) N. Elias, *Qu'est-ce que la sociologie?*, La Tour d'Aigues, Editions de l'Aube, 1991.

"행복은 '촉발하는 행위'와 '드러내는 행위'라는 이중적 의미에서 우리가 생산하는 어떤 것임이 분명한"[21] 것이다.

사드의 작품은 가장 확실하고 기술적인 작동법이 주도하는 육체에 대한 안내를 착실히 따라가면서 광기를 만들어내고 판타즘을 적극 보호하는 자아라는 성채에 감금된 것이 밖으로 표출되면 어떻게 되는지를 매우 상징적으로 보여준다. 미셸 푸코는 바로 이 점을 지적한다.

사디즘의 출현은 한 세기를 넘는 동안 은폐되고 침묵으로 일관돼왔던 정신착란의 매 순간이 어땠는지를 잘 말해준다. 그러나 이런 사실은 세계의 형상이나이미지를 통해서가 아니라 말과 욕망으로 나타난다. 사드라는 한 인간의 이름에서 비롯한 개인 현상인 사디즘은 구금에서 탄생했다. 사드 작품에서 정신착란의 발생 장소가 주로 섬이나 성채나 감옥이나 수도원 등이라는 사실은 결코우연이 아니다.[22]

글쓰기가 18세기부터 기교의 형식으로 자리잡았다는 것은 반드시 이해하고 넘어가야 할 사실이다. 흔히 말하듯이 비록 낭만주의자들에게 글쓰기가 마술의 형식이었다 해도, 글쓰기는 판타즘에 어떤 형식을 부여하면서 다양한 세계를 구축하려는 의도로 존재해왔다.

정신착란을 일으키는 감금에 가까워질수록 문학의 대상은 어떤 이상발달이나 거인증(巨人症)도 두려워하지 않으면서 인간의 내면에 우주를 쓸어담으려는 거대한 건축물이 돼간다. 루소의 『고백록』에서 발자크의 『인간 희

---

21) P. Bruckner, *L'Euphorie perpétuelle*, op. cit.

22) M. Faucault, *Histoire de la folie*, Paris, Gallimard, 1972.

극』, 마르셀 프루스트의 『잃어버린 시간을 찾아서』에 이르기까지 예술가이자 엔지니어인 작가는 거대한 내면세계를 구축한다.

작가는 감정을 묘사하고, 상상력의 단면들을 포착하며, 자아의 복잡한 체계를 고안하고, 내면으로 들어온 외부 세계와의 조화나 단절을 하나하나 만들어간다. 개인은 자신에 대한 이 같은 성찰 덕분에 차츰 사회의 외부를 향하며, 결국 사회를 대체하는 의미심장하고 거대한 건축물이 돼간다.

근대적 인간이 사실상 기계를 통해 자연의 제약에서 해방됐다고 한다면, 인간은 예술을 통해 자신을 비춰볼 내면의 거울을 만들면서 문화적이고 사회적인 한계에서 스스로 자신을 해방하는 경향을 보인다. 이 점을 잘 포착한 작가가 독일 낭만주의 거장 프리드리히 슐레겔이다.

이 시기에는 혁명과 전제주의에 대한 정신적 균형을 유지하는 것보다 더 중요한 일은 없었다. 최상의 세속적 이익을 모두 한 곳에 집중시키면서 정신과 관련된 행동을 실행하기 위해 균형을 유지하는 일이 가장 중요했다. 하지만 대체 어디서 이런 균형을 찾을 것인가? 대답은 그다지 어렵지 않다. 이견의 여지 없이 그것은 바로 우리 자신의 내면이다. 그러면 누군가는 이곳을 휴머니즘의 중심으로 이해할 것이며, 마찬가지로 휴머니즘을 여기서 발견할 것이다. 지금까지 분열되고 모순적이었던 모든 예술, 모든 과학의 진정한 조화와 근대 문명의 중심이 이렇게 해서 일시적으로 발견됐다.[23]

이처럼 개인의 혁명은 '개인주의'라는 용어의 탄생과 함께 완성됐다.

---

23) F. Schlegel, *Fragments*, Athenüm, 1798-1800. Trad. A. Guerne in *Les Romantiques allemandes*, Paris, Desclée de Brouwer, 1963.

개인은 운행하는 세계의 고유한 중심이다. 개인은 고유한 창시자이자 스스로 중심을 갖춘 작은 우주다.

이와 동시에 성장하는 개인주의에 구체적 형태를 부여하는 또 다른 범주가 등장한다. 바로 행복에 관한 새로운 이해를 정착시키는 사생활, 혹은 사적 영역이다.

> 사적 영역은 각각의 자아가 중심을 이루는 지역을 말한다. 이 영역에서는 자아의 사상과 감정, 자아의 관계나 소유에 애착이 생기며, 이것들은 개별적인 삶의 징표를 보존하는 데 더욱 우호적인 상태로 구성된다. 일인칭 개인이 체험하는 사생활은 규범이나 양식, 공식적 행사, 공동체 생활과 전적으로 대립된다.[24]

사생활이 있는 개인은 이제 프랑스 혁명 이전의 구체제나 중세식 공동체(사회 집단, 협동 농장, 길드 등)에 자기 출생의 귀속을 통해 정의되지 않을뿐더러 신과의 관계를 통해 정의되지도 않는다. 개인을 정의하는 것은 개인의 욕구와 욕망이다. 사생활을 중시하는 18세기가 시작되자마자 행복한 삶을 이루는 다양한 방식이 등장한다. 예를 들어 흔히 집에서 빈둥거리는 옷차림이 암시하는 게으른 사람은 '옷을 제대로 차려입어야 하는' 공동체 생활에 반대하는 옷을 입었다는 식의 자유를 상징하게 된다. 더욱이 이런 옷은 규방에 은둔할 때 입는 옷이다. 규방이란 자아의 쾌락, 사랑의 황홀경, 이러저러한 것들이 뒤섞인 철학에 몰입하는, 가장 은밀하고 친밀한 장소를 의미한다.[25]

이 방은 점점 작아지고, 부르주아와 특권층의 거주지는 이제 가족의 연

---

24) G. Gusdorf, *Naissance de la conscience romantique au Siècle des lumières*, op. cit.

25) Sade, *La Philosophie dans le boudoir*, Paris, Folio, Gallimard, 1976.

대를 강조하는 울타리를 상징하게 된다. 18세기 '작은 아파트'에서부터 오늘날 '코쿠닝'[26]에 몰입하려고 은둔하는 현대 거주지에 이르기까지 친밀하고 은밀한 행복이라는 개념이 생성된다. 루소는 바로 이런 행복에 주목해 『신 엘로이즈』를 위해 한 장의 삽화 내용을 고안하기도 했다.

> 왼쪽 끝에 찻잔 셋, 차를 담은 병, 설탕을 담은 병 등이 놓여 있는 탁자. 올마르 부인은 아이들을 보려고 하던 일을 멈췄다. 남자들 역시 올마르 부인과 세 아이를 동시에 보려고 하던 독서를 멈췄다. 청중 가운데로 꿈꾸는 온화한 명상의 분위기가 흘렀다. 특히 어머니는 온화한 황홀경을 배경으로 등장하는 것이 분명하다.[27]

이런 내적 친밀감에 관한 한 스탕달은 정치한 이론가라고 할 수 있다. 스탕달은 '자기 숭배' 혹은 '자기 도취'를 의미하는 영어 '에고티즘(égotisme)'이라는 말을 프랑스에 들여와 문학에 사용했다. 에고티즘은 음악을 듣거나 그림을 보거나 문학작품을 쓰면서 자아의 동반 현상을 맛볼 때 느끼게 되는 은밀한 내적 쾌락을 의미한다. 『앙리 브륄라르의 생애』에서 화자는 "나는 가끔 글을 쓰면서 쾌락을 느낀다."라는 말로 에고티즘을 설명한다. 글쓰는 작업, 이것은 스스로 자신을 향유하는 작업이다. 이런 의미에서 본다면 행복과 은밀한 내적 진리 사이에 어떤 일치가 생긴다. 이처럼 행복에 다가가려면 오로지 타자에 대한 소외처럼 자신을 스스로 체험하는 수밖에 없다. 이제부터

---

26) 코쿤(cocoon) : 고치를 뜻하며, 현대인들이 자신만의 공간에 갇혀 점차로 고립되는 경향을 빗대어 생겨난 용어. 코쿠닝(cocooning)이란 사람들이 현실로부터 도피하여 누에고치 같은 편안한 안식처에서 모든 걸 해결하고 밖으로 나가지 않으려는 현상을 말한다. [역주]

27) J.-J. Rousseau, *La Nouvelle Héloïse* in *Œuvres complètes*, Paris, Gallimard, Pléiade, 1961-1971, Appendices.

행복은 타자가 아니라 개인에게 부여된 권리다. 이처럼 행복은 각자가 자아도 개인성도 잃지 않고도 몰두할 수 있는 권리가 됐다.

욕망의 광기

일종의 임무가 돼버린 행복은 어떤 대가를 치르더라도 획득해야 하는, 삶에 가장 적합한 만족의 총체로 여겨지면서도 다른 한편으로는 사회적 제약을 위반하지 않고 충족해야 할 욕구의 총체로 여겨지기도 한다. 예컨대 개인주의적 의미의 행복 실현은 사회적 윤리를 전제하게 된다.

칸트는 『도덕형이상학 원론』에서 뛰어난 방식으로 행복의 임무에 절대적인 도덕적 필요성을 부여했다.

> 자신의 고유한 행복을 보장하는 행위는 (적어도 간접적으로는) 하나의 임무에 해당된다. 왜냐하면 자신의 상태에 만족하지 않고, 충족되지 않는 요구들을 통해 인간이 온갖 종류의 근심 걱정에 쫓기며 사는 것에 만족하지 않는다는 사실은, 인간 자신의 의무에 인간이 제동을 걸게 하는 위대한 시도가 될 수 있다는 점을 증명하기 때문이다.

칸트와 마찬가지로 철학자 알랭은 『행복론』(1928년)에서 행복을 미덕과 의지, 사회적 의무와 동일한 것으로 파악한다.

자아를 통해 행복감을 느끼면서 강해지는 자는 마찬가지로 타인들을 통해 더 큰 행복을 느끼며 강한 자가 될 것이다. 따라서 친밀하고 고유한 행복은 미덕과 모순되지 않고, 오히려 힘을 의미하는 미덕이라는 이 아름다운 단어가 우리에게 말하듯이 미덕 자체이다.

「행복은 미덕이다」, LXXXIX

행복해지기를 원해야 하며, 그런 행복에 자기 자신을 놓아야 한다.

「얼마나 관용적인가」, XC

우리가 충분히 고려하지 않은 것이 있다면 그것은 행복을 느끼는 것이라기보다는 타인에 대한 의무다.

「행복에 이르는 의무」, XCII

알랭에게 이 같은 '의지의 행복'은 타인에 대한 예의를 강조하면서 성립한다.

우리를 사랑하는 사람들을 위해 무언가를 하는 것이야말로 행복에 이르는 길이라는 사실을, 우리는 충분히 언급하지 않는다. 그것이 바로 우리가 예의를 배우는 법이며, 이 예의의 행복이며, 내부에 관한 외부의 반사작용으로 곧 울려 퍼질, 항상 잊혀왔지만 항구적으로 존재하는 어떤 규칙이다. 공손한 자들이 자신이 모르는 사이에 보상을 받는 것은 이 때문이다.

『행복론』, XC

예를 들어 타인 앞에서 자기 슬픔을 일일이 늘어놓지 않는 것은 예의를 갖추는 태도다. 마찬가지로 서로 감염되듯이 행복에서 사회적 연대를 형성하는 것 역시 예의를 갖추는 태도다. 따라서 개인의 만족감은 사회 협약의 존중과 사회 참여를 전제한다.

그러나 다른 한편으로 사드의 작품이 이정표를 세웠던 행복에 관한 개인주의는 이와는 전혀 다른 곳, 즉 사회적 윤리 밖에 존재할 수 있다. 사드가 말하는 행복과 일치하는 감각적 만족의 무절제한 추구는 살아 있다는 생생한 느낌을 원하는 사람이라면 누구도 피해갈 수 없는 제1의 비윤리적 명령이다. 개인에게 내려지는 이 비윤리적 명령은 광기이자 타인의 우려에 무관심할 뿐 아니라 타인의 우려를 쾌락의 대상으로 삼는 개인주의를 심화하는 욕망의 발현을 의미한다. 이런 광기는 개인을 자아의 성채에 유폐하고, 나아가 그곳에서 은밀히 가공된 흉측한 개인주의 화신으로 만들어버리는 정신적 소용돌이다.

사드와 함께 욕망과 쾌락은 살인에까지 이를 수 있는 삶의 근본적인 동기로 변한다.『규방의 철학』에서 자유주의자 돌망세가 공범자 생-탕주 부인을 대동하고 초대한 젊은 청년 외제니에게 이렇게 가르친다.

외제니 : 오! 존경하는 나의 스승들이여! 지상에 범죄가 거의 존재하지 않고 우리의 온갖 욕망에 평화롭게 몰두한다는 것이 무엇을 의미하는지 잘 알겠습니다. 스승님들의 가르침도 이것이지요? 모든 것으로부터 자신을 보호하고 경계하는 바보 같은 유별난 놈들이 정말이지 바보 같이 자연의 신성한 법칙을 위해 사회적 교육을 받는다는 것도 잘 알겠습니다. 하지만 스승이시여! 비록 자연이 동기를 부여했다 해도 절대적으로 안하무인격이고 결정적으로 죄를 저지르는 사회적 행동이 존재한다는 사실을 인정해야 하지 않을까요?[...]

돌망세 : 외제니, 이 점에 관해 분명히 짚고 넘어가야 할 사실이 하나 있다네. 최초의 자연법칙 중의 하나인 파괴는 사실상 파괴하는 행위와는 아무 상관이 없고, 더욱이 범죄에 속하지도 않다네. [...] 살인은 결코 파괴라고 할 수 없네. 살인은 자연의 존재들을 보상하는 데 소용되는 것을 가장 손쉽게 자연에 되돌려주는 것이지. 창조가 오직 창조에 몰두하는 자에게만 쾌락일 뿐 그 이상을 의미하지 않듯이 살인은 자연이 창조를 준비하게 하는 행위라네.[28]

이처럼 행복은 오히려 범죄의 쾌락에 가깝다고 할 만큼 절제되지 않은 쾌락의 욕망처럼 여겨질 수 있다. 판타즘을 통해 일반화된 이런 해방감에는 도덕률을 초월하는 잔인한 행복이 존재할 수 있다. 바르베 도르비이의 『악녀들』(1874년)에 등장하는 단편 「죄악 속의 행복」은 바로 이런 사실을 입증한다. 이 작품의 등장인물 중 한 명인 토르티 박사는 뛰어난 검투사의 딸이자 아버지가 죽은 후 아버지처럼 훌륭한 검투사가 된 오트클레르 스타생이라는 여인이 사비니 백작과 맺게 되는 절대적인 사랑을 이야기하는 화자로 등장한다. 이런 사랑은 검투사들이 쓰는 마스크 뒤에 숨은 채 신비로운 분위기를 연출하는 오트클레르 스타생을 새로운 모습으로 등장시킨다. 이 사랑은 연인 곁에 더 가까이 있으려고 그녀를 평범한 하녀라는 가면 뒤로 숨게 했다. 그녀가 사랑하는 사비니 백작은 사실 캉토르라는 여인과 오래전 약속했기에 곧 결혼해야 하는 처지에 있었다. 하지만 오트클레르 스타생은 연인의 암묵적인 동조 아래 그의 약혼녀를 독살하기에 이른다. 이 범죄는 그들의 사랑을 불행하게 하기는커녕 오히려 몇 년간 지속된 절대적 행복의 조건을 이루게 된다. 바르베 도르비이가 볼 때 사랑은 도덕률을 넘어 존재한다. 그는 토르티

---

28) Sade, *La philosophie dans le boudoir*, op. cit.

박사의 얼굴을 빌려 욕망의 진면목에 흥미를 느끼게끔 독자들을 유도했다.

"하지만 선생께서 하신 말씀이 사실이라면, 그런 인간들이 행복하게 산다는 건 도대체 신이 세운 질서에 얼마나 어긋나는 일일까요."

그러자 질문한 사람 못지않게 냉정하고 절대적 무신론자인 토르티 선생은 이렇게 대답했다.

"그게 질서든 질서의 파괴든 좋을 대로 생각하시오. 하지만 사실은 사실인 걸 어쩌겠소. 이 두 사람은 남들이 감히 흉내 낼 수 없을 만큼 뻔뻔스럽고 행복하잖소. 난 이 나이까지 사는 동안 수많은 사랑이 깨지는 걸 봐왔소. 하지만 그들처럼 변할 줄 모르고 나누는 깊은 사랑은 처음이오!

정말이지 그들의 사랑을 이리저리 연구도 해보고 몰래 엿보기도 했소! 혹시 두 사람의 사랑 속에 조그마한 흠집이라도 있지 않을까 해서 얼마나 뒤지고 다녔던지! 이런 표현을 용서하시오. 하지만 이 잡듯이 뒤져봤다 해도 틀리지는 않을 게요. 난 두 발과 두 눈을 두 사람의 생활 속으로 가능한 한 깊이 밀어 넣고 목불인견(目不忍見) 그 놀라운 행복의 잘 보이지 않는 어느 구석에 아주 미세한 결점이나 틈새가 없는지 찾았던 거요. 하지만 결과는 늘 부럽기 짝이 없는 기쁨뿐이라니, 하나님과 악마가 정말 있다면 이거야말로 악마가 하나님을 의기양양하게 놀려먹는 기막힌 장난이 아니고 뭐겠소!'[...]

"의사의 능력을 살려 죽기 전에 기형 치료에 대한 저서를 꼭 남기고 싶던 나의 입장에서 볼 때 괴물 같은 두 존재가 나타났으니 좋았소. 그래서 그들을 회피하는 사람들 쪽에 설 수 없었소."[29]

29) Barbey d'Aurevilly, *Les Diaboliques*, Paris, Gallimard, 1973.

인간은 자기 내면에서 욕망의 악마적인 모습과 함께 사회적 규범과 규칙을 무시하고 파괴하려는 흉측한 쾌락 욕구를 발견한다. 이런 욕망을 충족하려고 사회와 대립하며 살아가도 한다. 인간은 타인과 세계를 한낱 수포로 돌아가게 할 만한 쾌락의 힘과 과잉 상태의 에너지를 내면에 숨기고 있다. 개인주의의 철학적 신격화는 니체가 말하는 초인에 의해 더 새롭게 고안된다.

『비극의 탄생』(1872년)은 자아를 형성하기 위한 의무와도 같이 디오니소스적 쾌락과 황홀경을 누리라고 종용한다. 니체에게 신의 죽음은 인간의 위상을 불안정하게 하는 형이상학적 비극으로 체험되기보다 이와 정반대로 조롱 섞인 웃음의 폭발을 통해 분명히 확인된다. 니체에 의하면 우리가 최상의 해방 상태로 진입하려면 우리 자아의 창조자가 실상 아무 존재도 아니라는 사실도 현실화해야 한다. 우리 자아는 쓰린 가슴을 부여잡고 비탄에 빠진 낭만주의자처럼 신의 실종으로 금이 가거나 파괴되지 않는다. 결국 신이란 아무것도 아니다.

『서광』(1881년)에서 말하듯이 개인성은 새로운 빛을 받으며 각각 현상을 통해 집중적으로 표출되고,[30] 결국 자아와 영혼을 상실한 열광으로 변한다.

나에게 현상이란 대체 무엇인가? 이것이 존재와 반대되는 개념은 분명히 아니다. [...] 현상은 삶이나 심지어 행동 자체, 오직 현상이나 도깨비불, 요정의 춤 그리고 그 이상 아무것도 없다는 것을 내가 느끼도록 자아를 마음껏 조롱하는 삶 자체다.

---

30) 실제(reality)와 현상(appearance)의 구분에 있어서 플라톤이 이데아(진리)를 중심으로 실제를 중시했다고 한다면, 니체는 이런 사유에 맞서 현상을 중심으로 개인의 특징에 접근한다. [역주]

이처럼 개인은 비단 자신을 구성할 뿐 아니라 "즐거운 지식"[31]의 축적과 이를 통한 경험을 확장하면서 항상 다시 시작하는 재구축과 해체 역시 실행해야 하는 존재다. 따라서 '지식의 돈 주안'인 각자는 쾌락과 향유의 기회를 늘리고, 그럼으로써 '지식의 향연'에 참가하며, '술잔 기울이는 방법'을 배우게 된다. 이처럼 '영원히 회귀하는' 인생에서 각각의 인간은 적극적으로 니힐리즘을 실천하며 본능적 쾌락을 찾고 초인의 상태로 발돋움한다. 이렇게 각자는 영원한 현재, '힘의 의지'로 뻗어나가는 자아를 형성해갈 것이다. 루 안드레아 살로메가 신중하게 지적하듯 "니체가 자아의 신격화를 통해 발견하고자 했던 것은 바로 죽은 신의 대체물"이었다. 개인주의가 극단으로 치닫고 거기서 단지 허무만을 발견한 니체는 오로지 자아의 영원한 형성에서만 누릴 수 있는 황홀한 상태의 비극적 행복을 생각했다.

한편 앙드레 지드는 이 독일 철학이 남긴 교훈을 기억했다. 『지상의 양식들』(1897년)은 원죄설과 도덕적 과오에 대립한 육체적·감각적 쾌락에 열광하기를 적극 권장하고 욕망의 활성화를 격려한다. 이 작품은 주로 개인이 존재의 불꽃에서 타버리는 상황, 끝없이 이어지는 감각적 황홀로 개인이 소멸되는 상황을 그린다. 프로메테우스는 단순히 신에게서 '불을 훔친 자'가 아니라 스스로 불이 된 자다. 인간 자신이 불을 만들었으며, 이렇게 피어오른 불꽃에서 개인주의는 매순간 정점으로 향하며 승리를 자축한다.

나타나엘, 내 너에게 열광을 가르치겠노라.
우리의 행위는 인화 물질을 태울 때 뿜어 나오는 광채와도 같이 우리 몸을 불사른다. 우리 행위가 우리를 소모시키는 것은 사실이지만, 한편 그것이 우리를

---

31) 니체의 책 제목. [역주]

빛나게 하는 것도 사실이다.

우리 영혼에 어떤 가치가 있다면, 그것은 우리 영혼이 다른 어떤 것보다 정열적으로 불타오르기 때문이다.

위의 언급은 앙드레 지드가 『새로운 양식들』(1935년)에서 "인간은 행복을 위해 태어나며, 사실은 지상에 존재하는 자연이 우리에게 분명하게 가르쳐주는 것"이라는 지적을 통해 완성된다. '불타오르는' 행복은 자아가 펼치는 종말론적 계시록인 셈이다. 따라서 행복해지려는 것은 지극히 자연스러운 반응이다. 여기서 행복과 마음, 감각의 충족은 다음과 같이 정의된다.

모든 피조물에게 행복의 수치는 자신의 감각과 마음이 그것을 견디는 정도에 따라 결정된다. 만약에 누군가가 내게 조금이라도 금지한다면, 나는 탈취당하고 만다.

이런 맥락에서 20세기 유럽 개인의 운명은 욕망과 개인을 같은 맥락에 두고 끝없이 전개되는 쾌락주의에게 맡겨진다. 『나자』에서 『미친 사랑』에 이르기까지 앙드레 브르통의 초현실주의와 1968년 5월 혁명은 서양 개인주의 역사에서 중요한 자리를 차지하는 욕망의 유토피아를 표출하는 각기 다른 이정표다.

앙드레 브르통과 초현실주의 시인들에게 예술과 자동기술법[32]에 의한

---

32) 자동기술법(écriture automatique) : 초현실주의자들이 표방했던 글쓰기 방식으로, 무의식을 기술할 것을 목적으로, 정상을 이탈한 환각 상태, 꿈처럼 몽롱한 상태에서 머릿속에 떠오르는 것들을 아무런 이성의 검열과 제어 없이 단숨에 써내려가는 기법을 의미한다. 인간을 구성하는 원동력을 무의식의 힘으로 파악하는 이런 글쓰기의 목적은 무의식에 잠재된 욕망을 기술하는 데 있다. 특히 회화에서는 살

초현실성의 추구, '사유를 실질적으로 움직이는 시스템'에 대한 탐구는 단지 개인의 지위를 격상하려는 목적으로 매우 고양된 상태에서 시도한 색다른 방법일 뿐이었다. 이 작업은 욕망과 쾌락을 통해 '인간 해방'을 시도한 사례 였다. 브르통의 작품 『나자』는 가장 완성도가 높은 경우에 해당한다.

> 항상 내 것이었으면서도 내가 지나치게 집착했던, 단지 내가 지나치게 타인들이 가야 할 길에 도움을 줬던 생각에 대해 나자는 우리가 그럴 수 있었듯이 강했고 결국 몹시 약하기도 했다. 이 지상에서 가장 어려운 체념의 대가로 얻은 자유는 우리에게 부과된 시간의 제약도, 운명에 대한 어떤 생생한 고려도 없이 자유의 향유에 대해 물음을 던진다. 왜냐하면 결정적으로 가장 단순하면서도 혁명적인 모습에 따라 설득된 인간 해방이 **모든 면에서의** 인간 해방을 의미하기 때문이다. 우리는 **각자가 규정한 방법에 따라** 해방을 인식하게 되고, 이것은 이용할 만한 가치가 있는 유일한 동기로 남아 있다.[33]

욕망하는 개인은 혁명적이다. 행복에 도달한다는 것 자체가 이미 세상을 자기 중심으로 돌게 하는 행위에 해당하기 때문이다. 1968년 5월에 발생한 문화혁명에서 합의된 중요한 사안은 이 같은 행위의 진정한 의미를 발견하는 데 있었다. 다시 말해 정치적 차원의 혁명이 개인주의 혁명을 수반한 것이다. 이런 혁명은 욕망이라는 무한하고 매력적인 힘의 근원인 개인, 마치 항성과도 같은 이런 개인의 주위에 사회를 위치시키기로 합의했던 것이다.

바도르 달리가 시도했고, 문학에서는 앙드레 브르통을 필두로 1930년대 프랑스 초현실주의 운동과 다다이즘이 가장 대표적인 사례다. [역주]

33) A. Breton, *Nadja*, Paris, Gallimard, 1928.

한마디로 말해 1968년 5월 혁명은 축제이자 사회적 제약과 위계질서를 전복하려는 개인의 모험이었으며, 이 사실은 충분하다 할 만큼 반복해서 설명됐다. 68혁명의 축제와 모험은 결국 행복해지려는 욕망, 랭보가 이미 한 세기 전에 그 형상을 그려봤던 '취한 배'에 승선하고자 하는 욕망을 떠올리게 한다. 학생들이 '해방한' 소르본 대학은 랭보의 표현처럼 "하늘에 떠 있는 자잘한 섬들"을 향해 출범할 채비를 막 끝낸 배였다.

밝은 달빛 아래 해방되고 정복된 소르본 대학은 취기로 완성한 스펙터클을 스스로 보여주면서 새로운 치외법권의 혜택을 받게 된 사실을 신중한 자세로 검증한다. 브르타뉴풍 모자를 쓴 비쩍 마르고 무장한 빅토르 위고는 마오쩌둥 사상에 관심을 보인다. 파스퇴르 연구소에서 일하던 의학도들은 양손에 붉은 깃발을 들고 있다. 자신이 주도한 영웅적이고 성스러운 축제[34]에 온전히 몰두한 섬은 표류하기 시작한다.

학생들이 모여 서로 겹겹이 둘러싸고 주변은 차츰 혼잡해진다. 학생들로 넘쳐나는 계단식 강의실은 창공 한가운데 떠 있는 유토피아의 비행선이 되고, 그 고유한 존재에 스스로 깊이 몰두한 배가 된다. 어디 있더라도 사람들은 자기 자아 속에 머문다. 아무에게나 서로 말을 건넨다. 거리의 부랑자들조차 여기서는 환영받는다. 담배 연기 자욱한 강의실로 들어가려고 문을 여는 순간, 그들은 이 여행의 한 조각을 덥석 문 듯한 인상을 받는다. 여행에 동참하려면 단지 문을 열고 들어온 뒤에 다시 문을 닫기만 하면 된다.[35]

---

34) kermesse : 네덜란드, 벨기에 등, 프랑스 북부지방에서 열리는 수호성 축제. 야외에서 열리는 정기 바자회 또는 야외 시장을 의미함. [역주]

35) H. Hamon, P. Rotmans, *Génération, Les années de rêve*, Paris, Seuil, 1987.

낭테르 대학이나 오데옹 대학의 벽에 붙어 있는 수많은 대자보는 이 욕망에 동참해서 쾌락을 전면화하자고 호소한다. 대자보에는 "무정부 상태, 그것이야말로 바로 나 자신." "나를 해방하려 하지 마. 내가 알아서 할 테니." "나는 거리 한복판에서 성적 쾌락을 느낀다." "혁명은 단지 위원회의 혁명이 아니다. 혁명은 무엇보다도 당신 모두의 것이다." "당신의 총구를 내리지 않은 채 당신의 애인을 품어라." "섹스하라, 그리고 모든 걸 원점에서 다시 시작하라." "현재를 살려고 하라." 등등의 글귀가 쓰여 있었다. 한마디로 이런 다양한 표현은 행복에 도달하려는 노력에서 비롯했다. 그것은 금욕적이고 검소하며 전체주의적이고 볼셰비키적인 권력으로 퇴행을 거듭하는 정치 이데올로기에 의해서가 아니라 개인의 억눌린 욕망을 해방하고 일깨우면서 행복에 도달하려는 행위에서 나온 표현들이다. 예컨대 "벌써 행복은 열두 시간째 지속되고 있음." 같은 구호와 더불어 소르본 대학을 방문한 모든 사람을 환영한 것은 욕망을 해방하려는 힘에서 비롯했다.

프랑스 좌파 운동과 마오쩌둥주의는 정치적이었던 만큼이나 형이상학적이었다. 이 두 사상은 존재와 욕망과 혁명을 같은 것으로 파악했다. 그럼에도 1968년 5월 혁명은 좌파 운동이나 마오쩌둥주의와는 또 다른 의미를 실현했다. 이 사건은 젊은이들이 숭배하기 시작한 새로운 지향점을 드러냈고, 사회는 곧이어 이 반체제적인 젊은이들의 열망을 수용했다. 이제부터 이들은 이전 사회의 낡은 가치와 형식들로부터 사회를 해방해야 했다. 그러려면 무엇보다도 먼저 학교를 해방해야 했다.

행복의 교육학

프랑스의 68년 5월 혁명은 기존의 학교 교육 방식과 과정을 완벽히 혼란에 빠트렸다. 68혁명 이후 교육의 관건은 아이들이 성숙하고, 자신만의 세계를 가꾸고, 더 많은 자유를 누리게 하는 데 있었다. 68혁명이 낳은 이런 각성적인 활동과 적극적인 방법은 전통적인 지식 중심적 과목이나 낡은 평가 방식을 완전히 교체함으로써 가능해졌다. 다시 말해 68혁명은 그간 지식 전달에 국한됐던 교사의 역할을 확대하고, 교육을 체계적인 과학으로 재정립하면서 새로운 바람을 불어넣었다. 아이들을 바라보는 관점과 세계관의 변화가 과학을 자극하면서 교사의 채용에도 영향을 끼치게 된 것이다. 기존 틀에서 해방함으로써 '삶의 장소'가 된 학교에서 세계와 행복한 아이에 대한 관점이 갱신될 터전이 확립됐다. 아이들이 시간에서 해방되면서 학교도 큰 변화를 겪게 된다. 지식인 양성 기관이었던 학교가 인간관계와 정서를 함양하는 '교육 공동체'가 되면서 교육의 목적은 훈육의 목적을 대치하게 됐다.

우리는 교육 공동체와 대학 공동체라는 말을 익히 들어 잘 알고 있다. 이 공동체에서는 구성원 각자가 다른 구성원들과 대화를 진행하는 모임이나 구성원 각자의 생각을 말하거나 제공하는 모임, 혹은 구성원 각자의 기능을 확인하고 이 기능을 순환적으로 교환하는 모임이 본격적으로 요구된다. 이런 방식으로 다양성과 권력의 절대적 평등이 공존한다. 이것이 바로 조직과 권위가 제거됐던 초대 교회가 꿈꿨던 모델이다. 사실상 이것은 교회 없는 기독교 공동체다.[36]

---

36) J.-C. Milner, *De l'Ecole*, Paris, Seuil, 1984.

이 교육 양성 기관의 모델 뒤에는 정신분석가 닐이 극찬했던 '행복한 공동체'라는 유토피아가 있다. 닐의 유명한 저서 『서머힐의 아이들』은 닐이 1921년 런던에 세운 공동체의 교육 경험을 들려준다. 이 공동체는 '자율적 체제'를 바탕으로 균등한 권리가 있는 아이들(대략 75명 정도)과 어른들(12명으로 구성된 "부모의 집")이 자율적 운영 체계를 세우고 운영했다. 이 기관을 공동 설립한 것은 사회적 조작과 강압의 기회처럼 부과된 규칙을 자유를 바탕으로 다시 실현할 수 있을 때만 아이들이 행복에 이르게 된다는 사실에 주안점을 뒀기 때문이다.

자유로운 아이들은 공포의 흔적이라고는 찾아볼 수 없는 활짝 핀 얼굴을 하고 있다. 이와 반대로 학교 규율로 통제를 받는 아이들은 소극적이고 가엾을 뿐 아니라 늘 겁에 질린 얼굴을 하고 있다. 행복이란 억압 상태를 최소화하는 작업으로 정의될 수 있다. 행복한 가정은 가족 구성원이 사랑이 넘치는 집에서 살고 있음을 의미하며, 불행한 가정은 긴장된 상태로 숙소에서 하루하루를 보내는 것을 의미한다. 나는 행복이 가장 중요하다고 생각하는데, 행복은 곧 성장을 의미한다. 여드름으로 뒤덮인 얼굴을 하고 시험에 반드시 통과해야 하는 복잡한 수식 따위는 몰라도 자유롭고 만족한 편이 훨씬 낫다고 생각한다. 나는 자유를 만끽하는 청소년의 행복한 얼굴에 여드름이 피는 것을 본 적이 없다.[37]

그러나 역사가 증명하듯이 천국은 언제나 지옥과 나란히 붙어 있고, 황홀한 밤은 늘 고통스러운 아침을 낳게 마련이다. 학교도 일정 부분 이런 운명에서 벗어나지 못한다. 왜냐하면 학교 역시 삶의 장소로서 쉽사리 사회의 영

---

37) A. S. Neil, *Libres enfants de Summerhill*, Paris, Folio, Gallimard, 1985.

향을 받는 곳이기 때문이다. 더욱이 오늘날 학교는 사실상 진부한 소비의 장소가 돼버린 감도 있다. 학교는 지식과 배움을 소비하는 장소, 세상 곳곳에 파고든 상품의 거짓 행복을 소비하는 장소가 돼버렸다.

제3장

상품화된 행복

개인주의적 행복에 대한 찬양과 신봉은 근본적으로 실망의 장소로 인식된 사회에 반대하는 과정에서 생겼다. 사드에서 초현실주의에 이르기까지 욕망하는 인간은 사회적 존재가 아니다. 그와 정반대로 전복을 기도하고 자발적으로 반란을 일으키며, 혁명적이기까지 한 존재다. 하지만 욕망이 사회를 공격하는 것과 마찬가지로 사회는 일종의 방어와 회복의 일환으로 욕망을 소유욕으로, 행복을 상품에서 비롯한 만족으로 변질시킨다. 미겔 베나사야그와 에디트 샤를통은 다음과 같이 말한다.

> 시장경제 사회는 행복 개념의 공허함을 행복과 엇비슷한 이미지들로 대신 채워 넣는 데 열중하는 사회다. [...] 이런 사회는 사람들의 욕망하는 행위를 막지 못할 뿐 아니라, 그들의 고민과 욕망을 상업적 이윤추구로 전환하면서 결국엔 이 양자 모두를 소외시킨다.[38]

---

38) M. Benasayag, E. Charlton, *Critique du bonheur*, Paris, La Découverte, 1989.

현대의 행복은 '행복해진다'와 '행복을 직접 소유한다' 사이에서 동요한다. 인간은 항상 세계를 특징짓는 이 같은 대립 속에서 살고 있다. 이제부터는 광고 한 조각에서조차 지속적으로 표출되는 이런 소유의 행복을 유심히 살펴야 한다.

타임 이즈 머니

현대 문명은 지속적으로 종교의 대체물을 고안해내고 있다. 생-시랑에서 루이 부르드루에 이르기까지 기독교 연구자들은 오래전부터 돈이 존재한다는 사실과 돈을 소유한다는 사실을 혼동해서 발생한 금전 숭배 사상을 엄중히 고발해왔다. 금전 숭배 사상은 "돈이 행복을 가져다주지는 않지만, 행복에 기여한다."라는 가장 보편적이고 대중적인 속담을 통해 이미 널리 알려졌다. 더구나 돈의 가치는 개인의 도덕적이고 감성적인 가치를 대신하려는 경향마저 보인다. 19세기에 발자크는 근대 자본주의의 탄생과 급부상하기 시작한 돈의 지배를 가장 날카롭게 비판했던 작가 중 한 명이었다. 세자르 비로토는 은행과 현금의 지옥 속에서 사라져갔지만, 고리오 영감에게 돈은 행복과 자기 딸들의 사회적 성공을 보증하는 데 필요한 위엄과 권위마저 갖추고 있다. 발자크가 각별히 주목했던 것은 자본주의 발전과 더불어 차츰 증가 추세를 보이는 착취의 메커니즘이었다. '재정에 관한 한 나폴레옹 황제'인 누싱겐의 제후는 발자크적 의미에서 가장 완성된 자본가의 모습을 상징한다. 그러나 그는 단순하게 자산을 축적하기만 하는 인간이 아니라, 땅 투기, 고리대금업, 부동산과 기간산업에 돈을 '다시' 투자하는 인간이기도 하다.

한마디로 그는 재산 확장을 인생의 목적으로 삼은 인간인데, 권력과 힘은 바로 이런 착취를 통해 얻어진다..

발자크적 의미의 누싱겐 제후에서부터 록펠러, 빌 케이츠, 비벤디와 유니버설 스튜디오 소유자였던 장-마리 메시에에 이르기까지 우리가 느끼지 못하는 사이에 정치에서 경제로 옮겨 간 권력의 화려한 퍼포먼스가 펼쳐진다. 행복은 점점 야만적인 모습으로 변한다. 최초에 행복은 소유보다는 전투와 승리의 쾌락과 더 밀접했다. 자본주의 경제 메커니즘의 호전적인 성격과 자본주의 경제 메커니즘이 세계를 지배하고 타자들을 짓밟는 과정에서 시장과 대기업이 탈취한 실질적인 행복이 존재한다는 사실이 여기서 확인된다.

바로 이것이 오로지 경제에 정통한 몇몇 야수에게만 해당하는 변태적 행복이자 살인적 향유다. 돈을 버는 일은 다른 관심사와 무관하게 최상의 목표이자 유일한 쾌락으로 여겨진다. 막스 베베는 이렇게 말한다.

> **최상의 가치**(summum bonum)는 돈을 버는 행위, 삶의 즉흥적인 쾌락을 유지하면서 더 많은 돈을 벌어들이는 행위다. 이런 관점에서 볼 때 돈은 개인의 '행복'이나 돈을 소유함으로써 느끼게 되는 '특권'과의 관계에서 초월적이며, 절대적으로 비합리적으로 보이는 자아의 궁극적인 목표처럼 간주된다. 이윤은 인간이 스스로 정한 최후의 목표로 변한다. 이윤은 물질적 수단을 충족하는 방법일 뿐 더는 인간에게 종속되지 않는다. 우리가 자연스러운 상태라고 부르는 것들에 비춰 볼 때 조금 터무니없기까지 한 이 전도된 현상은 자본주의에서 명백하게 드러나는 특징 중 하나다. 게다가 이 전도된 현상은 자본주의가 내뿜는 숨결을 들이마시지 않는 사람들에게는 전적으로 낯선 현상으로 남게 된다.[39]

---

39) M. Weber, *L'Ethique protestante et l'Esprit du capitalisme*, Paris, Plon, 1964.

행복은 훨씬 더 평화롭게 부유층 계급과 만나고, 자본주의 메커니즘에서 발생한 혜택 덕분에 부유층은 공동체 기준과 규범 밖에서 살게 된다. 마르쿠제는 이렇게 말한다.

개인의 부르주아적 해방은 다른 형태의 행복이 가능해졌음을 의미한다. 개인의 부르주아적 해방과 동시에 인간은 행복에서 보편적인 특성들을 제거하기에 이른다. 개인 사이에 존재하는 추상적 평등은 자본주의 생산 체제에서 구체적 불평등의 형태로 실현되기 때문이다. 하지만 행복을 실현하는 데 상당한 재물이 필요해진 본능은 오로지 인간의 나약한 면에서 비롯할 뿐이다. 인간은 재물을 축적해서 행복해지려고 하면서 구매에 몰두한다. 이제 평등은 행복을 실현하는 구체적 방법을 확신하게 하는 필수적인 조건이 아니다.[40]

피츠제럴드는 1920년대 아메리카에서 파티와 술, 그리고 섹스에 도취하고 달러를 신처럼 숭배했던 그룹의 실상을 상세히 묘사한다. 부자는 재산을 증식할 줄 아는 자다. 부자는 공통으로 할당된 몫을 초과하는 삶과 돈에 바탕을 둔 행복을 영위할 자격이 있는 신의 선택을 받은 자다. 돈의 매력은 대중매체를 들끓게 했던 제트족[41]이 모이는 장소에서 확연히 드러난다. 이처럼 재산과 밀접히 연관된 행복 엘리트주의는 점점 더 명확하게 자리를 잡아간다.

하지만 이런 행복은 가식적이라는 혐의를 피할 수 없다. 실제로 지나치

---

40) H. Marcuse, *Culture et société*, trad. G. Billy, D. Bressons, J.-B. Grasset, Paris, Minuit, 1970.
41) 제트족 : 자가용 제트기를 소유한 사치스러운 사교계층을 의미한다. 처음에 이 용어는 1956년 이후 서구 자본주의의 생활방식을 모방한 구소련의 젊은이를 지칭했다. 제트족의 세계를 담은 영화가 출시되면서 프랑스에서 제트족의 호사로운 삶이 세인의 관심을 불러일으킨 바 있다. [역주]

게 많은 돈은 행복을 불러오지 않는다. 제트족의 세계는 정작 현실에서는 환각이나 계약 놀이, 욕구와 호전적 폭력성을 감춘 허구 놀이, 더러는 증오와 질투로 표출된다.

모든 사회계층은 서구 문명을 이끌어온 원동력으로 숭배하게끔 조장된 신성에 가까운 힘에 복종한다. 그것이 바로 돈이다. 돈을 버는 것은 사실상 신의 은총을 입는 것과 밀접한 관계가 있다. 막스 베버의 유명한 지적처럼, 자본주의가 프로테스탄트적 세계관에 따라 추구됐다는 사실은 서양 사회에서 더욱 명백히 드러난다. 이처럼 자본주의 최후 논리는 결국 경제와 화폐가 세상의 질서를 확립하고, 나아가 사회의 이상적인 상태마저도 정의할 수 있다는 것이다. 정치의 목적이 국가에 속한 국민의 행복을 창출하는 데 있다면, 자본주의 정치가 보장하는 행복은 오로지 경제라는 우월적인 매개를 통해서만 가능해진다.

따라서 유럽연합도 '유로'라는 화폐제도 도입 덕분에 형성될 수 있었음을 어렵지 않게 상상할 수 있다. 하지만 여기서 화폐는 양적인 가치로 정의하게끔 축소된 화폐일 뿐이다. 화폐의 양적 가치는 르네 구에농[42]이 "상징성 영도(零度)의 도래"라고 언급했던 것처럼, 문장(紋章)이나 초상화로 축소되거나 쇠퇴한 화폐의 가치를 의미한다. 오늘날 익명의 다리나 아치형 건축물, 또는 어떤 공간을 보려면 단지 지폐 한 장을 펼쳐 보는 것으로 충분하다. 이에 비해서 과거에 화폐는 신성에 대한 최상의 가치와 동전에 새겨진, 국가를 비유하는 골족 화폐에 각인된 신성성의 가치와 이에 상응하는 상징적 의미를 담고 있었다.

---

42) 이 점에 관해서는, R. Guénon, *Le Règne de la quantité et les Signes des temps*, Paris, Gallimard, 1945. 를 참조할 것.

전통적인 의미의 화폐는 결코 상업적이지만은 않았다. 화폐는 상업적인 동시에 사회적 의미와 가치를 모두 담고 있었다. 행복이 금전적 가치로 축소되는 데 만족할 수 없는데도 자본주의 체제에서 행복 추구는 진정한 상징과 정신적인 차원을 소멸시킨 대가로 실현될 수 있다는 듯이 진행된다. 계몽주의 철학자들이 윤곽을 그려놓았던 '정신적' 유럽은 이제 종말을 고한 듯하다. 행복을 테크노크라시[43]의 환상에 맡겨야 할 시대가 온 것이다.

이런 맥락에서 새롭게 구성된 것은 시간과 돈의 동일성이다. 인간과 사회의 시간은 모조리 생산성과 소비와 효율성이라는 절대적 필요에 따라 작동한다. 시간은 그 자체로 돈이다. 이런 척도에 따라 미래의 번영을 약속하고 미래의 성장을 이뤄내려고 개인과 사회는 더 치열한 경쟁을 벌여야 한다.

부르주아들의 이상

개인이 욕망을 불태우며 자신이 창의적이라고 상상하는 바로 그만큼, 자본주의 사회는 자본주의에 대한 저항을 무디게 하고 결국 마비시키는 안락과 안위로 행복을 축소한다. 욕망은 차츰 평화롭게 '자기 만족'이라는 부르주아적인 꿈처럼 소비되기에 적합한 욕구에 따라 분해되고 물질화한다. 장 카즈뇌브는 이 점에 대해 다음과 같이 기술한다.

흔히 말하듯 "돈이 행복을 가져다주는 것은 아니다."라고 말할 수 있다. 하지만 이처럼 지극히 일반적이고 대중적인 지혜는 산업 사회가 일상의 삶을 더 쾌적

---

43) 전문 기술인에게 일국의 산업 자원의 지배·통제를 맡기자는 방식. [역주]

하게 만들고자 생산하고 고안한 물질의 마력 앞에서는 상당 부분 퇴색하게 마련이다. 이제부터 안락의 추구가 행복의 추구를 대신한다.[44]

여기서 우리는 욕망의 소비가 육체적 만족을 위해 이뤄지는 것은 아닌지 전제에 대한 위험에 노출된다. 풍성한 음식 섭취는 18~19세기에 형성된 부르주아식 쾌락의 척도로 사용됐다. 이 기준은 다른 상징보다 더 유용하게 세계를 물질로 환원하고 재산을 쌓으며 수입을 늘리는 데 집착하는 계급의 가치를 구체화한다. 라블레의 거인들은 지식을 삼켰고, 19세기 부르주아들은 자본을 통합했다. 발리보라는 소설 속 등장인물은 계몽주의 시대부터 급부상한 부르주아 계급의 실상을 단적으로 보여준다.

툴루즈 시의 행정관 발리보 씨는 마냥 행복할 뿐이다. 아니 그는 이 세상 누구보다도 백 배는 더 행복하다. 잘 먹고, 잘 마시고, 잘 소화시키고, 잘 자는 사람은 바로 발리보 씨다. 아침에 커피를 마시는 자, 시장에 나가 경찰 행세를 하는 자, 자기 가족에게 거드름 피우며 충고하는 자, 자기 재산을 늘리는 자, 재산에 대해 자식들에게 설교를 늘어놓는 자 역시 발리보 씨다. 자기 귀리와 밀을 때맞춰 팔 줄 아는 자, 포도가 얼어 가격이 치솟을 때까지 자기 지하 저장고에 포도주를 쟁여둘 줄 아는 자 또한 발리보 씨다. 한마디로 재산을 확실하게 관리할 줄 아는 자, 인생에서 어떤 파국도 겪지 않았다는 사실을 멋지게 뽐낼 줄 아는 자 역시 발리보 씨다.[45]

---

44) J. Cazeneuve, *Bonheur et civilisation*, op. cit.
45) Diderot, *Œuvres complètes*, Garnier, Paris, 1875-1877, t. XI. 발리보 씨는 피롱(Piron)의 코미디 작품『작시벽(作詩癖)*La Métromanie*』에 나오는 등장인물이다.

매우 의미심장하게 계몽주의 시대의 부르주아들은 권력을 장악할 당시, 구체제의 혜택을 듬뿍 받은 귀족들의 속성 중 하나를 탈취해 고스란히 보존하는데, 그것은 다름 아닌 식탐(食貪)이었다.

권력을 쟁취하자 부르주아들은 진미와 향락에 향수를 느끼던 구체제의 탐욕에 사로잡히는데 실상 이것은 부르주아들이 구체제에서 그토록 빼앗고자 했던 것이기도 하다. 몰락한 귀족이 요란하게 베풀던 연회는 부르주아의 사업 수단으로 이용된다. 레스토랑, 음식 배달점, 식료품 사업이 갑자기 번창한다. 식도락가 큐시는 1825년 프랑스에서 식탁은 가정에서조차 전 세계를 통틀어 가장 고급스러워지기 시작한다고 말한다. 1796~1797년 다수 민중이 굶어 죽어갈 때 번영과 발전을 마음껏 표출했던 장소는 다름 아닌 바로 식탁이었다. 사업의 구체적인 협상이 이뤄지고, 야망이 분출되며, 정략결혼이 성사되는 곳도 식탁이라는 현장이었다. 이와 동시에 식도락과 요리법에 대한 관심 또한 빠르게 확장됐다. 위엄과 예우의 표시로서 식도락은 매력적인 얼굴로 점차 힘을 행사하는 수단으로 여겨졌고, 급기야 성공과 행복을 보장하기에 이르렀다.[46]

음식에 대한 상상력은 새로운 시장경제 이데올로기에 침투돼 나타난다. 사랑과 욕망에 이르는 것들이 이제부터 목구멍으로 삼키고 혀로 맛보는 재료로 변한다. 발자크의 작품 『사촌 퐁스』에 등장하는 아름다운 해산물 상인 시보 부인의 '탄력 있는 살집'은 '맛 좋아 보이는 이지니산(産) 버터 덩어리'에 비교된다. 평범하고 대중적인 상상력에서조차 부르주아 계급은 자신이 잡은 행운을 과시하려고 넘치도록 먹어댄 포만한 모습으로 그려진다. 바

---

46) J.-P. Aron, *Le Mangeur du XIXe siècle*, Paris, Laffont, 1973.

로 이것이 '메워야 할 구멍의 형이상학'이라고 불리는 부르주아 질서의 세계 관이다. 끊임없이 부를 추구하는 입맛은 시대의 요청이었다. 미셸 옹프레가 지적하듯이 "부르주아들의 요리는 앙투안 카렘 이후 장 폴 사르트르가 '메 워야 할 구멍의 형이상학'이라 불렀던 것을 나타내기에 가장 이상적"인 대상 이었다.

> 굶주림이란 어떤 요구와 필요를 의미한다. 이 결핍에 대답하는 것이 식료품과 요리다. 식욕은 일종의 구멍, 공허, 공복의 호출, 황폐한 위장을 야기한다. 구강 의 '벌어진 상태'가 가득 채워지면 우리가 실제로 무엇을 먹느냐는 것은 별로 중요하지 않다.[47]

이것이 소비사회를 지탱하는 원동력이다. 사회 발전의 미래를 보장하 는 경제 성장은 끝없이 되풀이되는 작위적인 인플레이션과 광고를 통해 욕 망을 촉발하는 공공연한 '부족 현상'에 토대를 두고 작동한다. 이런 의존 메 커니즘이 견고하고 완벽하게 인간 정신에 뿌리내리게 하고자 시장경제 이데 올로기는 물질적 행복이 개인의 본질과 맞닿아 있다는 생각마저 주입한다. 이제부터 개인에게는 보편적인 소비자의 위상이 있을 뿐이다. 개인은 상품 이나 서비스, 이미지나 정보, 미리 정해진 감각, 학교나 정치(알다시피, 정치가 들은 잠재적인 소비의 과정, 곧 외모에서 풍기는 이미지를 통한 정치 전략과 광고에 출연하 기, 만족도 조사 등을 이용한다), 심지어는 예술[48]까지 소비하는 당사자가 된다.

---

47) M. Onfray, *La raison gourmande*, Paris, Grasset, 1995.

48) 한나 아렌트는 다음과 같이 지적한다. "대중문화는 대중사회가 문화적 대상들을 포착했을 때 나타 난다. 이런 대중문화의 위험성은 다른 모든 생체 작용처럼 결코 만족할 줄 모르며 자신의 신진대사에 접근 가능한 모든 것을 끌어들이며, 사회의 생체 작용이 문자 그대로 문화적 대상들을 소비하고, 게걸

20세기에 거대 상점들이 제공하는 상품을 벗어난 행복이란 존재하지 않는다. 상품의 범람은 이미 에밀 졸라가 소설 『여인들의 행복』에서 다음과 같이 환기한 바 있다.

그것은 장터에 버려진 거대한 상품들이었다. 가게는 넘쳐나는 상품들을 거리에 내다 버리거나 무참히 살해한 듯했다.

졸라의 묘사 이후 약 한 세기가 지난 즈음에 등장한 대형 체인점은 현대 사회의 행복을 나타내는 상징적 장소가 됐다. 현대 사회는 우리의 욕망을 하찮고 진부한 상품들을 향한 절제되지 않은 숭배에 맞춰 끌어내린다. 우엘벡은 이렇게 말한다.

나는 치즈 진열장에서 주저앉았다.
거기엔 정어리를 들고 있는 두 노파가 있었다.
그중 한 노파가 옆에 있는 노파를 향해 몸을 돌리며 말한다.
"어쨌든 저 나이에 이런 꼴이 된 젊은이가 너무 슬프군요."[49]

행복은 자본의 신용 체계에 따라 기능하는 산업이 돼버렸다. 시간이 흐를수록 소비자 운동이라는 이데올로기는 행복을 손쉽게 열거할 수 있는 요소들, 즉 젊음, 건강, 성을 향유하는 행위로 축소했다.

스럽게 삼키며, 결국 파괴한다는 데 있다.", H. Arendt, *La Crise de la culture*, Paris, Gallimard, 1972.

49) M. Houellebecq, *La Poursuite du bonheur*, Paris, Flammarion, 1997.

자신의 욕망 소비하기

서양에는 죽음에 대한 공포가 존재한다. 그러나 죽음을 계속해서 은폐해왔는데, 이는 현대 사회로 접어들면서 사람들이 죽음을 받아들이기 어려운 파멸이나 종말로 인식했기 때문이다. 이 관점은 죽음을 종교를 통해 미래를 준비하는 과정으로 여겼던 전통 사회의 의식과는 근본적으로 차이가 있다. 현대인은 조상들의 지혜를 공경하거나 선조들을 숭배하던 전통적인 세계와 정반대인 '젊은 세대의 취향'을 숭배하고 이를 적극 실천한다.

결국 젊음은 행복의 동의어가 됐다. 그러니 더 늦기 전에 젊음을 소비해야 한다. 심지어 변장까지도 서슴지 않는 젊음의 회복은 소비사회의 주요 특징 중 하나로 꼽을 만하다.

성형수술과 피부미용, 스포츠나 다이어트, 젊음을 유지해준다고 약속하는 각종 약물과 젊은 옷차림, 신문과 잡지를 도배하는 다양한 회춘 정보는 오로지 젊음을 유지하는 데 도움이 된다는 이유로 현대 사회에서 환영받는다. 최고의 지위를 차지한 젊음이 상징하는 가치와 진리, 젊음에 대한 담론이나 젊은이의 언어와 어법 역시 맹목적으로 추종된다. 신은 낡았지만, 젊음과 함께하는 신은 영구 보존된다.

이 새로운 세계에서 인간은 거짓 젊음의 영속을 통해 재현된 숭배와 신성으로 대치된다. 젊은이는 세상을 정복하러 나선 자를 상징한다. 젊음은 항시적인 유토피아며, 이 유토피아를 번식시킬 수 있는 새로운 인간의 형상이다. '젊음'을 간직한 정복자와 혁명가는 낡은 세계에서 해방되라고 입을 모아 주장한다. "동지 여러분, 낡은 세계가 바로 당신 뒤에 있습니다. 어서 발걸음을 재촉해 앞으로 나아갑시다."라는 외침이 1968년 5월 혁명의 분위기를

지배한 거대한 젊음의 축제에 등장한 대표 슬로건이었던 것은 결코 우연이
아니다.

나폴레옹은 19세기를 관통하는 신화를 창조하면서 자신을 새로운 세
계, 제국의 영웅으로 포장하고, 젊은 인류의 표본을 자처한다. 라스티냐크나
뤼시앵 드 뤼방프레와 같은 발자크 작품의 등장인물, 쥘리앵 소렐이나 파브
리스 델 동고 같은 스탕달 작품의 등장인물은 행복에 대해 젊음의 사명(다소
성공한)을 실천하는 대표적인 사례다. 젊음을 중시하는 사회 전반적인 분위기
에서 노동자와 관료가 40~50대에 피할 수 없이 하향 곡선을 그리며 직장에
서 퇴출 위기에 직면한다면, 유행에 민감한 젊은이들은 여성적 외모(로리타의
경우를 상기하라!)를 추종하는 모델을 모방하는 단계를 거치게 된다.

젊음 숭배, 젊음과 밀접한 관계가 있는 행복 숭배는 신이 사라진 텅 빈
하늘 아래서 인간이 스스로 자신을 확인하는 방법으로 자리잡는다. 앞으로
살펴보겠지만, 사실 이런 현상은 전혀 새로운 것이 아니다. 이미 1960년대 사
회학자 장 카즈뇌브는 이렇게 예측했다.

대중문화의 신화에 등장하는 행복한 인간상은 항상 젊고, 여성은 늘 아름다운
상태를 유지한다. 이런 인간상은 유년기와 완숙기의 매력이 합쳐져 만들어진,
나이 제한이 없는 젊음을 상징한다. [...]사람들은 근대로 접어들면서 젊은이에
게 영광의 월계관을 씌워줬다. 주변 환경도 젊게 꾸몄다. 산업을 중심으로 재
편된 정치 활동에서도 전에는 노인이 물려준 경험과 지혜가 있는 자들에게 부
여됐던 자리가 이제는 젊은이들 차지가 됐다. 유행은 전적으로 '노친네'나 '늙은
이'를 한껏 조롱하는 젊은 세대 몫이 된다. 더욱이 젊은이 자신도 지긋한 나이
가 될 때까지 이렇게 형성된 획일적인 가치에 집착한다. [...] 한마디로 행복은

젊은이를 위한 것이다. 이처럼 사람들은 이 젊음을 지속시키려고 부단히 노력한다. 하지만 그들 자신도 젊음이 과연 어디까지 지속되는지 알지 못한다.[50]

역사에서 유례를 찾을 수 없는 1960년대 전후 베이비붐의 결과로 태어난 젊은 세대는 자신을 독립적인 집단으로 간주했다. 그들은 행복해질 권리를 요구하는 과정에서 외부 세계와 구분되는 기호 체계라 할 그들만의 옷차림, 그들만의 음악, 그들만의 언어 따위를 고안해 문화적 동질감을 구축했다. 그들은 학교 교육 기간이 연장됐다는 일종의 혜택 덕분에 사회 구조를 변화시킬 집단을 형성할 시간 여유를 확보했다. 장 클로드 코프만은 이 사실을 정확하게 지적한다.

제2차 세계대전 이후 1970년대에 이르기까지 학교 교육 기간의 연장은 확연히 눈에 띄는 도약을 이뤘다. 학교를 넘어 거의 모든 분야에 생긴 교육 양성 기관(사립대학을 포함하여)은 점차 시간 점유율을 높이며 복합적인 작업을 하게 됐다. 젊은이들 자신이 확보하게 된 시간은 결과적으로 이전 세대와 비교하면 상당히 늘어났으며, 확장된 시간을 바탕으로 젊은이들은 점차 유년기나 성인의 세계와 자신의 세계를 별개로 여기면서 새로운 사회화 방식을 확립하게 됐다. 젊은이들의 독특한 개방성과 유연성을 특징으로 삼아 그들의 정체성을 정의할 때 그 기준은 바로 가벼움이다. 모든 구속에서 자유로워졌다는 외양을 확보한 자아는 이제부터 전적으로 자신에게만 몰두하는 양상을 띤다. 젊은이들은 개인성을 확정짓는 진정한 실험실을 만든다.[51]

50) J. Cazeneuve, *Bonheur et civilisation*, op. cit.

51) J.-C. Kaufmann, *Ego; pour une sociologie de l'individu*, Paris, Nathan, 2001.

젊은이들은 질베르 베코, 쉐일라, 클로드 프랑수아, 조니 할리데이 같은 스타 가수들을 열렬히 숭배했다. 대중 스타에게 열광하는 이들은 자신이 속한 세대의 운명이었던, 문화-방송매체의 중요한 요소이자 당시만 해도 최신 발명품이었던 트랜지스터라디오에 매달렸다. 젊은이들은 매일 오후 다섯 시에서 일곱 시까지 하굣길에 뤼시앵 모리스가 진행하는 유럽 1번 채널의 전설적 프로그램 '안녕 친구들'을 하루도 빠짐없이 들었다. 당시 '안녕 친구들'의 성공은 상상을 초월했다. 방송 프로그램은 학생들의 연대를 조직화하는 원동력이 됐고, 대중가요는 "희망과 고통을 알아가는 두 젊은이에게 필요한 사랑의 시간, 우정의 시간, 모험의 시간"[52]을 빼앗았다. 음악은 인생의 기쁨과 고통의 이정표일 뿐 아니라 행복을 쟁취해야 한다는 사명감을 고취했다. 음악은 꿈꾸게 하고, 소비사회에서 살면 행복하다는 믿음을 심어줬다.

자유를 만끽하고 싶어 하고 스쿠터나 오토바이를 즐겨 타는 젊은이들은 속도감에 열광한다. 속도 역시 젊은이들의 취향과 외모를 결정하는 가장 큰 동기였다. 젊은 여인들은 미니스커트를 입고, 젊은 남자들은 영화 「조니는 어디서 왔는가?」 덕분에 유행해진 미국 '카우보이' 스타일 청바지를 입었다. 청바지 문화는 긴 머리를 상징으로 남녀간 상호 침투를 촉발했던 히피족 유행이 전국으로 퍼지기 전 몇몇 가수와 함께 말을 타고 카마르그 지방[53]으로 떠나는 자유 여행과도 밀접한 관계가 있었다.

성별의 경계를 무너뜨린 장발은 젊은이의 상징이 됐고, 미니스커트보다 오히려 더 열광적인 토론을 불러일으켰다. 히피 문화는 미니스커트를 문제 삼지 않았

---

52) A.-M. Sohn, *Age tendre et tête de bois*, Paris, Hachette Littérature, 2001.

53) 프랑스 남부에 있는, 조랑말과 쌀 생산으로 유명한 지방. [역주]

232

으며 오히려 여성성을 부각하는 역할을 했다.[54]

몸에 집착하는 현상과 마찬가지로 유행에 집착하는 현상은 '실존하고자 하는 의지'를 표출하며 1960년대에 새로운 행복의 조건으로 등장한다. 이때의 젊음은 '동료 혹은 친구들'과 함께 영화관이나 카페, 혹은 디스코텍으로 향할 때 발생하는 젊음이다.

젊은이들에게는 모임과 외출이 주말과 바캉스의 대부분을 차지한다. 특히 1961년에는 16~24세 젊은이들 가운데 약 52퍼센트가, 1966년에는 15~16세 젊은이의 약 54퍼센트가 친구들과 여가를 보내고 싶어 했다. 그 이유는 그룹을 이룰 때 훨씬 더 재미있다는 것이다. 결과적으로 '재미있다'와 '웃다'라는 동사가 젊은이들을 사로잡는 관심사가 됐다.[55]

행복은 특히 파트너의 교환을 허락하거나, 진심으로 동의한 은밀한 관계를 바탕으로 진행된 연애와 밀접히 결합된 사랑의 자유를 거친다. 피임약의 발명으로 더욱 수월해진 성 해방과 결혼 제도에 대한 반발, 문제 제기, 여성해방 운동은 행복을 가능하게 하는 절대적 조건인 자아의 자유와 개인주의 원칙이라는 동일한 원리를 토대로 1970년대 이후 가속화된 현상이다.

일간지 르몽드에 실린 사회학자 에드가 모랭의 글 「얼굴 없는 혁명」이 지적하듯이 1968년 5월 혁명은 젊음의 결속이 이뤄졌음을 다시 한 번 확인하게 한다.

54) 앞의 책.
55) 앞의 책.

학생운동은 젊은이들 모임의 다양한 기능을 더욱 활성화한다. 젊은이들이 가한 타격이 발휘한 환상적인 힘을 바탕으로 모든 질서는 학생들과 젊은 대중, 고등학생들이 연대하여 구성한 모임을 통해 결속됐다. 지식인 정당은 인텔리겐치아를 주도하고 선동하면서 혁명을 꿈꿨으며, 거친 언어와 선동적인 시위를 승인하기에 이른다. 전위(前衛)라는 이름으로 노동자 정당은 프롤레타리아 혁명을 호소했으며, 진정한 대중주의에 토대를 둔 정당은 대중 계급을 향한 박애사상을 전파하며 도약을 도모했다.

'젊어지기' '젊은이들 마음에 들기' '젊게 만들기'는 정치권이 내세운 새로운 공약이기도 했다. 68혁명 몇 해 후 프랑스 공화국 대통령으로 당선된 발레리 지스카르 데스탱은 젊은이들을 염두에 둔 사회 혁신을 약속하며, 단호하게 이 같은 관심사를 반영한다. 지스카르 데스탱은 미국 케네디 대통령의 영향을 받아 국민 투표권의 최소 연령을 18세로 낮췄으며, 국가를 통치할 때도 젊은 스타일을 선호했다.

행복은 영원한 젊음을 통해 자아를 찾는 일처럼 갈구된다. 하지만 이렇게 개념화된 영원한 젊음은 결국 재산 축적이라는 이질적인 욕구에 복종하게 되는데, 영원한 젊음을 추구하는 과정에서 필연적으로 요구되는 자유가 소비사회 상품의 자유 교환과 혼동되기 때문이다. 소비란 결국 사회가 만들어낸 젊은 가치들을 방법적으로 무력화한다.

이제부터 '젊은이들'—대중매체 역시 이 용어 사용을 선호한다—은 사회의 기대와 불안을 폭로하는 역할을 맡는다. 선조들의 지혜를 특권화했던 전통 사회의 논리와 완벽하게 다른 가치의 전도가 일어나면서 사회는 젊은이들에게 안내와 선도를 맡기는 등 결정적인 역할을 부여하기에 이른다. 사람들은 경험보다는 즉흥성을 선호하고, 기필코 모든 것을 '젊게 만들려고' 온갖 노력을 기울인다.

그렇다면 과연 젊은 세계에서 항상 젊은 상태로 존재한다는 사실을 어떻게 증명할 것인가? 우리는 젊은이들이 숭배하는 우상 중 하나를 찬양하거나 성(性)을 소비하면서 젊은 상태로 존재할 따름이다.

성적 경험은 행복을 가늠하는 척도로 자리잡는다. 존재 자체를 소비로 환원한 우리는 온종일 대중매체를 통해 방송되는 '처방'을 충실히 따르면서 욕망을 소비하는 법을 배워야 한다. 더욱이 이 처방 또한 '자유와 금기의 종말'이라는 슬로건이 만들어놓은 단 하나의 질서에 복종할 뿐이다.

욕망을 소비하는 법을 배우는 데 실패했을 때 인간은 불안한 상태가 될 수밖에 없다. 보편화한 소비에 열중하는 사회에서 이런 실패가 수상쩍은 것으로 여겨질 수 있기 때문이다. 개인은 각자 라디오나 텔레비전을 통해 자신의 성적 환상이나 의문점, 자신의 실패 경험이나 성적 행복에 이르는 사회 규범에 쉽게 적응하지 못하는 어려움 따위를 고백할 수 있다. 이제 정신분석가나 심리치료사는 자신도 의식하지 못한 사이에 경찰 유니폼으로 갈아입는다. 이들은 해방되고 젊고 행복하기까지 한 이 새로운 세계의 이데올로기에 어떻게 적응해야 하는지를 친절히 알려주는 안내자다. 이런 '훔쳐보기 현상'은 텔레비전 리얼리티 쇼나 사람들이 자기 사생활을 공개한 인터넷 사이트, 개인 방송, 책 출간 덕분에 광범위하게 확산된다. 카트린 밀레의 『카트린 M.의 성생활』은 외설적이지만 작가의 성생활을 섬세하게 기술한 고백서이기도 하다.

훔쳐보기 현상은 더 투명해지기를 원하는 사회와 전통적인 민주주의 틀에 이의를 제기하는 새로운 사회를 가늠하는 하나의 척도가 돼갔다. 우리는 오웰이 남긴 교훈을 제대로 새기지 못했다. 사생활이 개인의 급부상과 도약을 불러왔다면, 사생활의 부정은 니체가 예언한 자아의 소멸이나 외양으로 축소된 전체주의 세계에서 발생하는 내적 삶의 파괴를 의미한다.[56] 자신이 쌓아올린 성채는 이제 폐허 위에 고즈넉이 남아 있는 장식만은 아니다. 자기 욕망을 소비하지 않는 자는 사회에서 다시 교육되고, 개인주의는 역설적이게도 욕망의 표준화와 가치의 획일화에서 어떤 결론을 발견한다.

오늘날 시장경제가 지배하는 세계를 제외하면 가능한 다른 현실은 거의 존재하지 않는다. 자유 교환은 모든 자유의 기본 모델이다. 자유 경제 논리는 다양한 성적 적용(절제 없이 다수 파트너와 관계하고 스와핑에 이르기까지)의 토대를 이루기도 한다. 이처럼 성적으로 정절을 배신하는 자들은 스스로 합당하다고 여기는 행동과 자기 사고방식의 비밀을 필연적으로 발설하게 된다. 크리스티앙 오티에의 표현에 따르면, 결국 이들은 전혀 새로운 성적 질서에 부합하는 자들이다.

우리는 은연중에 고독하게 성에서 갇혀 지내면서 무심해지거나 변해간다. 그렇게 미래 없는 나르시시즘에 사로잡히거나 고통스러운 형태로 산적한 의무와 모순된 금기에 얽매여 있고, 고작해야 갑남을녀의 성생활을 몰래 훔쳐보거나 훔쳐 읽는 운명으로 전락한다. 이런 사회에서 우리는 흔히 성기능이 저하됐거나 덜 매력적일 것이라는 두려움을 느끼며 자기 육신과 직면하게 된다.[57]

---

56) 로프트 스토리(Loft Story) 방영이 엔드몰사에서 1999년 10월 방영된 빅 브라더(Big Brother)의 프랑스 버전이라는 사실을 잊어서는 안 될 것이다. 빅 브라더는 베로니카라는 케이블 채널에서 방영됐는데, 이 제목은 파렴치하게도 오웰에서 비롯된 것이다.

57) C. Authier, *Le Nouvel Ordre sexuel*, Paris, Bartillat, 2002.

당시에 공산주의 체제 실현과 동일시하던 행복을 소비에트 사회를 찬란하게 비췄던 눈부신 미래와 혼동했던 것처럼, 오늘날 상품 가치로 전락한 행복은 전체주의적 성격으로 변질하는 경향을 보인다.

성 본능이 인간 내면의 은밀한 질서이며 사회에서 좀처럼 언급되지 않는 비밀이라는 사실은 결코 사소하지 않다. 하지만 이와 마찬가지로 욕망이라는 폭군은 투명성이라는 폭군으로 계승된다.

서구 사회를 특정짓는 건강과 육체의 숭배에 관해서도 똑같은 사실을 지적할 수 있다. 개인주의가 형성되던 초기부터 건강과 행복 사이에는 이미 밀접한 관계가 있었다. 1752년 프레빌은 저서 『최고령 이전까지 건강을 유지하는 적절한 방법』에서 다음과 같이 기술한다.

너 나 할 것 없이 사람들은 건강한 상태를 선호하며, 건강은 쾌락과 영광, 부의 상징처럼 여겨져왔다. 건강 없이는 인생에서 아무것도 의미가 없다. 건강은 원만한 인생의 대가이자, 고난 속에서도 우리에게 베풀어지는 위로다. 사람들은 건강을 유지하거나 건강한 상태에 이르고자 과도한 방법과 지나친 수단을 동원하기도 한다.

『행복에 더 유용한 인간을 만드는 방법론』(1775년)에서 스코트랜드 의사 그레고리는 동물위생학 지침을 통해 의미심장하게 인간과 동물 건강의 밀접성을 언급한다. 저서에서 그는 인간이 육체와 본능 차원에서 볼 때 동물과 공통적인 특징이 있다는 전반적인 사실을 드러낸다. 나아가 그는 유전 법칙에 대한 풍부한 지식이 행복을 증가시킬 수 있고, 말의 종자 견본으로 인간의 종자를 개선할 수 있다는 생각에 집착했다. 육체적인 완벽함 없이 행복은 존재하지 않는다. '행복한 시민'인 아리스트는 세심한 배려와 관심을 가지고 자신의 육체를 보살피고 나아가 육체를 찬미하기에 이른다.

아리스트는 음식을 절제함으로써 여러 부분의 균형과 조화를 유지한다. 균형과 조화는 건강의 근본이다. 그는 자기 몸의 신경을 유연하게 유지하고, 땀을 쉽사리 배출하고자 자주 목욕하고 몸에 기름을 바른다. 이런 조처는 내분비액이 육체의 특정 부위에 지나치게 몰리지 않게 하며, 손쉽게 피할 수 있지만 때로 매우 심한, 혹은 죽음에까지 이르게 하는 고통을 육체에서 미연에 방지한다. 그는 온갖 정성을 기울여 하늘이 내려준 꿀을 따 모으고, 순수한 상태의 그 꿀을 먹으며 감미로움을 맛본다. 그는 자주 꿀을 먹는다. 이런 행위는 불멸을 가능하게 해주는 무언가를 발견하고자 하는 인간의 노력이다.

귀아르 드 보리외, 『행복한 시민』(1759년)

18세기부터 생 피에르 신부는 음식 절제가 위생 유지에 가장 중요하다는 점을 강조했다. 음식 절제는 인간이 '쾌적한 상태를 유지하는 데' 기여하며, '인생을 통틀어 행복을 위한 가장 큰 이익'이 바로 음식 절제를 통해 생긴다(『음식물 절제에 관한 관찰』, 1735년).

일상적인 행동에 대한 이런 강박적인 의료 행위는 예전의 무관심 상태를 서서히 교체해나간다. 음식을 준비할 때 칼로리 양을 정하고, 다이어트를 하거나 무공해 식품을 섭취하는 등 새로운 방법에 적응해야 한다.

공동체에서 승인돼온 음식물에 관한 관행과 쾌락은 해악성과 유용성의 정도에 따라 평가되면서 골칫거리가 돼버렸다. 이제 우리가 먹는 음식은 맛이 있느냐 없느냐가 아니라 건강에 이로우냐 해로우냐에 따라 결정된다. 이런 기준은 미각적 쾌감을 앗아가고 기준에서 벗어난 것들을 엄격히 배제한다. 이제 식탁은 단지 풍성한 음식의 제단이나 나눔의 교환이 이뤄지는 순간을 의미하지 않고, 지방과 칼로리를 정밀하게 측정하는 약국의 저울대가 됐다. 우리는 식탁에서 음식이 아니라 영양분을 의식적으로 씹는다.[58]

새롭게 등장한 이런 문제의 핵심에는 '잘' 사는 것이 아니라 '오래' 사는 데 대한 강박관념이 집중돼 있다. 하지만 행복은 이런 순간에 개입하는 단순한 식도락을 의미하는 것이 아니라 로베르 모지가 기술했듯이 18세기부터 부각된 영원성의 획득이라는 이기적인 꿈을 의미한다.

철학이 남긴 난제들과 더불어 장수 문제는 오랫동안 인간의 상상력을 지배해 왔다. 18세기는 마술이라는 오래된 희망에 본격적으로 이성적인 형태를 부여한다.

심지어 『건강의 보존자』(1763년)에서 프레슬은 장수에 이르는 이상적인 방법을 의학의 새로운 목표로 설정한다.

의학은 단지 질병을 낫게 하는 기술만을 의미하지 않는다. 의학은 인간을 건강한 상태로 유지하게 하는 기술만이 아니라 노쇠 현상을 지연시키고 생명을 연장하는 기술을 의미한다.

---

58) P. Bruckner, *L'Euphorie prepétuelle*, op. cit.

칼리오스트로 백작[59]은 죽음에 정면으로 도전하기를 꿈꾸는 인간의 전형이다. 그는 인간이 이천 살까지 살 수 있다고 주장하고, 지난 세기에 자신이 남긴 업적들을 늘어놓으면서 퐁파두르 부인의 마음을 사로잡는다.

이처럼 부르주아 세계의 개인주의자들은 젊고 양호한 건강 상태를 유지함으로써 영원성을 기약하려 한다. 이때 육체는 숭배의 대상으로 변한다. 육체에 대한 경배는 미용과 패션 산업으로 그 근간을 유지한다. 이제부터는 욕을 먹어도 선탠을 하거나, 몸을 근육으로 뒤덮거나, 날씬한 체형을 유지해야 한다. 오늘날 인체의 아름다움에 관한 규범을 말할 때 오로지 날씬함이라는 기준에 따라 규칙을 준수하는 것은 과거 종교의식에서 성스러움의 규칙을 준수하던 것과 대등한 위치를 차지한다. 인간은 자신을 사랑하고 육체를 찬양하기에 이르렀으며, 가치와 외모에 대한 순응주의를 존재의 표지처럼 기념하기에 이르렀다. 미용사와 약사는 정신분석가를 대신하게 됐고, 자신에 대한 지적이고 정신적인 염려는 규범적인 개인주의에 자리를 양보했다.

1978년 세계보건기구의 정의에 따라 건강이 '육체적·정신적·사회적으로 완벽한 충족 상태'를 의미한다면, 이것을 얻기 위해 우리는 프로작,[60] 멜라토닌,[61] 비아그라 등등 가능한 모든 종류의 약물을 동원하면서 우리의 노력과 신념을 희생시키는 단계에 이른 것이다.

---

59) 중세 실험실에서 "연금술alchimie"이라는 이름으로 진행됐던 대부분의 연구는 원소들의 결합을 통한 원자의 변환이었는데, 칼리오스트로(Cagliostro)나 생-제르맹(Saint Germain) 백작은 원소를 변환시켰다고 주장했을 뿐 아니라 "불로장생의 비법"을 알고 있다고 주장하기도 했다. 이중으로 만든 막대기 안에 금을 숨겨둔 뒤 공개 실험을 하고 나서 도가니 속에서 금이 기적적으로 나타나는 수법도 연출했다. 부(富)와 불로장수를 추구하는 유럽 귀족들은 그들에게 속아 많은 돈을 잃기도 했다. [역주]

60) 1987년 미국식품의약국(FDA)에서 승인받은 이후 전 세계적으로 가장 많이 사용되는 우울증 치료제. [역주]

61) 신체에서 분비되는 호르몬의 일종으로 수면유도, 성 기능 활성, 노화방지, 미백작용, 수면유도를 촉진시킨다. 약품은 한국에서는 아직 식약청의 허가가 나지 않았다. [역주]

이런 투명성과 외모 지상주의는 웃음의 전제주의를 의미한다. 만약 육체적 시련이 과거 종교의 수행 과정에서 부과됐던 시련만큼이나 힘들다면, 파스칼 부뤼크네르가 지적했듯이 "새로운 자들의 얼굴에 나타난 웃음은 옛 수도원 설교자들의 엄숙한 표정을 계승"한 것과 같다고 볼 수 있다. 개인의 행실을 규정하는 규칙은 거짓된 순수함을 바탕으로 잡지나 텔레비전의 공중파를 통해 강요된다. 왜냐하면 이것이야말로 행복과 관련된 외적 기호에 의해 강제로 부여된 쾌락에 우리 자신을 정립하는 것을 의미하기 때문이다.

무감각은 가식적인 치장과 텔레비전 화면이 점령한 세계에 우리를 가두면서, 내면적인 삶을 추방한 사회적 규범으로 자리잡는다. 텔레비전이나 컴퓨터의 세계에서부터 태양에 검게 그을린 육체를 하나의 틀 안에 고정하는 영상 스크린의 세계에 이르기까지 오늘날 인간은 자기 외면과 외모로 축소된다. 모나리자의 웃음이 내면의 의혹, 입술까지 차올라오며 현실의 새로운 차원을 여는 절대의 심연을 가리킨다면, 어느 날 갑자기 탄생한 모델과 스타들의 웃음은 시민의 면전에 표출된 획일화된 질서를 형성한다. 이 경우, 행복은 하나의 임무이자 과제인 셈이다. 행복은 이 새로운 세계를 이끌고 있는 위대한 사제들에게 감사하면서 소비라는 거짓 황홀과 들뜬 환상 속에서 자의식을 잃기에 적당한 과제로 변한다. 산업 사회의 거장, 다국적 기업의 수장, 로고와 우리의 '외모'에 잉여가치를 부여하는 유명 메이커 발명자가 우리에게 부과한 과제다.

이 같은 거짓 행복을 위해 자아를 포기하는 것은 명백하게 언어와 사유 전반의 포기를 의미한다. 단어와 기이한 화음, 메이커와 광고의 편린이 뒤섞여 생성된 은어는 소비를 예찬하는 언어로 변해 사람들은 되는 대로 마구 지껄인다. 이는 현대 사회가 직면한 대표적인 패러독스다. 상품화된 개인주의

란 결국 욕망이라는 이름으로 획일화되고, 겉치레와 가식으로 축소된 개인
이라는 존재의 소멸을 의미할 뿐, 그 이상도 그 이하도 아니다. 더구나 행복
이 상품화에 직결돼 있다면, 행복은 우리 삶의 조직과 여가의 대부분에 속속
들이 침투돼 있다.

제4장

—

여가

서양에서 상업 지상주의의 발전은 우리가 시간과 맺는 관계를 완전히 뒤집어놓았다. 20세기 철학의 중요한 문제로 시간이 부각된 것은 결코 우연이 아니다. 아인슈타인에서 하이데거까지, 베르그송에서 프루스트까지, 물리학에서 우주 생성론에 이르기까지 시간은 심지어 인간과 우주의 항구적인 특성으로 자리잡는다. 시간은 개인의 감수성이 그 지속에 개입하는 순간, 예를 들어 직장에서 효율성과 수익성, 기록 갱신에 대한 걱정이 더 정확한 방식으로 분석되는 순간, 상대적인 것이 되고, 변질하고, 축소되고, 분해된다. 정교하게 분할된 시간은 차츰 인간의 삶 자체를 파편적이고, 불규칙하고, 강박적인 것이 되게 한다. 심지어 인간의 개인성도 결국 이렇게 분해되고 만다. 우리가 절대적인 시간의 필요성에 부합하는 일관된 존재로 살아남으려면 보상 심리를 충족하고 스스로 재충전하는 계기가 필요하다. 이것이 휴가가 필요한 근본적인 이유다. 여가 사회는 노동 사회, 효율성 사회 때문에 생긴 것이며 이들 사회의 이면을 반영한다.

여가 사회

약 두 세기에 동안 우리는 업무와 예측하지 못한 일들, 휴식과 활동이 서로 혼합된 느리게 진행되는 시간을 거쳐 생산성을 염두에 두고 본격적으로 여가가 어떤 위상을 차지하는 조직된 시간을 살아왔다. 알랭 코르뱅은 다음과 같이 기술했다.

19세기 초에 노동 시간은 불연속적인 상태에 있었다. 자신에게 부과된 임무를 완수한 노동자나 가내 수공업자는 술을 마시거나 담배를 피우며 한가로이 잡담을 나눈다. 파리 공장의 노동자들은 포도주 잔을 비우러 정기적으로 술집으로 향한다. [...] 이처럼 노동 시간과 비노동 시간 사이에 명백한 구분이 존재하지는 않았다. 이 두 가지 범주는 상호 교류 상태에 있었던 것이다.[62]

자신을 위해 쓰는 시간이나 가정에서 보내는 시간, 근무지에서 보내도록 정해진 시간 사이에 명백한 구분이 생긴 시기는 물론 산업혁명기다. 이 시기에 하루는 벽시계나 손목시계로 정확하게 측정할 수 있는 기간과 특별한 주기들로 분할됐다.

산업혁명기의 이런 변화와 함께 부유하고 윤택한 계급을 구분하는 판단 기준이었던 시간적 여유는 개인의 노력과 장점에 특권을 부여한 계몽주의 사상에 의해 그 의미가 차츰 변질돼갔다. 여가는 노동 기간과 더불어 체계를 갖추면서 점차 취미 활동 시간으로 자리잡는다. 법정 노동 시간을 주당 39시간으로 정했다가 35시간으로 다시 책정한 것은 이런 논리의 귀결이다.

---

62) A. Corbin, *L'Avènement des loisirs 1850-1960*, Paris, Flammarion, 1995.

하지만 역설적으로 개인화나 개인주의가 발전해도 여가 사회는 자아의 완성 가능성을 추구하지는 않는다. 다시 말해 개인의 내면성을 인증하는 일종의 증서가 개인에게 발부됐지만, 개인의 존재는 오로지 외양으로 축소됐기 때문이다. 이제 개인은 끊임없이 내면의 공허함을 채워야 하고, 정신적 취약함으로 인해 더는 견딜 수 없게 된 자아를 치료하는 시간을 할애해야 한다. 그렇게 하지 않으면 자아는 권태와 우울증(17세기부터 그 징후가 나타나기 시작한)에 잠식당한다. 관심사나 취미 생활, 기분전환용 오락 따위에 열광하는 일은 단지 자아의 공허함을 흩어버리는 역할을 할 뿐이다. 노동 시간의 제약은 이제 여가에도 덧붙여 부과될 것이며, 취미 생활은 자체적으로 점점 조직화되고, 점점 '규율적'으로 변해갈 것이다.

취미 생활에도 규율이 필요하다. 규율 없이는 취미 생활이 오로지 시간 낭비가 돼버릴 뿐이다. 취미 생활은 인간의 삶에서 결코 '의미 없는 영역'이 아니다.[63]

취미 생활과 밀접하게 연관된 행복은 두 가지 상반된 의미를 지닌다. 19세기 말 행복은 무엇보다도 사교계 생활에서 교묘하게 흡수돼, 사치로 점철되는 등 전반적으로 비생산적이거나 잃어버린 시간을 의미했다. 예를 들어 행복은 세상의 고뇌와 압박감을 피해보고자 고안된 대형 여객선을 타고 여행을 향유하는 특권 계급에게나 허락된 것이었다.

대형 여객선은 쥘 베른의 소설 제목과 달리 물위에 떠 있는 도시를 의미하지 않는다. 대형 여객선은 도시이긴커녕 정반대로 도시를 벗어나 현대성을 구성

---

63) J. Parent, *Le Problème du tourisme populaire*, Paris, 1939.

하는 시간적 압박의 가중을 망각하게 해주는 공간이었을 뿐이다.[64]

이런 의미에서 볼 때 프루스트의 작품은 시간의 횡단이자, 사소함과 경박함이 생산적 시간에 대항해 당당하게 승리를 거둔 사례이며 사교계에서 펼쳐진 대항해라 할 수 있다. 사치, 발벡에서의 바캉스, 게르망트 부인의 친절한 접견[65]은 점차 긴박해지는 효율성의 논리와는 결코 양립할 수 없는 잃어버린 시간을 보호한다. 이처럼 프루스트가 묘사하는 유복한 계급은 점차 시대착오적인 것이 돼가는 휴가의 시간을 소중히 보존하려는 보수적인 인물들로 등장한다.

하지만 행복은 이와 반대로 여가 생활에 관련된 새로운 산업을 둘러싼 유예의 시간과 밀접히 연관돼 나타난다. 여행사나 관광협회는 이국적인 이미지와 야자수 나무를 배경으로 해변가나 문화 유적을 찾아가는 대중적인 관광 상품을 기획한다. 행복은 '젊음, 건강, 섹스'라는 세 가지 유형을 제시했지만, 여행사나 관광협회는 이를 '바다, 섹스, 태양'이라는 새로운 삼위일체로 변형했다. 해변은 육체의 노출을 의미하는 동시에 휴식의 시간이기도 하며, 사랑의 시간이자 바캉스의 새로운 시간을 나타내는 사회 저변인 한편, 여행사에 의해 세속적으로 팔려나간 시간을 표시하는 공간으로 탈바꿈한다.

---

64) A. Corbin, *L'Avènement des loisirs 1850-1960*, op. cit.

65) 프루스트의 작품 『잃어버린 시간을 찾아서』는 생 제르망(Saint-Germain) 가의 백작 부인들을 알게 된 프루스트 자신이 그들에게서 작품 중의 게르망트(Guermantes) 가의 소재를 얻는다. 이처럼 프루스트의 작품에 등장하는 인물들은 로베르 드 몽테스키외(Robert de Montesquiou), 그레퓔르 백작부인 (comtesse de Greffulhe), 게르망트 부인(Mme de Guermantes), 샤를 아스(Charles Haas) 등등의 모습을 담고 있는 사진사 나다르(Nadar)가 찍은 사교인사들을 바탕으로 구성돼 있으며, 프루스트의 방에 걸려 있는 사진이 바로 이들의 모습을 담은 것이었다. [역주]

취미 생활 역시 소비와 파티, 디즈니랜드 같은 놀이공원, 퓌튀로스코프[66] 같은 문화 공간, 문화 유적지를 닮은 테마 파크 공원 등 다양한 놀이 공간이 제공하는 서비스에 열중한다. 관광객이란 결국 근대적 형태의 소비자일 뿐이다. 세계는 돈을 낭비하는 사람들의 열망을 바탕으로 제공된, 유일하면서도 동일한 대상으로 변한다. 세계의 풍경을 담는 카메라는 이미지의 과잉을 무릅쓰면서까지 세계를 흡수하려는 여행자의 탐욕을 고스란히 기록하는 상징이 됐다.

휴가는 또한 에너지를 유용하게 소비하게 하고, 육체 활동성과도 밀접한 관계를 맺는다. 예를 들어 스포츠는 시간을 유용한 것으로 만든다.

> 스포츠를 권장하거나 스포츠의 참맛을 알리는 일은 취미 생활에서 행복을 찾는 데 싫증난 사람들이 하는 일이자 그들의 직업임이 분명하다. 스포츠 산업에 대한 종사는 이런 사람들이 사회에서 비생산적인 상태로 있지 않게 하려는 유일한 수단인 셈이다. 한마디로 스포츠는 그들이 자기 동포들에게 유익한 존재가 되고, 이어 경탄할 만하거나 축하받는 존재가 되는 유일한 방법이다.
>
> 『보르도의 스포츠와 장애물 경주에 관하여』, 보르도(1857년).

스포츠는 신속함과 효율성이라는 산업 사회의 가치에 쉽게 동화되는 과정에서 산업 사회의 상징으로 자리잡는다. 조르주 비가렐로가 보여줬듯이 1840~1850년 '육체적 활동과 시간의 계산' 사이에는 더 긴밀한 관계가 성립되기 시작했다.

---

66) Futuroscope : 복합적이고 다양한 문화 공간으로 구성된 파리 북부의 근교 오베르빌리에 근처에 자리잡은 테마파크 공원의 일종. [역주]

검을 다루는 사람들과 아모로스[67]의 체조선수처럼 막대기와 함께 새로운 검술을 하는 사람들은 공격을 시간 단위에 맞춰 계산한다. 힘은 오직 집중도를 확인하는 작업에만 국한된다. 예를 들어 운송수단에서 그런 것과 마찬가지로 노동 현장에서도 엄밀하게 적용되는 시간 배정이라는 새로운 습관이 역사에 등장한 것이다. 아돌프 조안은 급행열차, 완행열차, 합승마차를 구별하는 시간 사용의 예를 본보기로 삼아 경주와 놀이의 결과에도 이를 적용하자고 주장한다. 보트 경주자와 최초의 스포츠맨은 이 같은 시간의 지속에 대해 점차 명확성을 따져 묻는 특징을 보인다. 이들의 시간은 동일하게 측정되지 않는다.[68]

행복은 이제부터 스포츠의 실적과 기업의 성과를 측정한 기록과 밀접한 관련을 맺는다. 바캉스의 행복은 일탈적인 행동을 하지만 않는다면 남들처럼 하는 것이 바람직한, 엄격한 훈련이 된다. 노동 시간은 여가와 마찬가지로 황금 송아지[69]를 원하는 것과 똑같은 숭배에 할애된다.

휴식 시간(만약 우리가 휴식할 수 있다면)은 대다수 사람에게 항상 볼모의 시간이다. 시간을 볼모로 삼는다는 것은 '재정비할' 시간, 자동 공정 시스템에서 소진된 자신의 체력을 보완하고 재충전하는 시간을 할애한다는 것을 의미한다. 휴식 시간은 탈주, 자유, 태양, 자연, 진정한 삶, 모험, 무한정의 쾌락 등등 한

---

67) Amoros : 스페인에서 망명한 아모르스 대령은 프랑스 현대 체육의 지도자가 된다. 그는 1817년 한 사립학교에 체육관을 개설하고 병식(兵式) 체조를 널리 전파했으며 체육 지도가 양성의 교과 과정에 멀리뛰기, 장대높이뛰기 등을 포함했다. [역주]

68) G. Vigarello, 「Le temps du sport」 in L'Avènement des loisirs, op. cit.

69) 하느님이 모세에게 첫 번째 십계명을 내렸을 때 여러 신을 숭배하던 이집트의 영향을 오랜 세월 받아왔던 이스라엘 백성은 모세가 시나이산에 올라간 사이에 황금 송아지를 만들어 우상을 섬기는 큰 죄를 저지른다. 출애굽기에 등장하는 황금 송아지는 금전과 권력을 상징한다. [역주]

마디로 말해 행복 자체다. 우리가 '여가'라고 부르는 한 편의 시(詩)에 들어 있는 규칙적인 운율은 바로 이런 것들로 이뤄진다. '여가' 산업은 사실상 지옥일 뿐인 천국을 터무니없는 거짓말을 통해 불러낸다.[70]

시간 밖의 행복

휴가 제도가 생겼지만 사회는 인간 존재에 과중한 압력을 행사하고, 왜 곡된 일시적 행복을 욕망하라고 끊임없이 부추긴다. 향정신성 물질은 이런 거짓 휴식을 제공하는 전형적인 수단이다. 점점 많은 사람이 세상을 초월해 서 살 수 있다는 환상에 사로잡히게 하는 온갖 마약을 흡입하면서 자신에게 매몰된다. 코카인은 이제 부유 계층을 구분하는 기준이 아니다. 어떤 사람들 은 황홀경의 최면 상태로 유명해진 '식물성 마약류'에 매몰되기도 하고, 공 동체의 행복에 대한 향수를 불러일으키고자 상실된 공동체 관계의 회복이라 는 강박증에 사로잡힌 음악에 몰두하기도 한다. 며칠이나 지속되는 혼돈의 축제는 사실상 전통적인 축제의 관례나 규범과는 아무 관계가 없으며, 오히 려 쾌락의 무질서와 무정부주의적 야만성을 추방한 세계를 추방하려는 듯한 인상마저 풍긴다.

이처럼 우리 사회는 어떠한 회유 앞에서도 꿈쩍하지 않으며 조금의 망 설임도 없이 자신만의 고유한 바캉스를 연출한다. 프랑스에서 성공을 거듭 한 「로프트 스토리」 방송은 이런 사실을 잘 보여준다. 이 방송의 원칙은 간단 하다. 다섯 명의 젊은 여자와 여섯 명의 젊은 남자가 70일간 한 아파트에 갇

---

70) M. Benasayag, E. Charlton, *Critique du bonheur*, op. cit.

혀 지내는데, 이 상황을 계속 촬영하는 것이다. 청소년용 「프렌즈」 시리즈를 계승한 시트콤을 배경으로 젊은 남자들은 시간 밖에서 행복한 유토피아를 찾으려고 모여든 듯, 자신에게 할애된 시간을 파티나 방송에서 요구한 게임을 준비하며 보내고, 이런 제약 속에서 조화로운 공동체를 만들어내야 한다. 하지만 이들을 둘러싼 사회적 논리는 조화로운 공동체와는 정반대로 이들을 제거하는 방식으로 작동한다. 정작 이들에게 부여된 임무는 시청자들과의 공모를 통해 후보를 차례차례 한 명씩 제거하는 것이기 때문이다. 미셸 필드가 2001년 5월 4일 『르몽드』에 기고했듯이 로프트 스토리는 우리에게 "사회성의 탄생을 직접 목격하기 위해 실재 시간에 참여할 것"을 요구한다.

> 「로프트 스토리」는 섬에서나 발견되는 온갖 종류의 유토피아에서 필수적으로 요구되는 닫힌 공간과 제한되고 가중된 시간이라는 형식적 제약이 있는 시스템에서 어떻게 개인이 권력과 유혹, 그리고 욕망과 관계를 구축해가느냐는 문제를 제기한다. 하지만 이런 사회성은 여럿이 '조화를 이루며 사는 형태'와는 완전히 전도된 양상을 띤다. 이 게임에서 정작 관건은 단 두 명만을 남기고 나머지 모두를 제거하는 데 있기 때문이다. 우리는 어떻게 이런 연출을 '원시적인 장면', 즉 모두가 볼 수 있으며 모두가 접근 가능한 최면술이 아니라고 말할 수 있을까?

더 정확히 말해 「로프트 스토리」는 극도로 팽창된 시간성이나 시청자의 사회적 시간과는 완전히 단절된 거짓 영원성의 리듬에 맞춰 행복이 펼쳐지는 인공적이고 원시적인 장면을 보여준다. 「로프트 스토리」를 보는 청중은 세상에서 벌어지는 온갖 시사 정보와 더욱 단절되게 마련이다. 이 프로그램을 시청하는 순간, 시청자들은 게임 참가자들이 구성한 사회 공동체에서 경쟁자들을 탈락시키고 끝내 살아남을 신화적 커플에 이르는, 전도된 창세기 일화에 기꺼이 참여한다. 이와 동시에 자신을 바라보는 시청자들의 시선에 고정된 젊은이들은 유아 상태에 머물면서 심리적 퇴행 상태에서 살게 된다. 사실상 그들은 자신을 주시하는 어머니의 '훔쳐보기'라는 침입에 고분고분 순종하는 아기 같은 처지가 된다. 그들을 주시하는 어머니 역시 자기 자식들이 사는 방을 들여다보며 정기적으로 그들의 안위를 확인하고자 주저 없이 근심 어린 시선을 보낸다.

우리 사회는 텔레비전을 통해 행복의 유토피아를 조작하는 데 매우 익숙하다. 이런 유토피아는 '운명'이라는 허구의 외양으로 포장된 사업을 통해 벌어들이는 재산 축적을 의미할 뿐이다. 이 잘못된 가치를 통해 이뤄진 가식적인 세계에서 전능한 신은 시청률로 대치된다. 모든 것은 현실과 단절된 채 미성숙한 부화 상태로 퇴행하는 것이다. 어쩌면 바로 여기가 우리 사회의 현실을 적나라하게 비유하는 지점은 아닐까?

「로프트 스토리」는 사회의 조건을 비추는 저속하고 풍자적인 거울인 셈이다. 이제부터 우리는 정치가 조장한 무관심을 토대로 미리 가공된 행복만을 소유할 권리가 있다. 이때 현실은 '로프트(loft)' 같은 창고를 개조한 컨테이너, 텔레비전, 컴퓨터로 대표되는 일반화된 키트 박스에 갇히고 만다. 그렇게 우리는 소비의 행복, 상품에 의한 강제 사육과 가공품의 습격을 통한 행복이라는 형태의 이데올로기적 규범들에서 한 치도 벗어나지 못하게 된다.

우리는 되도록 경쟁자를 만들지 않는 사회에서 행복해져야 한다. 프란시스 후쿠야마는 세계화, 즉 의사소통에 관한 새로운 기술 발전에 힘입어 촉진된 자유 교환의 일반화 현상은 역사의 종말을 재촉할 뿐이라고 말한다. 거대 기업들이 상징적으로 보여주는 초국가적 자본주의는 강력하고 무한한 소비를 축하할 시간 밖 세계의 창설을 목적으로 삼는다. 다보스[71] 세계경제포럼에서 채택한 세계, 자본을 소유하기 위해 경제라는 절대적인 시대 요청의 뒤안길로 정치를 사라지게 한 세계는 상품 숭배를 축하하고자 마련한 다양한 축제 주변에서 이미 구조화됐다. 예컨대 인터넷상의 축제, 할머니들의 축제, 비서들의 축제, 할로윈 축제 등은 상품 숭배 과정에서 탄생한 결과물이다. 하지만 이런 세계가 정작 마음 깊이 꿈꾸는 것은 휴가 시간을 늘리는 일이며, 천국이라는 말로밖에 설명할 수 없는 역사의 종말을 영원히 구축하는 일이다. 누가 이것을 본격적으로 부각되기 시작한 현실의 진정한 의미로 이해하지 않았을 것인가? 급조된 의사소통의 혜택에 의존해 시간을 공간으로 바꿔버리는 이 유명한 세계화 현상은 근본적으로 신화적 세계의 기본 틀에 대한 패러디일 뿐이다.

> '시간이 공간으로 바뀌어버리는 것'이 세계화 현상의 중심부에서 일어나는데, 이는 '시간의 연속성'을 제거하는 '공간의 영원성'이 직접 반영되는 곳이 바로 세계화 현상의 중심부이기 때문이다. 죽음조차 이 중심부에 다다를 수 없으므로, 이곳은 한마디로 '불멸이 머무는 장소'라 할 수 있다. 세계화 현상의 중심부에서 만물은 인간이 '영원성의 감각기관'처럼 다시 부활시킨 '제3의 눈'[72]의 권력에 의해 불변하는 현재에서 완벽한 동시성(同時性)처럼 나타난다.[73]

---

71) 매년 스위스의 다보스에서 개최되는 세계경제포럼 연차총회의 통칭. 세계 각국의 정계·관계·재계의 수뇌들이 모여 각종 정보를 교환하고, 세계경제 발전방안 등에 대하여 논의한다. 공식적인 의제는 없으며, 참가자의 관심 분야에 대해 자유로운 의견 교환이 이뤄진다. [역주]

72) 텔레비전이나 인터넷을 비유한 것. [역주]

73) R. Guénon, *Le Règne de la quantité et les Signes des temps*, op. cit.

이처럼 이 세계는 행복을 만회하기 위하여 시간과 기묘한 관계를 고안했다. 이 세계는 여가를 고안했을 뿐 아니라, 공간으로 변형된 어떤 시간의 부재 속에서 자신의 기술력에 힘입어 물질적인 행복의 영원성을 구축하기 위해 애쓰고 있다. 이것이 바로 우리가 세계화라고 부르는 것이다. 소비의 감미로운 정원으로의 진입, 보편적이고 비시간적인 진부함으로의 개종이 바로 세계화인 것이다.

제5장

작은 행복에 놓여 있는 행운

서양의 문명화는 상품으로 구성된 단조로운 사회를 배양하고, 우리를 소비의 일상 속에 가둔다. 신성의 갑작스러운 출현이나 전통 사회에서 삶의 질서를 확립했던 신비감만큼이나 상품의 진부함이 규범과 활동 영역에 구체적으로 파고든다. 삶은 견딜 수 없이 변하고, 온갖 노력은 삶에 의미를 부여하고자 일시적이고 덧없는 방식으로나마 어떤 구실을 발견하려 한다. 그 결과 우리는 일상에서 펼쳐지는 작은 행복들에 순응하게 되고, 이런 행복에서 마술을 추출하고 싶어 한다. 시간은 유토피아적 열정과 더불어 선조들이 믿었던 미래와 확연하게 대비되는, 최소의 만족에 대한 최대의 공유를 찬양하는 데 있다.

사소한 것들의 행복

『행복론』을 집필할 당시 철학자 알랭은 사소한 것들과 관련된 행복을 극찬한 바 있다. 알랭은 일순간의 은혜를 포착할 수 있는 지혜를 적극 옹호한다.

우리는 아이들에게 행복에 이르는 방법을 잘 가르쳐야 한다. 그렇다고 이 방법이 어느 날 갑자기 불행이 들이닥쳤을 때에도 행복해지는 방법을 의미하지는 않는다. 이 방법에 관해서는 금욕주의자들에게 맡기면 된다. 우리가 가르쳐야 하는 것은 주변 상황이 그럭저럭 별탈 없이 전개될 때 행복에 이르는 방법, 인생의 고통과 가혹함이 사소한 권태나 작은 불안 정도일 때 행복에 이르는 방법을 말한다. [...]

나는 고약한 날씨를 유용하게 이용해서 행복에 이르는 방법에 대해 말해볼까한다. 만약 내가 글을 쓰려는 순간 비가 내리고, 기왓장이 들썩이고, 주변의 많은 도랑이 출렁대고, 습기가 필터 속으로 빨려 들어간 듯 건조하고, 먹구름이 사방에서 몰려든다고 가정할 때 이런 것들이 우리에게 주는 아름다움을 포착하는 방법을 배워야 한다. 그러면 혹자는 "비는 농사를 망쳐버리잖아요."라고 말할지도 모른다. 혹자는 "진흙은 죄다 더럽지 않나요?"라고 말하거나, "마른 잔디밭에 앉아야 상쾌한데."라고 말할지도 모른다. 물론 모두 납득할 만한 반응이다. 게다가 우리는 실제로 이런 생각을 떠올린다. 하지만 이들의 불평이 앞서 말한 여러 가지 현상을 없애지 못한다는 사실도 알아야 한다. 나는 집에서 이런 호소의 비를 맞는다. 사람들은 특히 비가 올 때 밝은 얼굴을 기대한다. 즉 나쁜 기후에 더 선한 모습을 기대한다는 것이다. (1910년 11월 8일)

사소한 행복은 빈곤과 초라함을 통해서도 느낄 수 있는데, 간단히 말하면 평범한 일상에 열중할 때 이런 행복을 얻게 된다. 『엑스프레스』에 발표된 2001년 1월 통계에 따르면, 프랑스 사람들은 인생을 성공적으로 이끄는 최상의 방법으로 "개인적이고 직업적인 차원에서 인생이 부과한 것에 대한 만족"을 목표로 삼는 삶의 자세를 꼽은 바 있다(41.3퍼센트의 긍정적인 대답).

상담 기관이자 상담 인력 양성 기관인 세고스사의 인력관리부장인 장 루이 밀러는 프랑스의 가톨릭 전통에 비춰 볼 때 절제와 조심성은 고결한 것이라고 지적한다. 반면에 이런 전통에서 야망은 선한 것이 아니다. 더욱이 성공은 타인들의 희생을 낳는다는 점에서 죄책감이 들게 한다.[74]

이 체념의 지혜가 새로운 것은 아니다. 이런 지혜는 가톨릭 전통에서 비롯했을 뿐 아니라 마르셀 파뇰에서 모리스 클라벨, 필립 들레름에 이르기까지 프랑스 현대 문학의 큰 자산이기도 하다. 클라벨이 『작은 행복들』에서 묘사한 가난한 삶에서는 결국 궁핍 덕택에 모든 것이 기쁨의 원천이 된다. 매 순간이 존재 의미가 있고, 헐벗은 존재의 가치를 높이 평가하게 하는 기쁨의 원천이 된다. 예를 들어 다락방에 놓인 작은 탁자에서 은은하게 흘러나오는 불빛을 받으며 만들어지는 어두컴컴하고 친근한 분위기, 처음 보는 색으로 그려진 허름하고 낡은 그림책, 아이와 부모가 하나 되도록 인도하고 아이가 어린 시절에 경험하는 인간적 가치를 높이 평가하게 하는 초라한 집 등은 실현 가능한 충일한 감정을 나타내는 데 충분한 단서가 된다.

나의 회상이 사소한 행복에서 비롯한다는 사실에 어쩌면 사람들은 놀랄지도 모르겠다. 하지만 내가 더 넓은 집에 살았더라면 지금과 같은 행복한 모습을 나는 절대 회상할 수 없었을 것이다. 만약 우리 세 형제가 어머니께서 가끔씩 회한의 한숨을 내쉬면서 말씀하시곤 했던 정어리 통조림 같이 좁은 집에서 자라지 않았다면, 이런 회상은 절대 불가능했을 것이다.

추운 겨울 몇 달간 우리 집을 방문한 사람들은 분명히 상자처럼 작은 집에서

---

74) Enquête, 「Réussir sa vie, les nouveaux codes du bonheurs」 in *L'Express* n° 2638, 24-30, janvier 2002.

사는 우리가 불행하다고 생각했을 것이다. 그러나 그들은 이 공간에 대한 기억이 나의 가장 소중한 유산이며, 여기서 만들어진 어떤 것도 빼앗길 수 없는 귀중한 재산이라고 확신하는 나를 보면 매우 놀랄 것이다.[75]

'작은'이라는 형용사는 원래 미미하거나 최하위에 있었다는 듯이 인간 존재를 구성하는 '아주 작은 탄생' 같은 매 순간을 포착할 때 얻는 행복과 연관된 핵심 단어다. 작은 행복은 거대한 메시지를 발신하는 자들이 고조시킨 위대한 저녁 무렵을 이어 받는다.

꽤 많은 독자들을 불러 모았던 『밤의 아름다운 도시』(1988년)에서 저자인 배우 리샤르 보랭거는 인생의 행복한 출현을 맞이하는 위대한 저녁 무렵을 어둠에 둘러싸인 도시의 상투적인 장면으로 환원한다.

파울로, 이런 게 어떻게 행복이 될 수 있는지 네게 얘기해야 할 것 같다. [...] 밤의 도시는 아름답지. 아무것도 없는 곳에 작은 호텔이 하나 있어. 그 호텔에는 게임 딜러도 재즈 음악이나 블루스 가수도 없어. 하지만 우리는 거기에서 요동치는 심장을 볼 수 있지. 호텔은 항상 뭔가를 감추고 있어. 길 하나로 연결된 수많은 마을도 있지. 여기 있는 천 한 개의 마을에는 각각 자신만의 길이 있어. 금과 은으로 된 떨림을 선보이는 뱀 같은 마을들이 있어. 날씨가 더워지면 테라스를 보며 여인을 느낄 수 있는 마을이 있다고. 이 마을들은 너를 거대한 배로 인도할 거야. 마을은 경계를 만들고, 널 유혹하려고 널 침몰시키려고 또 다른 지평선을 만들어낼 거야.[76]

75) B. Clavel, *Les Petits Bonheurs*, Paris, Albin Michel, 1999.

76) R. Bohringer, *C'est beau une ville la nuit*, Paris, Danoël, 1988.

한편 개인이 자기 일상에서 발견하는 하찮은 것들이 주는 행복을 가장 중요시한 작품은 필립 들레름의 모음집『맥주 첫 모금과 또 다른 작은 기쁨들』이다. 특히 이 작품은 대중적으로도 경이로운 성공을 거둔 바 있다. 이 책에 따르면 일요일 아침마다 종교적 의미가 있는 과자를 사는 일이나 정성과 시간을 들여야 하는 완두콩 껍질 벗기기, 맥주 첫 모금의 맛은 "떨떠름한 행복"을 의미한다. 우리는 "첫 모금을 잊어버리기 위해 마시는 것"이다.

그렇다면 하찮고 사소한 것들에서 느끼는 행복을 이렇게 세밀하게 묘사하는 것은 과연 어떤 의미가 있을까? 어쩌면 우리는 이데올로기가 붕괴된 시대를 맞아 체념의 도덕률을 전개하고 있는 것은 아닐까? 성공적인 철학자 앙드레 콩트 스퐁빌의 저서를 통해 우리는 이 문제를 고민해 볼 수 있다. 앙드레 콩트 스퐁빌에게 절망은 행복의 또 다른 측면을 반영한다. 행복에 이르려면 인생의 우여곡절을 과감히 가로지를 줄 알아야 한다.

우리는 오로지 우리가 인내하고 머무르고 겪어야 하는 절망의 양에 비례해서만 행복을 소유할 수 있다.[77]

따라서 행복을 느끼려면 온갖 종류의 원대한 희망을 과감히 포기할 줄 알아야 하며, 진정으로 우리에게 의존하고 우리의 가시권에 포착돼 있으며, 우리의 내부에서 비롯된 것들을 원할 줄 알아야 한다. 친밀한 것들과 하찮은 것들을 천천히 음미하는 방법을 배워야 한다.

하지만 이런 방법을 통해 우리는 하찮은 것에도 신이 임할 수 있다는 오래된 형이상학적 진리를 다시 발견하고자 하는 것은 아닐까? 달리 말해 우리

---

77) A. Compte-Sponville, *Le Bonheur, désespérément*, Nantes, Editions Pleins Feux, 2001.

는 하찮은 것들의 행복, 말로 표현할 수 없는 것들의 행복이 만들어내는 우주에 대한 새로운 접근에 참여하고 있는 것은 아닐까?

아멜리 요정

프랑스 영화감독 장-피에르 주네의 『아멜리 풀랭의 공상적 운명』(2001년)[78]이 성공을 거둘 수 있었던 것은 바로 이런 방향으로 접근했던 덕분인 듯하다. 오드리 토투가 연기한 젊은 여자 주인공 아멜리 풀랭은 마티유 카소비츠가 연기한 니노라는 사진 수집가와의 열렬한 사랑을 발견하기까지 이런 종류의 행복을 만들어내는 일에 적극 가담한다. 여전히 청소년기 정신 상태에 머무는 22세 젊은 여주인공 아멜리 풀랭은 어른이 된 어느 소년이 오래전에 갖고 있던 장난감을 발견하게 되면서부터 행복을 만들어내야 한다는 사명감을 품게 된다. 그녀는 어른이 된 이 소년에게 잃어버렸던 장난감을 돌려주면서 어린 시절을 되찾게 해주고, 일상이라는 마법의 세계로 그를 초대한다. 50년대 모습에 더 가까운 파리는 이런 일련의 사건들이 전개되는 마력의 공간이자, 선한 자가 보상받고 악한 자가 처벌받는 어린이들의 놀이터로 변한다. 이곳을 지배하는 자는 바로 아멜리 요정이다. 더욱이 '풀랭'이라는 아멜리의 성은 흔히 부모가 아이에게 점심이나 간식 시간에 맞춰 주는 유명한 초콜릿 회사의 상표 이름으로 해석될 여지를 남긴다.

이 영화가 주려는 교훈은 명백하다. 누구나 자신의 마술적 잠재력을 이용하거나 정의와 행복의 정복을 상징하는 조로 마스크를 쓰고 변장하여 자

---

78) 한국에서는 「아멜리에」라는 제목으로 개봉됐다. [역주]

신이 놓여 있는 현실을 바꾸는 마법사가 될 수 있다는 것이다. 영화에서 터무니없는 사건 전개로 등장인물들은 거역할 수 없는 '운명'의 포로가 돼 기획에 따라 미리 설정된 신화에 등장하는 영웅에게나 어울리는 인생의 주인공이 된다.

영화에 등장하는 즉석 사진 촬영소는 등장인물들에 의해 중요한 장소로 부각된다. 이곳은 인생을 행복과 사랑으로 아름답게 꾸미고, 범속한 현실을 신비로운 놀이로 만드는 상징적인 장소다. 즉석 사진 촬영소는 우리를 현실의 또 다른 측면으로 통과하게 해주는 동화 속 거울에 대한 현대적이고 기술적인 상징이라고 할 수 있다. 이처럼 보잘것없는 존재를 상징하는 동시에 영화에서 등장한 소품 중 가장 키치적인 정원의 난쟁이는 사진 속에서 다시 살아나 아멜리의 아버지를 고독과 인습으로 점철된 삶에서 벗어나게 하는 역할을 할 뿐 아니라, 나아가 여행이라는 모험의 길로 아버지를 떠나보내는 마술사 조수 역할도 한다.

그렇다면 21세기를 맞은 우리는 아이의 시선으로 세상을 다시 배우기 시작해 세상에 다시 적응해야 하는 것일까? 사물에 마법을 거는 행위는 유년 시절에 저지를 수 있는 몇몇 장난 가운데 하나일 뿐이다. 롤링의 『해리 포터』가 영화화돼 전 세계적인 성공을 거뒀다는 사실에 우리는 그다지 놀라지 않는다. 스스로 마법사가 되기 위해 마법학교에 입학 허가를 받은 주인공은 아이들에게 이제부터 그들 자신이 힘 있는 마법사라고 가르친다. 해리 포터는 이런 의미에서 아멜리의 남동생이다. 다소간 선동적으로 이 둘은 일제히 시적이고 몽환적인 세계에 사는 방법을 배우려면 잔인하고 혐오스러운 현실을 때로 과감히 떨쳐버리는 것도 필요하다고 말한다. 이런 관점은 브라질의 극작가 파울로 코엘료가 고수하는 세계와 사물에 대한 전망과도 밀접히 연관된다. 그는 우리에게 연금술사가 될 것을, 우리 인생에서 우리가 전설을 만들어내야 한다고 말한다.

그렇다면 세계는 이렇게 하나의 우화가 돼가고 있는 것일까? 아멜리에서 파울로 코엘료에 이르기까지 이 모든 경우에는 우리 인생을 바꿀 수 있다고 믿는 행복에 대한 욕망이 등장한다. 역설적으로 말해 행복에 관해 자명하면서도 진부한 처방전을 보여주려는『아멜리 풀랭의 공상적 운명』의 영향을 받은 서적들의 전폭적인 증가 현상이 우리에게 증명하는 것도 바로 이것이다. 행복에 이르려면 서로 사랑해야 하고, 하찮아 보이는 일상의 만남을 빛나게 해야 하며, 타인들에게 웃음을 보일 줄도 알아야 한다. 물론 아무것도 아닌 작은 것들을 깊이 음미하고 아낄 줄도 알아야 한다.

그렇다면 과연 우리는 착하고 사소한 것들의 의미를 나열해놓은 카탈로그로 행복을 환원해야 할 운명에 놓여 있을까? 행복의 정의를 매우 고상한 데서 찾을 줄 알았던 우리 유산은 이제 거의 신뢰할 수 없는 지경에 이르고만 것일까?

이런 주장들과 함께 새로운 시대의 문턱에 서 있는 우리는 스스로 이런 질문을 던지게 된다. 행복에 이르기 위해 우리는 무엇을 기다리고 있는가? 축제를 벌이기 위해 우리는 과연 무엇을 기다리고 있는가?

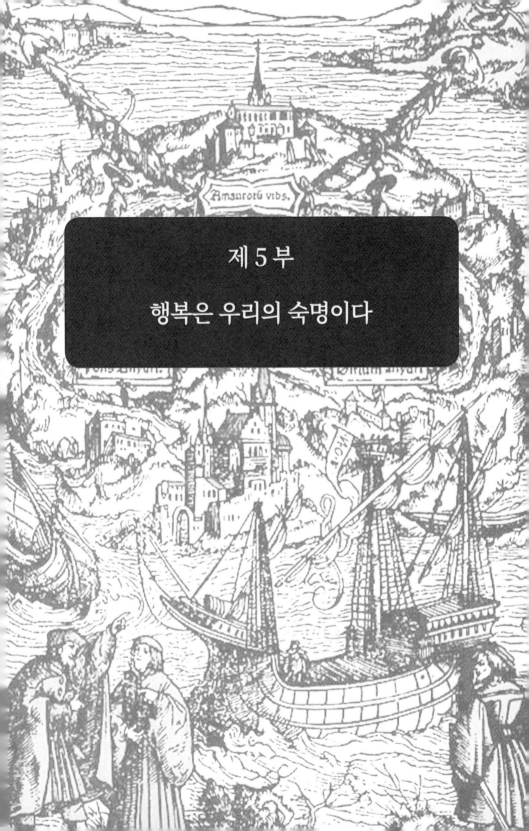

제 5 부

행복은 우리의 숙명이다

제1장

희망의 원칙

　다수의 연구서나 에세이 등을 통해 우리는 구소련이 국가적 실패를 겪으면서 맞이한 사회주의 유토피아의 종말을 잘 알고 있다. 이 시점에서 우리는 이런 논리에 승리에 고취된 자본주의 체제에 행복한 세계화의 유토피아를 정착시키려는 '이성의 책략'이 존재하는 것은 아닌지 자문할 필요가 있다. 상품이 주는 행복과 개인주의의 승리가 과연 무엇을 의미하는지 우리는 이미 잘 알고 있다.

　자유세계 정치적·경제적 수장들이 해마다 모이는 다보스 정상회담에 반대하는 행동으로 2000년 이후 포르투 알레그리[1]는 전혀 다른 성격의 세계화를 수호하는 사람들이 모이는 상징적인 장소가 됐다. 주체적인 민주주의를 경험하고 실행했던 이 브라질 도시는 민주주의를 어떻게 다시 생각해야 하는지, 그 길을 우리에게 알려주는 어떤 지침처럼 보인다. 서구 민주주의 대표국들은 경제 지상주의자들의 절대적 압력을 받으며 심각한 위기의 시대를

---

1) Porto Alegre : 브라질의 남단 구아이바 강 연안에 있는 항구 도시이다. 인구는 약 137만 명이며 리오 그란데도술(Rio Grande do Sul)주의 수도이자 남부 브라질의 중심 도시이다.[역주]

지나는 중이다. 정치가는 그저 일상사를 관리하는 단순한 관료로 전락해 무능력을 드러내고 아울러 시민의 무관심을 유발하고 있다. 이 와중에 브라질의 리오그란데도술주의 주도 포르투 알레그리는 당당하게 그 정치적 위상을 보여주고 있다. 이곳 시민은 자신의 의사를 단순히 대표에게 내맡기지 않는다. 도시 경영 전반에 관련된 발언권을 스스로 직접 부여하고, 모든 시민의 행복과 안위를 위해 더 새로운 정치 체계를 고안하는 역할을 맡는 주체적 민주주의를 직접 실천한다.

현실적인 유토피아

민주주의 메커니즘을 심화할 방도를 연구하는 과정에서 포르투 알레그리는 최첨단 자유방임주의 논리가 조장하는 소비의 세계화를 근본적으로 단절함으로써 정치적 유토피아와 시민의 세계화를 실현하고 있다. 오스트리아 작가 슈테판 츠바이크에 따르면, 모든 작업이 진행된 후 브라질은 '미래의 땅'을 향한 사명감을 다시 발견하게 됐다고 한다. 브라질은 이질적인 문화를 수용하고 평온한 삶이 펼쳐지는 사회를 구상하는 사회적·정치적 실험실로 자리 잡은 것이다.

브라질의 또 다른 도시 리우데자네이루 역시 이런 모습을 갖추기 시작했다. 1992년 리우데자네이루에서 개최된 '지구 정상회담'을 통해 지금 상태로는 미래에 생존 자체가 불가능하다는 위기감을 공유하게 됐고, 이런 위기감을 바탕으로 지금과는 전적으로 다른 형태의 '지속 가능한 개발'[2]을 촉

---

2) 1992년 브라질 리오데자네이로의 "환경과 개발에 관한 유엔회의"에서 세계 179개국 정부와 NGO

구해야 할 필요성이 널리 알려졌다. 불평등의 축소를 모토로 삼은 사회적 차원의 주장과 지구의 환경 보존에 대한 염려를 바탕으로 진행되는 이런 '지속 가능한 개발'이 지구를 착취하고 황폐화하면서 인류의 미래를 죽음으로 몰고 가는 이윤 추구와 고도 성장 전략을 대치하리라는 사실은 자명하다. 비록 필요한 조치가 모두 실행되지 않을지라도 이 같은 생각은 차츰 부각되는 환상적인 유토피아를 지향한다는 점에서 매우 중요하다. 게다가 이런 유토피아는 '현실적인 유토피아'를 계승하는 각종 유토피아와는 일정 부분 구별되는데, 왜냐하면 이 유토피아의 실현에 우리의 생존 자체가 달렸기 때문이다.

소위 개발됐다는 우리나라는 그간 세계를 향해 어떤 삶의 방식을 제안했다. 이 제안은 타락한 글로벌 시장경제와 밀접한 관계를 유지하는 소비 모델인 경제 시스템이었다. 그러나 이런 시스템에 적합한 삶은 결국 지구를 약탈할 수밖에 없다. 이런 방식은 심각하게 자원을 약탈하는 자들을 양산했으며 쓰레기와 폐기물을 만들어내는 파괴자를 옹호했다. 우리는 지난 10년간의 이런 삶을 견딜 수 없었다. 바로 이런 삶이 지금도 지구를 막다른 골목으로 몰아넣고 있다. [...] 이런 세계의 일탈과 약탈에 대한 책임이 정작 인간에게 있다 해도, 더 심각한 문제는 인류의 분열에서 발생한다. 이런 문제는 사방에서 분열되기 시작한 지구의 한 모퉁이에 자리 잡은, 물질적으로 가장 풍족한 우리와 직접적으로 관련된 문제다. 이런 문제는 비단 비싼 경제 비용을 치러야 하는 당사자뿐 아니라, 이와 정반대로 아무것도 잃을 것이 없고 무엇이든 당장 할 준비가 돼 있는 가장 낮은 경제 비용의 당사자도 연관된 문제다. 지금까지 무질서를 옹호해온 인

대표들이 모여 지구환경보전행동계획인 의제 21을 채택하고 전 지구적인 환경 문제를 지역 차원에서 해결하고자 "지방의제 21(Local Agenda 21)"을 작성, 실천하도록 권고했으며, 세계의 많은 도시가 "지속 가능한 개발"을 위한 환경 선언과 행동 강령, 개발 지침 제정을 촉구했다. [역주]

류는 매우 편협한 이기주의와 자멸 속에서 이런 약탈을 계속할 것이다.

한편 이런 무질서를 계속해서 옹호할 때 우리가 치러야 하는 대가는 상상을 초월한다. 미치지 않고서야 어떻게 막다른 골목으로 치닫는 질주를 계속해서 상상할 수 있겠는가? 게다가 진짜로 미친 짓은 무엇인가? 진짜 미친 짓은 우리가 오랫동안 해온 것을 앞으로도 오랫동안 계속할 수 있다고 믿는 짓, 우리가 살아왔던 것처럼 앞으로도 살아갈 수 있다고 믿는 짓이 아닌가? 이보다 좀 덜 미친 짓은 생존할 수 있는 세상을 만들기 위해 우리가 앞으로 전념해야 할 일을 계획하는 것이다.

우리는 활기찬 분발을 토대로 인간 스스로 자신의 운명을 개척해갈 수 있다는 사실을 믿는다. 인간은 세계의 일탈을 멈추게 할 수 있다.[3]

20세기를 지배했으나 재앙 속으로 깊이 침몰했던 정치적 유토피아는 19세기 산업혁명이 낳은 결과였으며, 세상을 지배하고 착취할 목적으로 세상과 단절된 기술과학의 실행을 바탕으로 건설됐다. 이제 기술 생산에 타자에 대한 배려와 자연의 존중, 윤리 통합에 기초해서 과학적 지식과 인간의 발전에 관한 새로운 패러다임을 창출하는 일이 새로운 과제로 부상했다. '지속 가능한 개발'은 인류를 향해 쏘아올린 새로운 도전이다. 예컨대 이 도전은 생명체들의 긴밀한 협조, 배척과 재난에 대한 단호한 거부, 개인주의나 지배와 이윤 추구를 독점하는 논리를 포기함으로써 가능한 새로운 세계를 만들겠다는 의식의 도약이며 이것을 실현할 가능성에 대한 도전이다.

이런 도전은 과학적·기술적 발전과 정신적 발전의 결속을 도모할 '문명의 정치'와 '인간의 정치'를 과연 결합할 수 있느냐는 데 그 성패가 달렸다.

---

3) Introduction au *Manifeste pour un développement durable*, Association Convictions, janvier 2002.

확연하게 보편화된 개념이기도 한 개발은 열정에 들뜬 서구화의 원동력, 북부 식민지의 도구로 '개발된 남부'와 서구의 사회 중심주의라는 전형적인 신화를 만들어낸다. 이런 개발은 계산하거나 측정할 수 없는 것들, 예를 들어 삶이나 고통, 사랑의 기쁨 같은 것을 전혀 알지 못한다. 개발의 유일한 만족도는 생산물과 생산성, 금전 수입이 보장하는 고도 성장에 따라 결정된다. 오로지 양적으로 정의된 이런 개념은 특질과 존재의 특성, 연대성의 특성, 환경의 특성, 삶의 특성에 대한 무지를 드러낼 뿐이다. [...]

내가 보기에 개발 개념은 오래전부터 내가 제안한 휴머니티의 정치(정치 인류학적인)로 문명 정치로 대치돼야 한다. [...] 세계화된 문명을 이용해서 인간 정신의 위대한 개발이 살아남아야 한다. 인간 정신의 위대한 개발은 문명의 기술적이고 수학적인 능력이 아니라, 문명의 복합성이 성장하는 가운데 문명의 정신적 내면성을 가꾸는 과정에서 살아남아야 한다.[4]

구소련의 마지막 대통령이었던 미하일 고르바초프는 리우데자네이루의 지구정상회담 이후 혁명과 개혁에 대한 열정을 바탕으로 비정부 단체인 '국제녹십자'를 세우고 투쟁에 몸을 던진다. 이 계획을 이해하려면 학회나 회담을 통해 전개된 투쟁이 사실상 냉전 체제를 벗어날 조건 중 하나였던 페레스트로이카 정책과 같은 맥락에서 진행됐다는 사실을 아는 것만으로도 충분하다. 이제 '전쟁은 뜨겁게 달아오르기' 시작했다. 세계 곳곳에서 지구 온난화를 미연에 방지하고, 부를 재분배하며, 남부와 북부 간의 격차를 해소하는 데 합당한 지적인 무기들과 효율적인 정치 전술을 개발하는 데 서로 협력

---

4) E. Morin, 「Une mondialisation plurielle」 in *Le Monde*, 26 mars 2002. Sur ce point cf. aussi E. Morin, *Introduction à une politique de l'homme*, Paris, Seuil, 1999.

해야 한다. 20세기 내내 산업사회의 재난에 저항하고자 전개한 사회운동과 인류의 '지속 가능한 개발'이라는 새로운 패러다임의 근간을 이루는 사상을 활성화하는 데 협력해야 한다. 따라서 생태학적 고려, 삶의 질에 대한 욕구, 단순히 영리적이기보다는 세계와의 시(詩)적인 결합을 이루고 고양하려는 의지, 금전적·물질적 가치에 대한 전적인 숭배 거부, 검소한 생활의 실천, 책임 의식, 윤리적 문제 전반에 대한 관심 등이 새로운 과제로 부상했다.

이런 과제들의 수행은 엄청난 임무처럼 보이지만 그 교훈은 명확하다. 만약 총체적인 난국으로 몰고 가는 정치적·경제적·사회적 질서에 대한 유일한 탈출구인 새로운 세계를 우리가 진정으로 원한다면, 우리 자신이 먼저 바뀌어야 하며, 양적이 아니라 질적인 인간관계에 기초한 행복으로 우리 자신을 개종시켜야 한다. 바로 이것이 혁명의 대상이며, 이런 혁명에서 비롯한 행복은 지구와 인류의 생존에 필수불가결한 '탄생하는 유토피아'에 속하게 된다. 에드가 모랭은 정확히 다음과 같이 적는다.

우리는 20세기의 혁신적이고 위대한 희망을 양산했다. [...] 늘 잘못돼왔던 온갖 열망이 이제는 새로운 연대와 책임을 통해 재탄생하리라고 생각할 수 있다.[5]

세계 시민이 되고 '지구=조국'의 주민이 되는 법을 배운다면 의식의 확장을 가져올 행복을 다시 한 번 믿게 될 것이다.

철학자 에른스트 블로흐에 따르면 바로 이런 조건에서 유토피아는 역사의 주인공이자 삶을 사랑하는 인간으로 우리를 변화시키는 '희망의 원칙'을 제시하며 우리 의식의 지평으로 떠오를 것이다. 이럴 때 유토피아는 단순

5) E. Morin, *Les Sept Savoirs nécessaires à l'éducation du futur*, Paris, Seuil, 2001.

한 '추상적인 몽상'이나 '상상적인 미래를 향한 탈주'도, 지나치게 좁은 한계에 현실을 가두려는 강제성으로 변질되는 이상화된 모델도 아니다. 그것은 인간 정신이 추구하는 영원한 성향을 의미한다. 우리는 '생생한 추진력' 덕분에 활성화된 계획을 통해 의식을 향상시키는 존재가 될 수 있다.

유토피아를 경멸한다는 것은 체념하고 역사의 부재를 그대로 인정한다는 것을 의미한다. 다시 말해 대안 없는 정치와 미래 없는 사회, 쾌락이 마비될 지경에 이른 행복과 재난에 대한 무관심, 잠재력이 제거된 휴머니티를 수용한다는 것이다.

반면 유토피아를 믿는다는 것은 희망을 제시하는 것이며, 또 다른 현재를 조망할 새벽을 약속하는 것이다.

> 부여된 여건을 극복하는 사람은 프로이트의 세계처럼 오늘날 잘 알려진 세계나 융이나 클라제의 세계처럼 낭만주의 흔적이 담긴 선사 시대를 유일한 출구로 삼는 의식의 하부에 있는 모호한 영역으로 회귀하지 않는다. 앞을 향한 자아의 전개 충동에 제공된 전망은 '아직 의식되지 않은 의식', 과거에 한 번도 의식되지 않았고 결코 존재하지 않았던, 새로움을 향해 빛을 비추는 미래를 향한 새벽을 의미한다. 간혹 가장 무의미한 것들이 각성된 꿈속에서 기지개를 켜게 하는 것도 바로 이런 새벽이다. 상실과 박탈의 거부에 널리 퍼진, 희망의 영역에 널리 퍼진 것이 바로 이런 새벽이다.[6]

신학의 미덕이자 정치의 원리이기도 한 희망은 우리가 결코 역사가 배출한 진흙덩어리나 경제가 생산한 찌꺼기에서 태어난 존재가 아니라고 속삭

---

6) E. Bloch, *Le Principe espérance*, I, Paris, Gallimard, 1976, trad. F. Wuilmart.

인다. 희망은 때로, 의심은 이성에 해악을 끼칠 수 있고, 진리의 다양성은 현재의 막다른 골목으로 우리를 이끌 수 있다고 주장한다. 혹은 기대와 꿈과 대립되는 제약의 무게를 강조하기도 한다. 이것이 바로 진정한 현실주의다. 희망의 원리에 따라 정착되고 '실재하는 모든 것에는 전망이 있다'는 확신에 뿌리박은 현실주의가 바로 이것이다.

미래의 전망이 사라진 곳에서 현실은 이제 변화하는 현실이 아니다. 이때 현실은 죽은 현실이자 죽은 자들, 여기 자기 시체를 매장하는 자연주의자들과 경험주의자들이다. 미래 전망이 변함없는 관심사로 자리잡은 곳에서 현실은 **구체적으로**(in concreto) 나타난다. 현실은 완수되지 않은 세계에서, 실질적인 가능성을 구성하는 무한한 미래 없이는 변형될 수 없는 세계에서 전개되는 변증법적 과정의 구조를 이룬다.[7]

유토피아를 통해 행복을 향해 전진하고, 인간성을 심화하기 위해 우리는 희망으로 급진적인 개종을 할 준비가 돼 있어야 한다.

행복으로 개종하기

우리는 수없이 행복을 말하면서도 실제로는 행복을 믿지 않는다. 정신과 의사 하워드 커틀러는 이런 점을 지적한다.

---

7) 앞의 책.

내 연구 기간을 통틀어 임상치료를 하는 동안 '행복'이라는 단어가 언급되는 경우는 매우 드물었다. 환자의 증상이나 고통, 우울증을 덜어주고, 내적 갈등이나 인간관계에서 생긴 문제를 해결해주는 것이 자연스러운 관건이었을 뿐, 명료한 목적 의식을 가지고 그들에게 행복의 길을 열어주는 것은 결코 문제로 부각되지 않았다.[8]

작가 필립 들레름이 다음과 같이 지적했을 때 커틀러의 의학적 경험은 다시 한 번 확인된다.

나는 한동안 내 주위의 행복에 관해 말했다. 하지만 행복이라는 단어는 그다지 크게 성공하지 못했다. 행복? 우리는 다소 주저하며 허공을 향해 이 단어의 음절들을 날려 보낼 뿐이다. 이 단어의 음절들은 지나치게 가볍게 하늘을 날아오르는 반면 사람들은 심드렁한 얼굴을 한다. 행복? 글쎄, 꼭 그런 것 같지는 않다. 사람들은 행복이라는 단어보다는 평화, 균형, 조화라는 단어를 훨씬 선호한다.[9]

행복에 대한 서구의 사유는 개인에 관한 사유나 모든 이에게 공정한 호전적인 자연에 관한 사유와 밀접하게 연결돼 있다. 프로메테우스나 파우스트의 신화로 포장됐건, 주인이건 노예건, 헤겔이나 마르크스 변증법의 영웅이건, 근대적 개인은 호전성에 토대를 두고 형성됐다. 개인은 낡은 신에 대항할 뿐 아니라 정복해야 하는 자연에 맞서 기술력을 바탕으로 끊임없이 싸움을 벌인다. 자아에 대항하는 의식적인 초자아는 오이디푸스 콤플렉스에서

8) Le Dalaï-Lama et Howard Cutler, *L'Art du bonheur*, op. cit.

9) P. Delerm, *Le Bonheur*, op. cit.

비롯한 원초적 살해 충동에 사로잡힌 무의식을 길들여야 한다. 타자에 대항해서 구식민지주의에서 세계화라는 신식민지주의에 이르기까지, 서구 문명의 모형을 세계의 모든 타문화에 강요했다는 점은 명백하다.

우리는 헤겔에서 니체, 충직한 제자들을 많이 확보하고 있는 프로이트에 걸쳐 환기된 바 있는 인격 개념이 무엇보다도 공격성 이론에 바탕을 두고 있다는 점을 지적하지 않을 수 없다.[10]

존 코퍼 포이스는 『행복의 기술』에서 행복의 추구를 세계의 잔혹성에 대한 도전이나 향유의 '정신적 자세'에서 비롯한 의지적 완수로 파악한다. 우리가 일상을 벗어난 어떤 도약을 감행하게 하고, 강가나 호숫가에서 실컷 포식한 채 꿈쩍도 하지 않는 거대한 도마뱀과 같은 지복의 상태가 되는 것이 바로 이 향유의 '정신적 자세'에 속한다.

따라서 의식이 폐허가 된 들판에서 침묵하는 얼굴들을 자유롭게 주시할 때 우리는 영혼의 평화보다는 감각의 만족에 더 가까운 행복을 얻게 되고, 이는 전적으로 투쟁을 통해서 확보된다.

어떤 철학자나 과학자는 호전성이 인간 본성의 일부라고 주장한다. 삶은 다윈에게 종(種) 사이의 투쟁이며, 결국 환경에 가장 잘 적응하는 강한 종자만이 살아남는다. 프로이트에게 "호전성은 스스로 본능적으로 지탱되는 원초적 자질"이라면 스페인 출신의 미국 철학자 조지 산타야나는 우리 내면을 조금만 파고 들어가면 "극도로 이기적인 고집스럽고 사나운 얼굴"을 발견하리라고 확신한다. 콘라드 로렌츠는 인류에게 근본적으로 약탈자의 자세

---

10) G. Steiner, *Dans le château de Barbe-Bleu*, op. cit.

가 있다고 말한다. 천국에서 추방당한 죄인이자 카인의 후예인 우리는 사회 계급 간 갈등, 경쟁 속에서 자기 세계를 구축하는 파충류적 성질로 한껏 고무된 전쟁 옹호자이자 힘 있는 살인자다. 물론 이런 경쟁 모델은 정당과 여론의 정치와 전쟁을 통한 정복, 자유경제 체제 시장 정복 야망을 통해 형성된다.

예컨대 현대 사회의 폭력이나 광기, 극단적 테러리즘이나 지구를 황폐화하는 전쟁은 부정적인 전망을 제시하면서 인간을 행복에서 멀어지게 한다. 미국 작가 하워드 블룸이 방대한 저서에서 지적했던 것처럼, 인간의 삶은 '루시퍼의 원칙'과 자신만을 유일하게 중요시하는 생명체의 자동 조직 시스템으로 형성된 근본적인 폭력성의 지배를 받는다. 인간이라는 존재는 간과돼 사실상 "아무렇지 않게 던져버릴 수 있는 생산품"[11]일 수 있다는 생각을 바탕으로 이 두 가지 원칙이 인간의 삶을 지배하는 것이다.

모든 것은 마치 서구 문명이 정치·사회 구조와 서구 문명이 세운 문화의 한복판에서 휴머니즘을 포기하고 개인주의로 말미암은 체념으로 인간 존재의 낡은 형상을 다시 모방하듯이 진행된다. 이는 기이하게도 현대 과학과 철학이 서양 사회의 질서 전반을 암묵적으로 바로잡아왔던 것과 다른 상태의 인간 모습을 보여주기 때문이다.

이처럼 인성학은 오늘날 인간이 살아남으려면 경쟁의 논리와 마찬가지로 자기 행동에 협동의 논리 또한 반드시 채택해야 한다는 사실을 보여준다. 우리는 존속하고 발전하는 데 타인이 필요한 사회적 존재다. 사랑 없이는 갓난아이의 정서적이고 지적인 발전도 불가능하다. 우리의 삶은 보리스 시륄릭이 잘 보여줬듯이 '관계의 기호 체계 안에서' 형성된다. 보리스 시륄릭에 따르면 언어에서 의미의 탄생과 도래는 감정의 관계망을 통해 이뤄진다.

---

11) H. Bloom, *Le Principe de Lucifer*, Paris, Le Jardin des Livres, 2001.

발전하기 위해 자신과 연관될 필요가 있는 모든 사람과의 '공존' 즉 '더불어 존재하기'의 필요성은 생명체의 질서에 속한다. 간략하게 말해 공존해야 한다는 일종의 제약은 상당수 인종에게 적용된다.

한편, 언어의 등장은 주변의 특성을 변화시킨다. 인간은 말하는 바로 그 순간부터 의식의 확장이 일어나고, 이야기가 전개됨에 따라 구조화하는 세계에서 조직적이고 감각적으로 자신이 진화하는 양상을 좇게 된다.[12]

우리는 오로지 타자에 의해 타자와 함께 존재한다. 철학은 '복합성'[13] 개념을 활성화하면서 각각의 존재와 사물, 결과와 사건의 독립성을 전제한다. 에드가 모랭이 지적하듯이 이런 지적인 확신 뒤에는 윤리적 교훈이 있다. 다시 말해 협동의 자세만이 유일하게 인간에게 정당하고 타당하다.

분리된 지식을 연결하고 결속하는 사유는 인간을 결속하고 연대하게 하는 윤리를 통해 비로소 가능해진다.[14]

우리는 기존 논리와 다른 사회적·경제적 논리를 토대로 새로운 세계를 만들어가야 한다. 하지만 '지속 가능한 개발' 개념에 따라 부분적으로 제시됐으나 행복을 향한 새로운 길을 개척하지 못하고 여전히 이전 상태에 머물고 있다. 철학자 로베르 미스라이의 용어를 빌리자면, 과학과 철학은 끊임없이 우리에게 '개종'하기를 종용한다. 행복과 함께, 행복을 통해 세계를 이해

---

12) B Cyrulnik, *L'Ensorcellement du monde*, op. cit.

13) 복합성의 어원 complexus는 "함께 조직된 것"을 의미한다.

14) E. Morin, *La Tête bien faite*, Paris, Seuil, 1999.

하는 방법을 배워야 하는 것도 바로 이 때문이다. 우리는 세상의 모든 존재와 사물을 대상으로 거행되는 찬란한 결혼식 전날에 있고, 이를 통해 막연하게 기대했던 미소와 빛이 희망 가득 찬 전율로 변할 때 행복을 한 편의 시에서 포착하는 방법을 배워야 한다.

물론 모든 개종에는 어려움이 따르게 마련이다. 새로운 발견과 새로운 것의 부재, 행복과 행복의 반대편 사이에는 늘 동요가 있기 때문이다. 이 같은 사실은 인체 생물학도 확신한다.

필연적으로 발전을 전제하게 되고, 그러지 않다면 언급할 필요도 없는 진화는 모든 조직에서 쾌락과 고통 사이에 놀랄 만한 연관성을 설정한다. 쾌감을 담당하는 신경 조직과 통증의 경로를 조종하는 신경 조직은 같은 구조로 이뤄져 있다. 골수 중심부를 차지하는 대뇌의 회색 물질과 달팽이 돌기의 표면 판 신경 구조도 마찬가지다. 정보 공급을 조절하는 뇌 속의 시신경상과 한번 스쳐간 감정과 사건을 관장하는 대뇌변연계 사이에도 동일한 구조가 존재한다.[15]

개종한다는 것은 의심의 몫이 존재한다는 사실을 인정하는 것이며, 행복의 기적을 받아들일 준비가 됐다는 것은 불시에 찾아오는 불행을 수용할 줄 안다는 것이다. 개종은 심리학자와 정신과 의사가 '충격강도 효과'[16]라고 부르는 것을 흡수한다.

---

15) B. Cyrulnik, *L'ensorcellement du monde,* op. cit.

16) 충격강도 효과(Effect of Orientation on Impact Strength)는 원래 물리학에서 사용된 용어였으나, 심리학의 분야에서 '존재의 욕망과 행동을 고통스럽게 마비시키는 것들을 해소하는 시간에 대한 적극적인 감정을 전개하여 트라우마를 극복하는 심적 능력'을 가리킨다. 이 용어를 심리학적 관점에서 처음으로 사용한 사람은 보리스 시뤌릭이다. [역주]

물리학에서 '충격강도' 개념이 처음 제시됐을 때 이 용어는 충격에 견디는 인간의 육체적 반응 정도를 의미했다. 이 용어는 지나치게 물질에만 중요성을 부과하는 개념으로 인식돼왔다. 그러다가 사회과학 분야에 적용되면서 이 개념은 "인간이 스트레스는 물론이고 심각하고 부정적인 위험에 직면할 때 당연히 찾아오는 시련에도 긍정적인 자세로 사회적으로 정착시키는 성공의 능력, 삶을 영위하는 능력, 발전을 도모하는 능력"을 의미하게 됐다.[17]

이처럼 보리스 시륄릭은 '충격강도 효과'의 정착과 형성 과정을 증명하고자 불행을 견디며 살아남은 사람들이 지나온 경로를 분석한다. 예를 들어 엄청난 사건을 겪고 나서도 이전 삶으로 복귀하는 데 성공한 강제수용소 유대인들이나 어마어마한 정신적 트라우마로 상처받은 아이들이 거쳐 온 삶의 경로를 분석하는 것이다. 시륄릭은 엑토르 말로의 『가족도 없이』, 쥘 르나르의 『당근의 잔털』, 에르베 바쟁의 『음험한 사람』, 막심 고리키의 『어린 시절 이야기』 등 글쓰기에 특성을 부여한 작업이 충격강도 효과를 정착시킨 결과로 이어졌음에 주목하고 이런 주제가 문학에서 얼마나 풍부하게 전개됐는지 탁월하게 분석한다.

문학에서와 마찬가지로 로베르토 베니니의 영화 「인생은 아름다워」 (1988년)는 쇼아의 지옥에서 살아남을 수 있게 해준 유머의 긍정적 기능을 부각하면서 불행이 그것을 감춰버릴 수도, 우리의 생존을 가능하게 해줄 수도 있는 기적을 추구하는 과정에서 궁극적으로 불행을 극복하려는 인간 의지를 보여준다. 이런 과정 전반은 단순히 심리적 방어 메커니즘을 의미하는 것이 아니라 발견과 개종의 원칙이 어떻게 형성되는지, 그 원리를 보여준다.

---

17) B. Cyrulnik, *Un Merveilleux malheur*, Paris, Odile Jacob, 1999.

이 같은 과정이 드러내는 것은 인간이 심리적·정신적으로 행복에 바쳐진 존재라는 사실이다. 인간이 악을 창조했고 나아가 불행을 만들어냈다면, 그와 마찬가지로 행복한 상태로 다시 태어날 능력, 나아가 악과 불행을 극복할 능력도 갖춘 존재다. 그래서 도미니크 라피에르가 『시티 오브 조이』(1985년)에서 보여줬듯이 인도의 극도로 빈곤한 사람들조차도 '환희의 도시'에서 살아갈 수 있는 것이다. 신화가 심리학이 남긴 교훈과 만나는 것은 바로 이 지점이다. 다시 말해 낙원에서 추방당한 인간은 신으로부터 해방됐지만 이마에 흘린 땀의 대가로 빵을 구해야 할 운명에 놓인 인간이 행복한 존재로 다시 태어날 실마리를 찾게 된 계기는 바로 이 추락의 경험이라는 것이다. 추락은 그 자체로 성찰적 의식을 통해 삶에서 행복을 찾게 되는 진실한 경험이기 때문이다.

따라서 충격강도 효과에서 삶을 향한 심오한 개종과 관점 전환의 계시를 확인해야 한다. 이 두 가지는 존재에 접근하는 방법이다. 이럴 때 고난과 시련으로 단련되고 정화된 자아는 갑작스레 자신과 타자의 존재를 향해 열리고, 우정과 사랑을 불러온다.

골절되면 형태도 달라진다. 하지만 심각한 상처 입은 영혼, 애정 결핍으로 말라붙은 입술, 구타당한 아이와 온갖 상처로 얼룩진 어른은 놀라울 정도로 새로운 존재 철학에서 비롯한 내면의 개선을 보여주기도 한다. 왜냐하면 '원인'을 이해하고, 과정 전반을 돌아봐야 한다는 의무감이 이들로 하여금 공격한 자를 더 정치하게 파악하고 분석하도록 유도하기 때문이다. 더욱이 '내가 받은 상처와 더불어 나는 지금부터 무엇을 해야 하는가'라고 스스로 질문을 던지면 자아의 신성한 부분을 발견하고 최소한의 구원의 손길을 찾아 떠나게 한다. 바로 이때 충격강도 효과가 발생한다. 이 효과는 개인의 내면이나 주변에서 고안되는 것이 아니라 이 둘 사이에서 상호적으로 추구되는데, 이는 충격강도 효과가 끊임없이 내적이고 은밀한 변화와 사회적인 변화를 한데 연결하기 때문이다.[18]

다시 말해 행복하다는 것은 삶에 대해 믿음이 있는 상태를 말하고, 세계를 존재의 매혹처럼, 기쁨과 선택의 징후처럼 발견한다는 것을 말한다. 바로 이런 것이 행복이라는 단어의 어원적 의미이기도 하다.

> 행복(bonheur)이라는 단어는 '좋은' 혹은 '선한'이라는 의미의 'bon'과 원래 '징조 (혹은 징후)'를 뜻하는 라틴어 *augurium*에서 온 'heur'의 합성어다. 행복은 '좋은 [혹은 선한] 기회의 징후(징조)'를 의미한다.[19]

우리는 스스로 고유한 삶의 화신이 돼야 하고, 삶의 약속을 읽어낼 줄도 알아야 한다. 현재는 부정적이고 불행이 쌓였어도 언제든 기회가 있다는 사실을 염두에 두고 이 기회에 내기를 걸어야 한다. 이 내기가 개종이라면, 파스칼이 『팡세』에서 이미 말했듯이, 그리고 위대한 음악가 루빈스타인이 자전적 영화에서 보여줬듯이 모든 내기에는 미지의 계시적 힘과 근본적인 과격함이 있다. 스무 살까지 루빈스타인은 간절히 죽음을 원할 정도로 고통에 시달렸지만, 어느 날 갑자기 "행복해지려는데, 대체 무엇을 기다리고 있는 것인가?"라는 질문 같은 계시를 통해 해답을 찾았다고 고백한다.

---

18) B. Cyrulnik, *Un merveilleux malheur*, op. cit.

19) J. Cazeneuve, *Bonheur et civilisation*, op. cit.

그의 열정적인 감정에 형태를 부여한 이런 광명 이후로 그는 자신의 삶에서 벌어진 끔찍한 시련 속에서도 끊임없이 행복해했다. 우리 곁을 떠나기 바로 몇 해 전에는 "나는 죽음조차 행복과 함께 기다린다."라고 말하기도 했다.[20]

내기해야 한다. 내기는 성서에 등장하는 인물 욥의 불행한 운명에 대한 인간의 대답이다.

진정한 행복의 철학은 단순히 행동의 철학이 아니라 존재의 철학이다. 카뮈가 『초혼』에서 행복에 대한 최상의 예를 제공하면서 행복을 근본적으로 찬양했던 관점도 바로 이런 것이었다. 카뮈의 관점을 이해하려면 『티파사의 혼인』을 다시 읽는 것만으로도 충분할 것이다. "위대한 행복이 공간에서 일렁일 때", 열기와 태양이 사물을 관능적으로 부각할 때, 알제리 태양빛에 압도된 티파사의 유적은 세계와 더불어 존재하는 사랑의 공간, 육체적 향유와 존재를 획득하는 장소로 변한다. 이런 까닭에 '티파사의 혼인'은 세상의 찬란함에서 쏘아올린 영광의 순간이며 기쁨의 찬가이자 최초의 신성혼[21]으로 변한다.

나는 여기서 우리가 영광이라 부르는 것을 목도한다. 그것은 바로 제한 없이 사랑할 권리다. 이 세계에는 단 하나의 사랑이 존재한다. 여인의 육체를 포옹하는 것, 이것은 하늘에서 내려온 기이한 기쁨을 자신을 향해 붙잡아두는 일이다. 방금 전 내가 이런 기쁨의 향기를 내 몸에 들어오게 하려고 압생트[22] 속으로

---

20) B. Cyrulnik, *L'Ensorcellement du monde*, op. cit.

21) 신성혼(hierogamy)은 예를 들어 단군의 잉태 과정이나 예수의 잉태 과정처럼 신격에 의한 초월적이고 신비로운 결합을 의미한다. [역주]

22) absinthe. 가벼운 환각을 일으키는 술의 일종. [역주]

몸을 던졌을 때, 모든 선입견에 대항해 태양의 진리이자 죽음의 진리일 어떤 진리를 내가 완성해간다는 사실을 의식할 수 있었다. 어떤 의미에서 내가 여기서 즐기는 것은 바로 나의 삶이며, 뜨거운 돌에 애착을 품은 하나의 삶, 바다의 한숨과 매미의 노래로 가득 찬 삶이다. [...]

그것은 침묵으로 가득 찬 바다 위의 오후다. 아름다운 존재는 자신의 아름다움에서 비롯한 자연스러운 자긍심이 있고, 세상은 오늘 이런 자긍심이 곳곳에서 새어나오게 한다. 세상 앞에서 모든 것을 삶의 기쁨 속에 가둬놓지 않을 줄 안다면, 내가 왜 삶의 기쁨을 부인하겠는가? 행복해지는 데 수치 따위는 없다.[23]

개종을 시도하고 행복을 추진하면서 세계는 유토피아, 즉 공존을 축하하는 결합이 된다. 공존이야말로 행복으로 개종에 가장 중요한 관건이다. 철학, 정치, 관계의 형이상학을 다시 정립하는 일, 인간이 함께 산다는 것을 축하하는 새로운 향연을 준비하는 일, 이것이 가장 중요한 관건이다. 또한 인간성 일부를 제거한 오늘날 우리가 만들어낸 황폐해진 식탁을 포기하는 일, 상품 숭배를 단념하는 일, 우리를 외모와 가식으로 축소한 유행과 이데올로기에 따라 주조된 개인주의를 과감히 버리는 일이 행복을 위한 개종에 주요 관건으로 부각된다.

유토피아의 약속은 진정한 미래 구상에 실패한 근대 사회를 인정하지 않는다. 우리가 준비해야 하는 것은 유토피아의 약속 거부가 아니라 진정한 기쁨과 쾌락이 찾아올 수 있게 하는 일이다.

『향연』 포함 대화편을 쓰며 플라톤은 젊은 폴리스에서 '함께하는 존재'의 철학을 구상했다. 오늘날 우리의 도전은 지구보다 더 큰 차원을 지향한다.

---

23) A. Camus, *Noces*, Paris, Gallimard, Pléiade, 1965.

제2장

안락의 바람

행복이 개종이라면 다분히 위험한 모험으로 보일 수 있다. 시인과 철학자, 그리고 탐험가는 이런 사실을 이미 알고 있었다. 그들은 존재가 운동으로 변한다는 사실도 알고 있었다. 하나의 진리에 고정된 존재는 또 다른 진리를 전제할 수밖에 없다. 그렇게 실존은 희망과 더불어 감지되고 전개된다. 만약 행복에 이르는 길을 계속해서 모색하려 하고, 유토피아가 아직도 가능하다고 믿는다면, 우리는 오늘날 오래된 지혜를 간직해야 한다.

행복의 지리학

희망은 역사가 위에서부터 열리고, 찬란한 미래를 실현할 수 있으며, 기다림이 행복의 징후가 될 수 있다고 가르친다. 희망은 여행에 활력을 불어넣고, 운명을 예측한다. 대지의 순례자들, 우주의 여행자들, 진흙으로 얼룩진 배에 오르려고 순서를 기다리는 승객들의 힘찬 두 다리나 찬란한 별빛을 받아 환하게 빛나는 희망찬 얼굴이 상징적으로 표출하듯이 우리는 다양한 형태의 이탈을 통해 반란을 일으키고 체제에 반항하면서 우리 자신의 휴머니티를 찾아 여행을 떠나며 기꺼이 몽상의 '취한 배'에 몸을 싣는다.

> 나는 보았다, 항성의 군도를! 또한 항해자에게
> 착란의 하늘을 열어주는 섬들을.
> ─ 바로 이들 바닥 없는 밤 속에 너는 잠자고 숨어 있는가,
> 백만 마리 황금의 새, 오 미래의 **생기**야,
>
> 랭보, 「취한 배」

희망은 우리에게 비록 여행에 끝이 없더라도 한계까지 나아가라고 종용한다. 여행이 영원성에 가까이 갈수록 매 순간 활력을 맛보게 된다고, 그런 미래를 믿어야 한다고 부추긴다. 그리고 개종의 보상으로 안락의 미소를 짓게 되리라 약속한다. 희망은 믿음의 요청이며, 감각의 약속이자, 목표와 방향의 확신이다. 사실상 뭔가를 믿는다는 것은 기쁨으로 소진되고 불타는 생명이 빛을 발하는 해안에 정박하는 것과 같다. 생명이 빛나는 해안은 철학이 됐건 시가 됐건 위대한 책이 안내하는 풍경들로 가득 채워져 있다.

책이 비록 이름 붙일 수 없는 것들에 대해서는 침묵한다 해도, 여행의 이름에는 침묵하지 않는다. 책이 철학과 시에 관해 말할 것은 확실하다. 그뿐 아니라 철학과 시의 중요성에 대해서도 말할 것이다. 책은 마치 돌고래처럼, 반사된 태양빛을 받으며 헤엄치는 이런 여행의 중요성 대해서도 말할 것이다. 그리고 관심사는 존재가 될 것이다. 하지만 존재가 위대한 태양의 찬란한 빛에 사로잡히

고, 세계, 해답, 그리고 자질을 자기 내면에 결집시킬 때, 비로소 책은 향유할 대상으로 변하면서 어떤 수준의 투명함과 충만함에 도달하게 된다.[24]

우리 시선이 달라져야 한다면, 이를 돕는 것이 바로 문학이다. 우리는 세계를 두 가지 차원의 지도가 펼쳐지는 기하학적이고 수학적인 유클리드적 공간이 아니라, 베른하르트 리만[25]의 공간처럼, 생명이 빛을 발하는 해안 근처 세계의 열린 문들을 마련하는 복합적 차원의 장소로 파악해야 한다. 우리는 일상적인 공간 속에서 '확정되지 않은 장소들'을 찾아내는 법을 배워야 한다. 피에르 상소가 썼듯이 미지를 향해 신호를 보내는 버려진 장소, 이 '확정되지 않은 장소'를 찾아내야 한다.

> 그것은 인간을 의미하는 것이 아니라 장소를 의미하는데, 이 장소는 놀라운 재능을 바탕으로 우리 존재를 사로잡고, 매료하고, 그곳에 행복이 있음을 보여주고, 성급히 거기서 멀어지는 것이 옳지 않다는 것을 알게 해준다. [...] 내 계획은 따라서 소박하다. 나는 행인들이 어렵게 빠져나온 올가미에 그들을 가두려는 것이 아니라 저항할 수 없이 행인들을 옥죄는 가속도를 끝내려고 한다. 개인이 휴식 상태에 있을 자유를 누리는 '확정되지 않은 장소들'을 개인이 복원하고 간직하기를 원한다.[26]

---

24) R. Misrahi, *Construction d'un château*, op. cit.

25) 리만(Bernhard Riemann, 1826~1866). 독일의 수학자. 유클리드 기하학이 단 하나의 올바른 기하학이라 생각해 왔으나 리만은 1854년에 「기하학의 바탕이 되는 가설」이라는 논문을 발표하여, 유클리드 기하학이나 비유클리드 기하학과는 다른 '리만 기하학'을 세웠다. 아인슈타인이 상대성 이론에 응용하면서 중요성이 부각됐다. [역주]

26) P. Sansot, *Du bon usage de la lenteur*, Paris, Payot, 1998.

이런 장소의 확정되지 않은 특성은 각자가 두루 돌아다닐 때 비로소 느낄 수 있는 안락을 통해 나타나고, 한곳에 정박하기를 망설이는 위대한 여행의 숨결을 따라 쓸려간 흔들림과 밀접히 관련된다. 이처럼 행복은 때로 기다림 속에 있다.

행복으로 향하는 정박지는 상상력에 따라 다양하다. 어떤 곳은 다른 곳보다 우리를 더 큰 희망에 부풀게 하는 것처럼 보인다. 항구와 마찬가지로 기차역도 행복이 탄생할 수 있는 약속의 장소다.

나는 역에서 희망에 가득 찬 한 도시의 모습을 소환한다. 거기서 절망은 내게 터무니없는 것으로 보이기까지 한다. 예전에 역은 잃어버린 자취나 미완성의 몸짓, 끝내지 못한 시선을 찾아 나선 사람들을 유혹하는 장소였다.[27]

여행객들이나 철도회사 직원들의 분주함, 혹은 열차 시각이 기록된 안내판을 향해 교차하는 시선에서 우리는 출발을 기다리는 조급함과 한껏 부푼 기대를 읽는다. 기차역은 안락과 행복한 삶의 부름이 울려 퍼지는 장소다. 상상력으로 가득 찬 선한 여행객과 출발의 행운을 헤아릴 줄 아는 진정한 승객에게 파리의 리옹역은 시골 풀 냄새 가득 담은 향기를 선사한다. 여행자의 기억에는 거대한 아치형 통로로 이뤄진 낯선 역이 여럿 새겨져 있다. 아치형이아로슬라브나 모스코바역에서 출발하는 시베리아 횡단 열차는 과거 강제 수용의 고통을 불러내는 머나먼 아시아를 향한 망명과 쓸쓸함만이 있는 것은 아니다. 승객들의 발소리, 열차의 도착과 출발을 알리는 안내 방송이 간간이 울려 퍼지는 브라질 리우데자네이루 중앙역의 거대한 홀은 우리에게 만

27) 앞의 책.

남의 무한한 가능성을 암시하는 듯하다. 실존을 뒤흔드는 통행과 이행에 관련된 모든 장소는 우리가 영어로 더 정확하게 표현할 '부름의 항구(a port of call)' 같은 어떤 약속일 수밖에 없다.

행복의 지형이 드러내는 윤곽을 파악하는 과정에서 피에르 상소는 또한 대중 공원을 중시했다. 물론 우리는 수도원, 노동자 공원, 금지된 정원, 중국이나 일본식 정원 등 온갖 종류의 정원이 그 기원인 천국의 정원, 즉 에덴동산에 대한 은유라는 사실을 잘 알고 있다. 정원은 우리에게 세상의 여명을 재발견하게 해준다. 정원은 아침과 조화롭고 주술적인 매우 특이한 결합을 이룬다.

내게는 정원과 아침의 결합이 완전히 임의적이거나 시대착오적인 것으로 보이지 않는다. 이런 결합이 어떤 의미를 내포하고 있고 실현 가능하다는 사실을 보여주려면 이것이 우리 마음에 말을 건넨다는 사실을 지적하는 것만으로 충분하다고 생각한다. 우리의 역사가 천국, 곧 에덴이라고 부르는 정원에서 시작됐다는 사실을 막연하게나마 상기해야 할 것이다. 고대 문명과 귀족 문명은 정원을 통해 고양됐고, 정원에 지대한 관심을 보였다.[28]

물론 역이나 공원 말고도 궁극적으로 안락을 부르는 장소는 그 수를 헤아릴 수 없을 만큼 많다. 카페, 비스트로, 레스토랑은 앞으로 벌어질 일을 미리 시작할 수 있는 '앞서 형성된 세계'다.

마찬가지로 도서관 역시 오래전부터 정착의 중요한 장소로 여겨져 왔다. 책에서 흘러나오는 희미한 빛과 책이 만들어낸 빽빽한 숲은 행복이 도피

---

28) P. Sansot, *Jardins publics*, Paris, Payot, 1995.

해 정착한 미지의 나라에 대한 윤곽을 그려 보인다. 영원한 구도자 알렉산드라 다비드 넬[29]이 신비와 마술의 나라 티베트로 여행을 떠나게 동기를 부여한 것은 파리의 기메 동양박물관 원형 도서관에서 읽은 책이었다. 그녀는 틀림없이 가장 위대한 탐험가 중 한 사람이다.

꿈을 잊어서는 안 된다. 타인과 함께한 한 끼의 식사가 천국과 가장 가까운 곳에 머물게 해주는 식탁 위에 펼쳐진 축제가 될 수 있는 반면,[30] 머나먼 대지를 향한 여행은 현실의 또 다른 낙원에서 이뤄지는 거대한 변화가 될 수 있다.[31]

꿈을 실현할 가능성이 있는 다른 세계와 우리 정신을 연결하는 다리는 많다. 각자는 행복의 집결지인 '앞서 형성된 세계'를 발견해야 한다. 천국으로 향하는 자기만의 길을 그려봐야 한다. 천상 여행을 구상하는 각자의 미로를 만들어야 한다. 미완성으로 남은 파리에 관한 발터 벤야민의 위대한 책처럼, 우리는 각자 자신에게 고유한 '아케이드 프로젝트'를 만들어야 한다.

신화의 회귀

출발의 순간, 배의 닻줄을 올리는 순간, 여행에 익숙해진 선원은 삶은 소유도 권리도 아닌 선물임을 알고 있다.

29) 알렉산드라 다비드 넬(Alexandra David-Néel, 1868~1969)은 서양 여성 최초로 티베트를 방문하여, 달라이 라마를 비롯하여, 수많은 라마승과 마법사, 주술사, 신비가, 신비 수행자들을 만나 그들의 삶과 철학에 대해 얘기를 나누고, 함께 수련하고 비법들을 전수 받았던 체험을 기록했다.[역주]

30) M. Faucheux, *Fêtes de table*, Paris, Phillipe Lebaud, 1997.

31) M. Faucheux, *Le Tibet de la mémoire*, Paris, Phillipe Lebaud, 2001.

행복의 약속은 불만과 슬픔이 가득한 일상이 우리에게 족쇄를 채우지 못하게 상승 작용을 일으킨다. 순간의 강도가 기원의 돌발적인 출현과 결합할 때, 시간이 영원 속에서 폭발할 때, 정신의 바람이 모험의 바다를 달려갈 때 행복의 약속은 신화의 세계가 돌아오고 인간과 화해할 가능성을 예고한다. 신화 연구의 대가 조지프 켐벨은 다음과 같이 기술한다.

사냥꾼에게 세계는 그 자체로 신성한 장소였다. 그러나 시간이 흐를수록 우리의 삶은 물질과 이익 만능주의와 완전히 침범당했다. 우리는 일시적인 것들에 둘러싸여 차츰 쓸모없는 존재가 돼갔으며, 자신이 누구인지도, 자신이 어떤 존재가 되기를 바라는지도 모르게 됐다. 누구나 자신에게 요구된 일을 하는 데 대부분 시간을 보낸다. 그럴 때 어디서 행복한 순간을 발견할 수 있을까? 바로 이런 물음에 대답할 줄 알아야 한다. 설령 남들이 저속하다고 무시하는 음악이라도 자신이 진정으로 좋아하는 음악을 들어야 한다. 진정으로 좋아하는 책을 읽어야 한다. 자기만의 신성한 장소에서 삶에 대한 경외와 존경을 다시 느껴야 한다. 자신이 원하는 것을 하는 사람이 세상을 통해 온몸으로 느끼는 열정을 느껴야 한다. […]

내가 이런 생각을 하게 된 결정적인 계기는 정신의 언어인 산스크리트어를 배우면서였다. 산스크리트어에는 초월성의 문턱과 우리를 천복에 잠기게 하는 장소를 가리키는 세 가지 용어가 있다. sat, chit 그리고 ananda가 바로 그것이다. sat는 '존재'를, chit는 '의식'을, 그리고 ananda는 '지복'을 의미한다.[32]

충만의 순간이자 기쁨의 원천인 예술 작품은 미래의 행복을 약속하면

32) J. Campbell, *Puissance du mythe*, Paris, J'ai lu, 1997.

서 시원적인 천국의 완전성을 현실화한다. 발터 벤야민은『파리, 19세기의
수도』에서 다음과 같이 기술한다.

> 모든 예술 작품에는 그 작품에 몰두한 사람들을 어루만져주는 아침의 도래를
> 알리는 신선한 바람의 숨결이 있다. 그래서 흔히 우리가 진보와 무관하다고 생
> 각해온 예술 작품도 진정한 진보의 정의로 인용되는 결과를 낳는다. 진보는 시
> 간적 연속성에 따라 규정되는 것이 아니라 눈에 띄게 새로운 어떤 것이 새로운
> 아침의 평온과 더불어 처음으로 느끼게 해주는 시간의 멈춤에 있다.[33]

환희의 바람에 날려 우리는 갑작스레 정체를 알 수 없이 변해버린 현실
의 언저리에 앉게 됐다. 발터 벤야민이 파울 클레의 작품「안젤루스 노부스」
를 보며 완성된 어떤 형상을 목격했던, 역사의 천사가 펄럭이는 날갯짓은 우
리를 어루만진다.

> '안젤루스 노부스'라는 제목의 클레 그림이 있다. 이 작품은 시선을 사로잡은
> 어떤 것에서 멀어지는 지점에 존재를 드러내는 천사를 재현한다. 그의 눈은 크
> 게 벌어져 있고, 입은 열려 있으며, 날개는 펼쳐져 있다. 바로 이것이 역사의 천
> 사가 재현하는 어떤 것이다. 그의 얼굴은 과거를 향하고 있다. 우리가 일련의
> 사건이 벌어졌음을 짐작할 수 있는 그곳에서 그는 단지 폐허 위에 폐허를 계속
> 쌓아올리는 짓을 그치지 않는 유일하고도 동일한 재난을 목격하고, 그것을 자
> 기 발 쪽으로 내던진다. 그는 간절히 멈추고자 했고, 죽은 자들을 살려내고 부

---

33) W. Benjamin, *Paris, capitale du XIXe siècle, le livre des passages Paris*, Cerf, 1989, trad. J. Lacoste. 독일어 원본
은『아케이드 프로젝트』.

서진 것들을 고치기를 간절히 원했다. 하지만 천국에서 비바람이 쏟아져 그의 날개를 압도한다. 이 폭풍우는 천사가 자기 날개를 다시 접지 못할 정도로 무척 강하다. 이윽고 천사가 등을 돌린 미래를 향해 저항할 수 없게 한 이 폭풍우는 그를 어디론가로 데려가버렸고, 반면에 그 앞에 있던 잔해들은 차곡차곡 쌓여 하늘에 닿았다. 이런 폭풍우는 바로 우리가 진보라고 이름 붙인 어떤 것이다.[34]

폴 발레리는 자신의 시 「해변의 묘지」 마지막 부분에서 "바람이 인다!... 살아야겠다!"라고 외친다. 안락의 바람에 떠밀리고 천사의 약속에 가벼운 상처를 입은 우리는 행복에 이르는 법을 다시 배워야 한다.

이처럼 지오노의 작품 『지붕 위의 기병』에 등장하는 주인공 안젤로는 1838년 콜레라 전염으로 황폐해진 프로방스 지방에서 펼쳐진 끝없는 경주에 참가하고, 행복에 정착하고자 계속해서 말을 몰아 달린다. 그의 행위는 위기 저편에 있는 기쁨에 찬 격정이며, 기쁨의 연속적인 상태를 나타내는 순수하고 지속적인 출발이다. 행복은 한마디로 이런 말발굽 리듬에 맞춰 차츰 깨어나기 시작하는 어떤 것이다. 소설의 처음과 마지막 문장이 이를 증명한다.

"새벽은 안젤로를 행복하고도 놀라게 만들었으며, 결국 그를 깨어나게 했다."
"출발하는 날 아침, 안젤로는 매일 자신이 귀리를 먹여 키운 말의 고삐를 단단히 쥐었다. 말을 타고 달리면서 그는 산어귀에 자란 낙엽송과 전나무를 식별할 정도로 아주 가까운 곳까지 장밋빛 산들이 그를 향해 다가오는 것을 보았다."
"그는 '이탈리아가 바로 뒤에 있다'고 말했다."
"그는 행복에 가득 차 있었다."

---

34) S. Moses, *L'Ange de l'Histoire*, Paris, Seuil, 1992.

'공상의 오페라'

우리는 시인들이 남긴 교훈을 배워야 하고, 랭보가 남긴 "모든 존재가 행복의 숙명"을 가졌다는 위대한 메시지에 귀기울여야 한다.

나는 공상의 오페라가 됐다. 나는 모든 존재가 행복의 숙명을 가졌음을 보았다. [...]

행복은 나의 숙명이었다.

랭보, 「언어의 연금술」, 『지옥에서 보낸 한철』(1873년)

천국이 지옥으로 변하는 장면을 목격할지도 모르는 위험과 실패에도, 우리는 시가 된 삶의 위대한 모험으로 우리 자신을 던져야 한다. 폭풍우가 몰아치는 세계를 항해하는 법을 배워야 한다. 신비의 해양과 상징이 소용돌이치는 현실에 깊이 잠기는 법을 배워야 한다. 항해를 인도하는 밤하늘의 별을 보고 시와 신화, 상징을 해독할 줄 알게 되면 언어의 연금술과 자아의 승화가 활동적 요소로 자리잡는다. 시, 신화, 상징은 우리의 영혼이 '전설적인 오페라'로 정화될 때 영혼의 위대한 행복을 발효시키는 효소가 된다. 행복은 우리의 필연적인 운명이자 역사의 궁극점이며 위대한 내면의 인간인 **고대인** (Homo Althus)을 실현하는 조건이다.

알다시피 행복은 드러내는 몸짓과 떼려야 뗄 수 없이 연결돼 있다.

성장한다는 것의 행복, 사랑한다는 것의 행복, 그리고 좋아한다는 것의 행복.[35]

---

35) P. Teilhard de Chardin, *Sur le bonheur, sur l'amour*, Paris, Seuil, 1997.

진정한 여행은 오로지 우리 자신을 뛰어넘어 우리를 인도하는 여행이다. 진정한 리얼리즘 역시 오로지 유토피아에 가까이 다가가려는 리얼리즘 밖에 존재하지 않는다.

다시 행복을 생각하며

사랑이 올 때는 두 팔 벌려 안고

갈 때는 노래 하나 가슴속에 묻어놓을 것

추우면 몸을 최대한 웅크릴 것

남이 닦아논 길로만 다니되

수상한 곳엔 그림자도 비추지 말며

자신을 너무 오래 들여다보지 말 것

답이 나오지 않는 질문은 아예 하지도 말며

확실한 쓸모가 없는 건 배우지 말고

특히 시는 절대로 읽지도 쓰지도 말 것

지나간 일은 모두 잊어버리되

엎질러진 물도 잘 추스려 훔치고

네 자신을 용서하듯 다른 이를 기꺼이 용서할 것

내일은 또 다른 시시한 해가 떠오르리라 믿으며

잘 보낸 하루가 그저 그렇게 보낸 십년 세월을

보상할 수도 있다고, 정말로 그렇게 믿을 것

그러나 태양 아래 새로운 것은 없고

인생은 짧고 하루는 길더라

최영미, 「행복론」

세계적으로 유명한 철학가나 사상가, 혹은 문인치고 '행복론' 하나쯤 가지고 있지 않은 자가 있을까? 플라톤, 아리스토텔레스, 파스칼, 스피노자, 쇼펜하우어, 니체, 러셀, 알랭 등 이루 헤아릴 수 없이 많은 사람이 행복에 대한 고유한 견해를 피력하거나 고유한 사유를 대중에게 선보여왔다. 이들이 꿈꾸거나 논리적으로 증명하려 했던 행복 개념은 세상을 바라보는 관점이 서로 상이하고 다양한 만큼, 다소간 서로 어긋나기도 하고 고유한 체계를 갖춰, 그 누구와도 비견할 수 없는 독창성을 드러내기도 한다.

내가 눈여겨본 것은 버트런드 러셀의 행복론과 프랑스의 철학자 알랭의 행복론, 그리고 고전 중의 고전인 아리스토텔레스의 『니코마코스 윤리학』 전반에 제시된 행복론과 스피노자의 행복론이었다. 그 가운데 도덕률을 주장하는 러셀의 행복론이나 탁월성과 중용을 강조하면서 다소 추상적인 느낌이 드는 아리스토텔레스의 행복론, 종교적 겸허함과 명철한 윤리로 일관된 스피노자의 행복론보다는 일상에서 행복을 사유한 알랭의 행복론이 강하게 마음을 사로잡았다. 아마 알랭의 책을 접했던 시기가 프랑스 유학 생활 중이었고 학업과 생활비 마련에 분주하여 차츰 메말라가던 파리 생활의 한복판에서 이 책을 읽으면 잠시나마 여유를 갖고 커피를 마시며 한시름 놓을 수 있었기 때문이 아니었나 싶다. 나는 알랭의 행복론을 읽으면서 휴식이 중요하다는 사실을 알게 됐고, 바쁜 와중에도 조금이나마 여유를 가지려고 하면서 행복감을 맛본 셈이니 알랭은 최소한 한 사람에게 일시적이나마 행복을 보장했다고 해도 좋겠다.

그런데 알랭이나 스피노자나 러셀, 혹은 아리스토텔레스의 주장도 행복의 역사, 곧 행복이라는 개념의 변천 과정 전반을 주목한 저작은 아니었다. 곱씹어 생각해봐도 행복은 구체적으로 눈에 보이는 것도 아니고, 물질적 개넘이거나 사실로 증명할 수 있는 대상도 아니다. 행복은 오히려 추상적인 개념에 가깝기 때문에 필연적으로 변화할 수 없다. 그런데도 나는 아직 행복의 역사적 변천 과정 전반을 본격적으로 다룬 작품을 읽어보지 못했으니, 이는 게으른 독서 탓일 수 있지만, 한편으로 이 책을 번역할 구실이 마련된 셈이었다. 죽음의 역사, 사생활의 역사, 광기의 역사, 심지어 체위의 역사까지 독자들에게 소개되는 마당에 행복의 역사가 등장하지 말란 법도 없다. 미시사가 강조되는 요즘, 행복이라는 주제로 한 번쯤 역사를 횡단하지 말라고 누가 말하겠는가?

미셸 포쉐는 이 책에서 행복이 매 시기를 맞아 겪어왔던(겪어야만 했던) 변천 과정과 주요 쟁점들을 시대의 지적 패러다임의 변화에 맞춰 차분하게 살펴 나아간다. 창세기에서 오늘날 자본주의 사회에 이르기까지, 행복이 역사에서 어떻게 인식돼왔으며, 궁극적으로 역사와 사회가 어떤 방식으로 행복을 조장하거나 건설해왔고, 혹은 통제나 감시를 통해 억압해왔는지 전반에 대한 저자의 보고서는 문학, 예술, 신학, 사회, 정치, 역사 전반을 아우르면서 전개된다. 천국과 행복이 밀접한 관계를 맺고 있던 '형이상학적 행복'을 필두로 글이 시작되는 것은 우연은 아니다.

흥미로운 사실은 대략 중세까지 '구원'이라는 용어로 대변되던 행복의 추구가 항간에 알려진 것처럼 엄숙하고 절제된 분위기, 혹은 『장미의 이름』에 등장하는 수도원처럼 공포스럽고 삼엄한 분위기에서 진행되지는 않았다는 점이다. 저자는 행복 문제를 아예 하늘에 맡겼던 중세에 인간은 오히려 홀가분하게 웃을 수 있었다는 점을 강조한다. 중세는 일상의 경험에서 행복과 축제를 연관지을 수 있는 시기였다. 다시 말해 구원이라는 궁극적 행복에 도달하고자 말 그대로 '행복한' 축제를 벌이던 시기였다. 바흐친이 지적했듯이 사회적 규율이 모습을 감춘 자리에는 열광과 흥분이 밀려오고, 개인의 예술적 역량 또한 '행복하게' 발휘되기 시작한다.

축제란 바로 이런 것이 아닐까? 타인과 함께 자유롭게 소통하는 순간을 창조하는 계기가 축제며, 이 순간, 인간은 행복을 느낀다. 중세 인간은 구원과 믿음보다 오히려 주술과 제의에서 행복을 느꼈다. 일상에서 억눌린 감정의 분출과 신을 부르는 행위인 축제가 중세에는 이런 방식으로 행복과 결합했다는 포쉐의 지적에서 행복은 결국 '세속적' 가치를 추구하는 과정에서 산출되는 매 순간의 감정 변화라는 사실을 깨닫는다.

인간이 처음으로 행복에 접근한 곳은 에덴동산이며, 이 행복을 즐기던 인간이 추방당하면서 행복은 변질하기 시작한다고, 저자는 지적한다. 그의 관심은 애초에 행복의 장소였던 에덴동산이 인간의 의식에서 완전히 사라진 것이 아니라 현세에 고스란히 되살아났다는 데 있다. 이 되살아난 형태가 바로 상징과 신화였다. 인간 문명이 고안한 상징은 추락한 인간이 에덴으로 돌아가려는 희망의 표식이다. 인간은 자신을 타락의 구렁텅이로 빠뜨린 '요망스러운' 뱀을 원망하면서도 서로 더불어 살아갈 궁리를 모색했고, 그 결과 공동체 개념이 탄생한다.

저자가 1부 중간쯤에서 공동체의 삶에 행복이 놓여 있던 시기가 존재한다고 언급한 것은 바로 이런 맥락에서다. 행복 추구라는 목적으로 고안된 정치 공동체(폴리스나 공화국, 혹은 시테)에서 신화적이고 상징적인, 즉 축제를 즐기면서 추구했던 중세적 행복은 아직 존재하지 않는다. 호메로스를 위시해서 시인들을 추방하고 플라톤이 폴리스의 정치적 헤게모니를 장악하면서 시민에게 약속했던 행복이 전적으로 법과 이성, 합리와 질서에 토대를 두고 있었기 때문이다. 합리와 이성, 그리고 법적 주체는 행복이라는 건축물을 쌓아 올릴 유일한 수단이기에 저자가 보기에 "법은 행복의 반대말이라기보다는 오히려 자유의 수단이며, 행복한 삶의 조건"이다.

1부를 구성하는 주요 내용은 행복의 헤게모니가 고스란히 철학자들의 손아귀에 들어간 폴리스에서 지향한 행복이 "신을 대신하고, 세계의 신비는 사물들의 명료함에 자리를 양보하기" 시작하는 과정에서 만들어낸 행복이라는 점을 밝히는 데 있다. 물론 그 절정에는 아리스토텔레스가 있다. 아리스토텔레스에 따르면 "선은 행복의 조건"이자 친애(우정)를 통해 결속되는 무엇이다. 철학자들의 정신세계를 바탕으로 폴리스에서 살아가는 그리스인에게 행복은 신에게서 하사받은 신성한 혜택도 아니고, 시인의 상상력과 억눌린 욕망을 표출하는 축제에서 비롯하지도 않는다. 행복은 오히려 '철학'이라 이름 붙은 지적 활동을 가능케 하는 지혜의 결과라는 확신이 존재할 뿐이다.

그러나 앞서 언급했던 것처럼, 철학자들이 보장하던 행복은 중세를 맞이하여 변화를 겪기 시작한다. 중세에 이르러 행복은 폴리스를 장악하던 철학자들의 의지를 현실적으로 실천한다거나 인간의 지혜를 활용하기보다 구원을 얻는 일에 더욱 밀접하게 관여한다. 이처럼 고대와 중세 사이에 일어난 행복 개념의 단절은 철학과 신학의 단절만큼이나 확연하게 드러난다. 이제부터 인간은 "자기 운명을 완수하고 과거의 천국과 미래의 구원자를 만나기 위해 신에게 구원"을 받아야 하는 사명을 바탕으로 행복을 꿈꾼다. 여기에 웃음과 사랑이 더해진다. 신에게 존재 자체를 위탁한 인간은 어느 때보다 행복하게 웃고, 사랑을 완숙하게 표현할 줄 알게 된다.

이렇듯 철학자들에게 쫓겨났던 시인들은 한바탕 웃음이 펼쳐지며 사랑의 속삭임이 들려오는 중세의 성(城)으로 속속들이 몰려든다. 그러나 이 사랑은 완전하지 못한 사랑, 인간을 위한 사랑으로 온전히 꽃피우기에는 아직 신의 근엄한 꾸짖음을 떨쳐버리지 못한 애달픈 사랑이다. 아직 승천하지 못한 구슬픈 영혼들을 달래기 위해 비극이 주목받는 시기가 열리게 된다. 텔레비전에 매일 등장하는, 그래서 지금은 다소 진부해진 드라마는 애당초 이렇게 처절한 것이었다.

집안의 반대 때문에 사랑을 꽃피우지 못하고 목숨을 버려야 했던 로미오와 줄리엣, 금지된 사랑에 늘 목마른 트리스탄과 이졸데처럼 중세의 사랑에는 늘 뭔가가 결여돼 있다. 완벽한 행복을 꿈꾸기에는 뭔가가 늘 부족했던 사랑이 이들에게 비극을 선사한 것이다.

시인은 영혼이 고결했기에 귀족 부인을 대상으로 자발적인 사랑을 선택하고 행복을 꿈꾸지만, 결국에는 끔찍한 결말을 맞는다. 아니, 이런 이야기도 가능하다. 영주가 전쟁터로 떠난 화려한 성에는 아름다운 왕비와 광대만이 남는다. 의심하는 영주는 왕비에게 정조대를 채워놓았지만 광대에게는 열쇠가 있다. 이 열쇠는 여인을 흠모하고 여인의 아름다움과 가치를 알고 있는 광대의 열정으로 만들어졌다. 이 시기 여인들이 교환의 대상일 뿐이었다는 점을 고려한다면, 지참한 재산에만 관심 있던 남편 영주보다는 여인으로서의 진정한 가치를 찬양할 줄 알았던 광대야말로 얼마나 멋지고 운치 있는 남자였던가. 그러나 이들이 사랑의 절정을 음미하려는 순간, 전쟁에서 승리한 영주가 돌아오고 십중팔구 이들의 사랑은 발각된다. 그것도 현장에서, 즉각. 이윽고 광대는 목 잘린 인형처럼 성 꼭대기에서 한없이 추락한다. 우디 앨런의 단편영화 모음집 「섹스에 관해 알고 싶지만 감히 요구하지 못하는 모든 것」 중 한 편에서 다루고 있는 내용도 바로 이것이다. 실로 당시 계급을 넘나들면서 은밀히 진행됐던 사랑이나 불완전한 상태의 사랑은 이런 복합적인 남녀관계의 메커니즘에서 탄생한 것이지, 부도덕의 결과는 아니다. 나름대로 행복을 추구하는 과정이 이 같은 불완전한 사랑을 낳은 것이다.

이렇듯 불완전한 사랑을 통해 행복을 추구하던 시기가 분명히 존재했다면, 이 가운데 저자가 꼽은 가장 처참하고도 시린 사랑의 본보기는 바로 아벨라르와 엘로이즈이다. 종교라는 이름의 거대한 리바이어던 앞에서도 사랑을 꿈꿨던 위대한 반역자 아벨라르는 거세라는 최후의 일격에도 쓰러지지 않는다. 아니 오히려 이들의 사랑은 더욱 고귀해지고, 난관 속에서도 자신만의 행복을 쟁취한 것처럼 보이기까지 한다. 아벨라르는 사랑에 적대적이었던 교회로부터 부단히 방해받았고 심지어 거세라는 최악의 형벌을 겪어야 했지만, 저자가 지적하듯이 '방해받았다는 사실', 나아가 그것을 극복하려는 의지 덕분에 진정한 연인의 본보기가 된다. 행복에는 시련이 필요하다는 교훈을 역사에서 얻을 수 있는 것도 바로 이런 일화 덕분이다.

행복은 여기에 머물지 않는다. 중세를 떠나 곧 '자아를 추구하는 시기'를 맞이한다. 2부에서는 이런 지점을 쫓는다. 인문학이 차츰 고개를 내밀던 르네상스를 맞이하여 행복을 완수할 임무는 이제 '문예에 능한 인간(homo literatus)'에게 부여된다. 저자가 말한 이 '문예에 능한 인간'이란 한마디로 이성적 존재다. 이들 16세기 인본주의자가 꿈꾼 행복은 자유를 훔쳐낸 자가 누리는 행복이자 신을 차츰 저버리며 얻게 되는 행복이다. 배반의 용기를 바탕으로 꿈꿨던 행복이 합리적인 사람들의 머릿속에서 창조된다. 아니, 이들에게 행복은 오히려 천국이라는 이데올로기와 과감히 맞서 자신의 전지전능함을 주장하는 자가 누리게 되는 무엇이다. 그러나 저자에 따르면 이들의 행복은 오로지 '멜랑콜리'와 결합하여 완성된다. 이성적이고 박식한 이 인본주의

자들 역시 세상에서 고독을 느끼는 존재이기는 마찬가지이기 때문이다. 신을 떠나보낸 공간은 이성만으로는 메워지지 않는데, 이런 결핍을 노래하는 자가 바로 예술가다. 미셸 포쉐는 "15세기 박식한 인본주의자들에서부터 19세기 낭만주의 시대 천재들에 이르기까지 연속성이 있다."라는 말로 이 같은 흐름을 하나로 묶어낼 줄 안다.

이처럼 낭만주의 시대의 불안한 행복에서 현대 자본주의의 돈이 보장하는 행복이 형성되는 과정 전반을 짚어가면서 포쉐는 달라이 라마의 행복론이나 톨스토이가 주장했던 행복론, 현대 사이버 공간을 창조한 석학들의 견해 등을 다양하게 제시한다. 이처럼 행복은 축제에서 혁명에 이르기까지, 철학자의 장엄한 웅변에서 오늘날 비보이들의 현란한 율동에 이르기까지, 신학자들의 엄숙한 저서에서 인기 스타가 등장하는 스폿 광고나 패키지 관광 상품을 선전하는 전단에 이르기까지 다양한 스펙트럼과 폭넓은 분야에서 형성된다.

포쉐는 모든 것이 상품화되고 파편화된 현대 사회에서 행복을 얻으려면 자기만의 공간과 자기만의 독서, 자기만의 일이 필요하다고 말한다. 세상에 존재하는 온갖 사물과 인간을 기계적·수학적·통계적 관점에서만 바라본다면 아무리 과학적이라고 주장해도 결국 '관계'를 결여할 수밖에 없다는 것이다.

따라서 저자는 관계 맺음에 주목한다. 그것이 바로 저자가 말하는 개종이다. 종교를 바꾼다는 의미가 아니라, 내가 맺는 관계, 나의 일상에서 끊임없이 펼쳐지는 사물과 사람과의 관계를 '달리' 맺어야 한다는 의미에서의 개종이다. 이권이나 돈보다는 타인의 인격과 처지를 고려해서 주체적이고 능동적인 관계를 맺어야 하며, 고유한 논리와 관점을 통해 세계를 바라보는 것,

이것이 바로 미셸 포쉐가 말하는 행복에 이르는 개종이다.

이 책을 번역하면서 내가 확인한 것은 인간이 어쩔 수 없이 행복을 추구할 수밖에 없는 동물이라는 평범한 사실이다. 절망보다 희망을 꿈꾸면서 살게 마련인 것처럼 말이다. 절망은 젊은 날의 방황과 자기 모색을 위해 한 번쯤 등장하고 사라져야 할 화려한 단어일 뿐이다. 인간이라면 세속적인 쾌락과 지적이고 정신적인 완결을 추구할 것이며, 육체적·정신적 고통을 벗어나거나 덜어내려고 부단히 노력할 것이다. 이런 과정에서 누구나 자신의 행복을 가늠해본다. 나는 과연 행복한가? 행복이란 무엇인가? 아니, 행복해지려면 구체적으로 무엇을 어떻게 해야 하는가?

역사를 잠시 돌아보면 인간은 더 편리한 생활을 위해 기술을 창조하고 가꿔왔으며, 앞으로도 기술은 계속해서 발전할 것이다. 아니, 기술적인 측면만 보자면 우리는 타임머신도 실현되는 세상에 살고 있다. 지구 반대편에 있는 사람들이 같은 시간대에 얼굴을 보고 말할 수 있다는 것이 타임머신이 아니고 무엇이겠는가! 사회적 측면에서 보면 오늘날 우리는, 아니 적어도 나는 사회 구성원의 '최대 다수의 최대 행복'(밴덤의 주장처럼)을 추구하는 사회에 살고 있는 듯하다. 여하튼 나는 민주주의 국가에서 태어났으며, 오늘날 대중을 상대로 펼치는 정부나 사회 기관에서 제시하는 정책은 적어도 최대한 다수의 행복을 우선하겠다는 의지를 드러낸다. 언론 역시 도덕적 가치를 저버리지 않는 것처럼 보인다. 신문지상이나 공중파를 오르내리는, 때론 지나치게 잔인하고 선정적인 사건들을 보도하는 데 여념이 없다는 사실 자체가 이런 사건들을 방지해야 한다는 도덕률 없이는 가능하지 않기 때문이다. 아니, 이래도 행복하지 않단 말인가?

그런데 잠시 눈을 다른 곳으로 돌려보면, 행복을 다른 데서 찾는 사람들을 종종 발견하게 된다. 책을 읽을 때가 가장 행복하다든지, 자신만의 작업을 할 때, 혹은 새벽에 잠에서 깨어 문득 시계를 보고 한 시간 더 잘 수 있을 때, 어린 시절 좋아하던 노래가 라디오에서 우연히 흘러나올 때, 별로 인기는 없지만 개인적으로 좋아하는 작가의 신간이 10여 년 만에 나왔다는 소식을 접했을 때, 헌책방을 돌아보다가 정말 갖고 싶었던 외국어 사전 세트를 싼 가격에 건져 올렸을 때 행복을 느끼는 사람도 분명히 존재할 것이다. 사실 내가 요즘 느끼는 행복이 바로 이런 것들이다. 어찌됐건, 지금의 나는 남의 것이건 내 것이건 글을 다독거리면서 자그마한 행복을 느낀다. 이 책도 그런 기쁨을 내게 가져다줬다. 책을 출간해준 이숲 출판사에 감사의 마음을 전한다.

2020. 3. 조재룡

참고문헌

행복에 관한 문학적·철학적 텍스트들

아리스토텔레스(Aristote), 『니코마코스 윤리학*Ethique à Nicomaque*』, Paris, Garnier Flammarion, 1965.

알랭(Alain), 『행복론*Propos sur le bonheur*』, Paris, Gallimard, 1928.

도르빌리(Barbey d'Aurevilly), 『악녀들*Les Diaboliques*』, Paris, Gallimard, 1973.

베르베로바(N. Berberova), 『행복론*Le Livre du bonheur*』, Paris, Actes Sud, 1996.

블로흐(E. Bloch), 『희망의 원칙*Le Principe espérance I*』, Paris, Gallimard, 1976.

블로흐(E. Bloch), 『유토피아 정신*L'Esprit de l'utopie*』, Paris, Gallimard, 1977.

보랭거(R. Bohringer), 『밤의 아름다운 도시*C'est beau une ville la nuit*』, Paris, Denoël, 1988.

브르통(A. Breton), 『나자*Nadja*』, Paris, Gallimard, 1928.

브르통(A. Breton), 『소통하는 꽃병들*Les vases communicants*』, Paris, Gallimard, 1955.

카뮈(A. Camus), 『시지프의 신화*Le Mythe de Sisyphe*』, Paris, Gallimard, 1942.

카뮈(A. Camus), 『혼인*Noces*』, Paris, Gallimard Pléiade, 1965.

카사노바(Casanova), 『회고록*Mémoires*』, Paris, Livre de Poche, 1967.

샤토브리앙(Chateaubriand), 『르네*René*』, Paris, Pocket, 1999.

키케로(Cicéron), 『행복*Le Bonheur*』, Paris, Arléa, 1992, trad. C. Labre.

클라벨(B. Clavel), 『작은 행복들*Les Petits Bonheurs*』, Paris, Albin Michel, 1999.

브라이브 학파 (Ecole de Brive) 공동 출판물, 『행복의 어느 날*Un jour de bonheur*』, Paris, Presses Pocket, 1999.

콩트-스퐁빌(A. Comte-Sponville), 『이카루스의 신화*Mythe d'Icare*』, Paris, PUF, 1984.

콩트-스퐁빌(A. Comte-Sponville), 『산다는 것*Vivre*』, Paris, PUF, 1988.

콩트-스퐁빌(A. Comte-Sponville), 『절망적인 행복*Le Bonheur désespérément*』, Nantes, Editions Pleins Feux, 2001.

콩도르세(Condorcet), 『인간 정신의 진보에 관한 역사적 서설*Esquisse d'un tableau historique des progrès de l'esprit humain*』, Paris, Vrin, 1970.

들레름(P. Delerm), 『행복*Le Bonheur*』, Paris, Editions du Rocher, 1986.

들레름(P. Delerm), 『맥주 첫 모금과 또 다른 작은 기쁨들*Le Première gorgée de bière et autres plaisirs minuscules*』, Paris, L'arpenteur, 1997.

에피쿠로스(Epicure), 『글, 잠언, 문장*Lettres, maximes, sentences*』, Paris, PUF, 1995.

프로이트(S. Freud), 『문명 속의 불만*Malaise dans la civilisation*』, Paris, Garnier Flammarion, 1999.

지드(A. Gide), 『지상의 양식들*Les Nourritures terrestres*』, Paris, Gallimard, 1921.

지오노(J. Giono), 『영원한 기쁨*Que ma joie demeure*』, Paris, Gallimard, 1935.

지오노(J. Giono), 『하늘의 무게*Le Poids du ciel*』, Paris, Gallimard, 1949.

지오노(J. Giono), 『지붕 위에 기병*Le Hussard sur le toit*』, Paris, Gallimard, 1951.

하이데거(M. Heidegger), 「평온*Sérénité*」, in 『물음들 3*Question III*』, Paris, Gallimard, 1966.

엘로이즈와 아벨라르(Héloïse et Abélard), 『서간집*Correspondance*』, Paris, UGE 10/18, 1979.

헤지오도스(Hésiode), 『노동과 나날*Les Travaux et les Jours*』, Paris, Arléa, 1995.

호메로스(Homère), 『오디세이아*Odyssée*』, Paris, Garnier Flammarion, 1965.

울르베크(M. Houellebeq), 『행복의 추구*La Poursuite du bonheur*』, Paris, Flammarion, 1977.

위고(V. Hugo), 『보여진 것들*Choses vues*』, Paris, Gallimard Folio, 1972.

헉슬리(A. Huxey), 『세계에서 최상의 세계*Le Meilleurs des mondes*』, Paris, Plon, 1977.

케루악(J. Kerouac), 『길 위에서*Sur la route*』, Paris, Gallimard, 1960.

마르크스(K. Mark), 『1844년 수고(手稿)*Manuscrits de 1844*』, Paris, Editions sociales,1972.

미스라이(R. Misrahi), 『행복론, 성채의 구축*Traité du bonheur, Construction d'un château*』, Paris, Seuil, 1981.

미스라이(R. Misrahi), 『행복개론 Ⅱ, 윤리, 정치와 행복*Traité du bonheur II, Ethique, politique et bonheur*』, Paris, Seuil, 1983.

미스라이(R. Misrahi), 『기쁨의 행동들*Les actes de la joie*』, Paris, PUF, 1987.

미스라이(R. Misrahi), 『행복, 환희에 관한 에세이*Bonheur, Essai sur la joie*』, Paris, Hatier, 1994.

미스라이(R. Misrahi), 『존재의 향유*La jouissance d'être*』, Paris, Encre Marine, 1996.

모어(T. More), 『유토피아*L'Utopie*』, Paris, Editions sociales, 1966.

오비디우스(Ovide), 『변모*Métamorphoses*』, Paris, Les Belles Lettres, 1928.

플라톤(Platon), 『정치*Le Politique*』, Paris, Garnier Flammarion, 1969.

플라톤(Platon), 『페드르*Phèdre*』, Paris, Garnier Flammarion, 1964.

포이스(J.-C. Powys), 『행복의 기술*L'Art du bonheur*』, Lausanne, L'Age d'homme, 1984.

로베스피에르(Robespierre), 『선집*Textes choisis*』, Paris, Editions sociales, 1957.

루소(J.-J. Rousseau), 『고독한 산책자의 몽상, 신(新) 엘로이즈*Les Rêvries du promeneur solitaire, La Nouvelle Héloïse*』, in 『총서*Œuvres complètes*』, Paris, Gallimard Pléiade, 1961-1971.

사드(Sade), 『규방(閨房)의 철학*La Philosophie dans le boudoir*』, Paris, Folio Gallimard, 1976.

사르트르(J.-P. Sartre), 『구토*La Nausée*』, Paris, Gallimard, 1938.

쇼펜하우어(A. Schopenhauer), 『행복의 철학*L'Art d'être heureux*』, Paris, Seuil, 2001.

세네카(Sénèque), 『행복한 삶*La Vie heureuse*』, Paris, Les Mille et Une Nuits, 2000.

스피노자(Spinoza), 『윤리학*Ethique*』, Paris, Vrin, 1977.

스탕달(Stendhal), 『연애론*De l'amour*』, Paris, Pocket, 1998.

스탕달(Stendhal), 『파름 수도원*La Chartreuse de Parme*』, Paris, Livre de Poche, 1972.

테이아르 드 샤르뎅(P. Teilhard de Chardin), 『행복과 사랑에 관하여*Sur le bonheur, sur l'amour*』, Paris, Seuil, 1997.

토마스 아퀴나스(Thomas d'Aquin), 『대이교도대전(對異敎徒大全)*Somme contre les gentils*』, Paris, Cerf, 1993.

베르길리우스(Virgile), 『목가집*Bucoliques*』, Paris, Gallimard, 1957.

화이트(K. White), 『구르구넬에게 보내는 편지*Lettres de Gourgounel*』, Paris, Les Presses d'Aujourd'hui, 1979.

젤딘(T. Zeldin), 『행복*Le Bonheur*』, Paris, Fayard, 1988.

일반 비평서들

알로(R. Alleau), 『상징의 과학*La Science des symboles*』, Paris, Payot, 1976.

아렌트(H. Arendt), 『문화의 위기*La Crise de la culture*』, Paris, Gallimard, 1972.

아롱(J.-P. Aron), 『19세기의 대식가*Le Mangeur du XIXe siècle*』, Paris, Bartillat, 2002.

바흐친(M. Bakhtine), 『프랑스와 라블레의 작품과 중세와 르네상스 시대의 대중문화*L'Œuvre de François Rabelais et la Culture populaire au Moyen Age et sous la Renaissance*』, Paris, Gallimard, 1970.

베갱(A. Béguin), 『낭만적 영혼과 꿈*L'Ame romantique et le Rêve*』, Paris, Corti, 1939.

베나사약(M. Benasayag, E. Charlton), 『행복의 비평*Critique du bonheur*』, Paris, La Découverte, 1989.

벤야민(W. Benjamin), 『파리, 19세기의 수도*Paris, capitale du XIXe siècle*』, Paris, Cerf, 1989.

베르세(J.-C. Berchet), 『동양으로의 여행*Le voyage en Orient*』, Paris, Laffont, 1985.

블룸(H. Bloom), 『루시퍼의 원칙*Le principe de Lucifer*』, Paris, Le Jardin des Livres, 2001.

보르셰르(B. Borchert), 『신비주의*Les Mystiques*』, Paris, Philippe Lebaud, 1998.

바우러(C. M. Bowra), 『그리스적 경험*L'Expérience grecque*』, Paris, Fayard, 1969.

브르통(P. Breton), 『인터넷의 숭배*Le Culte de l'Internet*』, Paris, La Découverte, 2000.

브루크너(P. Bruckner), 『영원한 행복감*L'Euphorie perpétuelle*』, Paris, Grasset, 2000.

브룅(J. Brun), 『유럽의 철학자들*L'Europe philosophe*』, Paris, Stock, 1988.

캄벨(J. Campbell), 『신화의 힘*Puissance du mythe*』, Paris, J'ai lu, 1997.

카케(E. Caquet), 데바이외(D. Debailleux), 『행복, 문학적 접근*Le Bonheur, approche littéraire*』, Paris, Ellipse, 1997.

카리에르 당코스(H. Carrière d'Encausse), 『빼앗긴 권력*Le Pouvoir confisqué*』, Paris, Flammarion, 1980.

카즈네브(J. Cazeneuve), 『행복과 문명*Bonheur et Civilisation*』, Paris, Gallimard Idées, 1978.

시오랑(E. M. Cioran), 『역사와 유토피아*Histoire et utopie*』, Paris, Gallimard, 1960.

코르뱅(A. Corbin), 『여가의 도래*L'Avènement des loisirs 1850-1960*』, Paris, Flammarion, 1995.

시륄닉(B. Cyrulnik), 『놀라운 불행*Un merveilleux malheur*』, Paris, Odile Jacob, 1999.

달라이 라마(Dalaï-Lama), 『도그마를 넘어서*Au-delà des dogmes*』, Paris, Albin Michel, 1994.

달라이 라마(Dalaï-Lama), 커틀러(H. Cutler), 『행복의 기술*L'Art du bonheur*』, Paris, Laffont, 1999.

다비(M.-M. Davy), 『로마 시대의 상징으로의 초대*Initiation à la symbolique romane*』, Paris, Flammarion, 1977.

데브레(B. Debré), 『위대한 위반*La Grande Transgression*』, Paris, Michel Laffont, 2000.

들뤼모(J. Delumeau), 『천국의 역사*Histoire du paradis*』, Paris, Fayard, 1992.

들뤼모(J. Delumeau), 『행복의 천년사*Mille ans de bonheur*』, Paris, Fayard, 1995.

들뤼모(J. Delumeau), 『천국에는 무엇이 남았는가?*Que reste-t-il du paradis?*』, Paris, Fayard, 2000.

로즈네(J. De Rosnay), 『상징적 인간*L'Homme symbiotique*』, Paris, Seuil, 1995.

도메크(J.-P. Domecq), 『예술의 불행*Misère de l'art*』, Paris, Calmann Lévy, 1999.

드루아(R.-Pol. Droit), 『행복은 어디에 있는가?*Où est le bonheur?*』, Paris, Le Monde Editions, 1993.

뒤부아(C.-G. Dubois), 『바로크*Le Baroque*』, Paris, Larousse, 1973.

뒤퐁(F. Dupont), 『쾌락과 법*Le Plaisir et la loi*』, Paris, Maspéro, 1977.

엘리아데(M. Eliade), 『신화, 꿈 그리고 미스테리*Mythes, rêves et mystères*』, Paris, Gallimard, 1957.

엘리아데(M. Eliade), 『종교사개론*Traité d'histoire des religions*』, Paris, Payot, 1964.

엘리아스(N. Elias), 『사회학이란 무엇인가?*Qu'est ce que la sociologie?*』, La Tour d'Aigues, Editions de l'Aube, 1991.

에티엔(B. Etienne), 『이슬람 근본주의*L'Islamisme radical*』, Paris, Biblo Essais, 1989.

퍼거슨(M. Ferguson), 『물병자리 아이들*Les Enfants du Verseau*』, Paris, Calmann-Lévy, 1981.

페리(L. Ferry), 『미학적 인간*Homo Aestheticus*』, Paris, Grasset, 1991.

푸코(M. Foucault), 『말과 사물*Les mots et les choses*』, Paris, Gallimard, 1966.

푸코(M. Foucault), 『광기의 역사*Histoire de la folie*』, Paris, Gallimard, 1966.

프랑크(D. Franck), 『보헤미안*Bohèmes*』, Paris, Calmann-Lévy, 1998.

프로이트(S. Freud), 『문명 속의 불만*Malaise dans la civilisation*』, Paris, PUF, 1992.

가제(H.-G. Gagey), 『행복*Le Bonheur*』, Paris, Beauchesne, 1996.

고셰(M. Gauchet), 『세계의 환멸*Le Désenchantement du monde*』, Paris, Gallimard, 1985.

글룩스만(*A. Glucksmann*), 『맨하탄의 도스토예프스키*Dostoievski à Manhattan*』, Paris, Laffont, 2002.

그로장(J. Grosjean), 『그리스도의 아이러니*L'Ironie christique*』, Paris, Gallimard, 1991.

게농(R. Guénon), 『특질(特質)의 군림과 시간의 기호*Le Règne de la qualité et le Signe des temps*』, Paris, Gallimard, 1945.

기요(L. Guillaud), 『아메리카의 비밀스러운 역사*Histoire secrète de l'Amérique*』, Paris, Philippe Labaud, 1997.

귀스도르프(G. Gusdorf), 『계몽주의 시대의 사상의 원칙들*Les Principes de la pensée au Siècle des lumières*』, Paris, Payot, 1971.

귀스도르프(G. Gusdorf), 『계몽주의 시대에 낭만적 의식의 탄생*Naissance de la conscience romantique au Siècle des lumières*』, Paris, Payot, 1976.

아몽(H. Hamon), 로트만(P. Rotman), 『세대, 꿈의 세월들*Génération, les années de rêve*』, Paris, Seuil, 1987.

히어스(J. Heers), 『광인들의 축제와 카니발*Fêtes des fous et carnavals*』, Paris, Fayard, 1983.

앙리(M. Henry), 『야만인*La Barbarie*』, Paris, Grasset, 1987.

에르상(Y. Hersant), 『이탈리아*Italies*』, Paris, Laffont, 1988.

허쉬만(A. Hirschman), 『사적인 행복, 공적인 행동*Bonheur privé, action publique*』, Paris, Fayard, 1983.

홀리에(D. Hollier), 『사회학 학교*Le Collège de sociologie*』, Paris, Gallimard Idées, 1979.

호이징가(J. Huizinga), 『중세의 가을*L'Automne du Moyen Age*』, Paris, Payot, 1980.

후설(E. Husserl), 『유럽 여러 학문의 위기와 초월론적 현상학*La Crise des sciences européennes et la Phénoménologie transcendentale*』, Paris, Gallimard, 1976.

윙거(E. Jünger), 『노동자*Le Travailleur*』, Paris, Bourgois, 1989.

코프만(J.-C. Kaufmann), 『자아, 개인의 사회학을 위하여*Ego, pour une sociologie de l'individu*』, Paris, Nathan, 2001.

클리반스키(R. Klibansky), 파노프스키(E. Panofsky), 작슬(F. Saxl), 『토성과 멜랑콜리아*Saturne et la mélancolie*』, Paris, Gallimard, 1989.

르 브리스(M. Le Bris), 『구두 밑창이 해진 인간*L'Homme aux semelles de vent*』, Paris, Grasset, 1977.

르세르클(J. Lecercle), 『사랑*L'Amour*』, Paris, Bordas, 1971.

르죈(P. Lejeune), 『친애하는 화면*Cher écran*』, Paris, Seuil, 2000.

레비나스(E. Lévinas), 『타자의 휴머니즘*Humanisme de l'autre homme*』, Paris, Biblio essais, 1987.

레비(P. Lévy), 『세계철학*World philosphie*』, Paris, Odile Jacob, 2000.

모롱(C. Mauron), 『코메디 장르의 심리비평*Psychocritique du genre comique*』, Paris, Corti, 1970.

모지(R. Mauzi), 『18세기에 행복의 개념*L'Idée de bonheur au XVIIIe siècle*』, Paris, Colin, 1969.

밀네(J.-C. Milner), 『학교에 관하여*De l'école*』, Paris, Seuil, 1984.

모니에(P. Monnier), 『18세기의 베네치아*Venise au XVIIIe siècle*』, Bruxelles, Complexe, 1981.

모랭(E. Morin), 『훌륭히 만들어진 머리*La Tête bien faite*』, Paris, Seuil, 1999.

모랭(E. Morin), 『미래 교육에 대한 일곱 가지 필수 지식*Les Sept Savoirs nécessaires à l'éducation du futur*』, Paris, Seuil, 2001.

모제스(S. Mosès), 『역사의 천사*L'Ange de l'Histoire*』, Paris, Seuil, 1992.

네일(A.S. Neill), 『서머힐의 자유로운 아이들*Libres enfants de Summerhill*』, Paris, Folio Gallimard, 1985.

옹프레(M. Onfray), 『탐욕적인 이성*La Raison gourmande*』, Paris, Grasset, 1995.

오주프(M. Ozouf), 『갱신된 인간, 프랑스 혁명에 관한 에세이*L'Homme régénéré. Essais sur la Révolution française*』, Paris, Gallimard, 1989.

페르누(R. Pernoud), 『중세의 빛*Lumière du Moyen Age*』, Paris, Grasset, 1981.

페로(M. Perrot), 『크리스마스의 윤리학*Ethnologie de Noël*』, Paris, Grasset, 2000.

피바노(F. Pivano), 『비트, 히피, 이피*Beat Hippie Yippie*』, Paris, Bourgois, 1977.

폴랭(R. Polin), 『아름다운 예술 중 하나로 간주된 행복*Le bonheur considéré comme l'un des beaux arts*』, Paris, PUF, 1965.

프리오레프(L. Prioref), 『행복*Le Bonheur*』, Paris, Maisonneuve Larose, 2000.

상소(P. Sansot), 『공원*Jardins publics*』, Paris, Payot, 1995.

상소(P. Sansot), 『느리게 사는 법*De bon usage de la lenteur*』, Paris, Payot, 1998.

세르비에(J. Servier), 『유토피아의 역사*Histoire de l'utopie*』, Paris, Gallimard Idées, 1967.

손(A. M. Sohn), 『부드러운 나이와 나무 머리*Age tendre et tête de bois*』, Paris, Hachette Littératures, 2001.

스타로빈스키(J. Starobinski), 『살아있는 눈*L'Œil vivant*』, Paris, Gallimard, 1961.

슈타이너(G. Steiner), 『푸른 수염의 성에서*Dans le château de Barbe-Bleue*』, Paris, Seuil, 1973.

슈타이너(G. Steiner), 『실제적 현존*Réelles présences*』, Paris, Gallimard, 1990.

타귀에프(P. A. Faguieff), 『진보에 관하여*Du progrès*』, Paris, Librio, 2001.

바데(Y. Vadé), 『문학적 매력*L'Enchantement littéraire*』, Paris, Gallimard, 1990.

반덴보슈(P. Van Den Bosch), 『철학과 행복*La Philosophie et le Bonheur*』, Paris, Flammarion, 1997.

바링(P. Waring), 『불길한 전조와 미신 사전*Dictionnaire des présages et des superstitions*』, Monaco, Edition du Rocher, 1990.

베버(M. Weber), 『프로테스탄티즘의 윤리와 자본주의 정신*L'Ethique protestante et l'Esprit du capitalisme*』, Paris, Plon, 1964.

잡지에 실린 논문들

카수(J. Cassou), 「여행에서 관광으로Du voyage au tourisme」, 『Communications』, n° 10, 1967.

「행복 사용법Le bonheur mode d'emploi」, in 『르 누벨 옵세르바퇴르(Le Nouvel Observateur)』, Hors-série, 1998.

설문조사 : 「인생에 성공하기, 행복의 새로운 코드Réussir sa vie, les nouveau codes du bonheurs」 in 『렉스프레스L'Expresse』, n° 2638, 24-30 janvier 2002.

「행복, 고대 철학에서 현대 심리학까지Le bonheur, de la philosophie antique à la psychologie contemporaine」 in 『시앙스 위멘(Science Humaines)』 n° 75, 1997,

「현시대에 중요한 물음들Les grandes questions de notre temps」, in 『시앙스 위멘(Science Humaines)』, Hors-série n° 34,

행복의 역사

1판 1쇄 발행일 2020년 4월 5일
지은이 | 미셸 포쉐 지음
옮긴이 | 조재룡
펴낸이 | 김문영
펴낸곳 | 이숲
등록 | 2008년 3월 28일 제301-2008-086호
주소 | 서울시 중구 장충단로 8가길 2-1
전화 | 2235-5580
팩스 | 6442-5581
홈페이지 | http://www.esoope.com
페이스북 | facebook.com/EsoopPublishing
Email | esoope@naver.com
ISBN | 979-11-86921-86-9 03920
ⓒ 이숲, 2020, printed in Korea.

▶ 이 도서의 국립중앙도서관 출판예정도서목록(CIP)은 서지정보유통지원시스템 홈페이지(http://seoji.nl.go.kr)와 국가자료종합목록 구축시스템(http://kolis-net.nl.go.kr)에서 이용하실 수 있습니다.(CIP제어번호 : CIP2020009184)